陳慶浩・王三慶主編
越南漢文小說叢刊 第四冊

越南開國志傳

臺灣學生書局印行

「越南漢文小說叢刊」總序

以漢文字為書寫工具的地區，我們稱為漢文化區。漢文化區以中國漢文化為主流，但亦應包括朝鮮、越南、日本、琉球等地區。長久以來，這些國家以漢字為表達工具，創作了大量的漢文作品，與中國相對而言，可稱為域外漢文化區。

域外漢文化區採用漢字寫作已有千年以上的歷史，直到上世紀末、本世紀初，由於政治及其它種種原因，各國方才逐漸停止使用漢字寫作，但民間仍有繼續使用漢字者。第二次大戰後，漢字寫作基本上從這些國家消失。（但產生了以華裔為主的域外漢文作者，這是另一研究範圍。）朝鮮、越南和日本（包括琉球），保存了大量漢文獻，這些文獻涵括經史子集四部，應有盡有。既是各國重要的文化遺產，也是整個漢文化不可或缺的部分。但很可惜，由於教育的原因，域外漢文化區能閱讀漢文獻的人已經愈來愈少，加上政治及其它因素，除日本外，這些國家的漢文獻在過去相當長的期間內，得不到妥善的保存，遑論再作有系統的整理研究；甚至被認為非本國文化。近年來，情況有所改變，韓國對本國漢文獻的整理研究已取得不少的成績，越南亦開始這方面的努力。但由於長期地抑止漢文，域外漢文化區對本國漢文化的研究只成了少數專家的工作。對各國漢文獻的整理和研究，最起碼的是掌握漢字，這是專家們所應有的基本訓練；但除此之外，由於各國漢文獻的內容跟整個漢文化，特別是主流的中國漢文化不可分割，就要求專家們同時擁有這方面的知識，而一般的研究域外漢文化的專家，除了對本國漢文獻有較深的了解外，很少能同時對中國漢文化和其它支流漢文化有足夠的認識，這就使得他們對本國漢文化的整理和研究受到相當的限制。

作爲漢文化主流的中國，以漢字爲書寫工具的傳統，從沒間斷，本來是最有條件對漢文化世界作整體研究。但中國知識分子，向來對其它支流文化採取不聞不問的態度，對這些地區的漢文化瞭解甚少，公私藏書中，域外漢文獻更是罕見。近年，由於國際之往來，中國對域外漢文化已有零碎的研究，但是還沒有形成風氣，不是有計畫、有系統的研究。因而域外漢文化研究還只是起步，而由此向前推進一步的漢文化整體研究，仍是一片亟待開發的荒原。

漢文化整體研究的重要性是很顯然的，它不僅有助於瞭解中國漢文化在域外的傳播和發展，足以豐富中國漢文化的知識，對朝鮮、越南、日本諸國的漢文化的認識，更具重大意義。只有通過整體研究，才能將他們在漢文化中的位置、對中國漢文化的吸收和發展等眞象全面顯示出來。不透過支流和主流關係的研究，不將各支流加以比較研究，域外漢文化各區的特質就不易清楚，而這正是目前各國研究的弱點。他們只就本國文化作研究，最多是溯源到中國漢文化，却極少與其它支流從事比較研究，如此，本國文化的特質就不易顯示出來。

漢文化的整體研究可以開拓傳統漢學研究的領域。傳統漢學只是研究中國漢文化，忽視域外漢文化區的研究，將他們看成是朝鮮學、越南學、日本學的研究範圍，這就限制了漢學家對整個漢文化的了解。另一方面，從事朝鮮、越南、日本研究的學者，一般又只限於現代的研究，也受到漢文素養的限制，不易上溯到該國古典文化。縱使研究者能夠掌握漢文，如非從事整體研究，視野仍受局限。因而漢文化的整體研究將使得被傳統漢學、朝鮮學、越南學、日本學研究所棄置的域外漢文化資料，納入漢學研究的範疇中，形成一個超越國界文化區的綜合研究。採用新的資料，採用比較的研究方法，就很自然的能獲得新的研究成果。

域外漢文化涵蓋學術之各方面，需要種種專家通力合作，才能進行全面的研究。作爲文學研究工作者，我們選擇域外漢文學爲我們研究的對象。域外漢文學以漢詩、漢文爲大宗，在傳統的漢文化觀念下，詩文才屬正統文學，因而，各國漢文學研究，漢詩、漢文備受重視。一部日本漢文學史，幾乎就只是日本漢詩漢文史。朝鮮、越南文學史中較不注重漢文學，漢文學只佔其中有限的篇幅，而且幾乎全部談論漢詩漢文。在古典漢文化中，小說向來受到輕視。各國政府禁毁書籍中，小說每每首當其衝。傳統中對小說的保存、記錄、研究都很不夠。域外漢文學中，小說最鮮爲人知，亦最少作爲研究對象，這也是朝鮮、越南、日本各國文學史家，較少論述本國漢文小說的重要原因之一。

但在域外漢文學中，最能表達本民族特質的恐怕要推小說了。各國的漢詩漢文，常是模倣自中國漢詩文，且又受到篇幅的限制，難以對本民族精神作深刻的表現，因而在文學研究中，我們選擇小說研究作爲起點。很多域外漢文小說只以抄本形式流通，其中有的已在該國失傳，幸好尚保存在國外，有的則根本消失。目前域外漢文小說在各國收藏和研究的情況極不一致。日本漢籍保存最好，由於和文小說發達較早，漢文小說數量甚少，幾乎未曾引起文學史家的注意。朝鮮漢文小說數量甚多，近年來無論在本國，還是在外國，都有人從事整理和研究。成績雖然不盡理想，畢竟已漸重視。相形之下，越南情況較差。首先是越南語拉丁化和殖民地的教育，使越南有半個世紀時間割斷和本國漢文化的聯繫，獨立初期的越南仍繼續對漢文化抱敵視的態度；再者，中南半島的氣候本不宜保存古籍，加以連年戰爭的破壞，使得越南漢籍的保存研究在整個域外漢文化區中較爲後進。目前可能讀到的越南文學史，原就忽視本國漢文學，至於漢文小說則幾乎不曾提及，這反映當代越南人的某些政治思想，亦表現出他們對本國漢文小說的了解不深。這些小說，有的反映出越南民族獨立的要求，即使在狹窄的愛國主義觀點下，也應受到重視。由於這些資料仍未被發掘整理和研究，使得我們將越南漢文小說的整理和研究，列爲整體域外漢文小說研究計畫的第一步。

越南漢文小說研究的首要工作是資料的搜集、整理。目前我們所能掌握到的資料，估計現存越南漢文小說大約三十部，約三百萬字左右，大部分是抄本，只有少數刻本。抄本的質量通常不高，需與異本校勘；刻本間也有不同版本可供校勘的。由於這些資料只存在越南、法國和日本的一些圖書館中，不是一般研究者所能接觸，因此作爲越南漢文小說研究的最基本工作就是根據這些資料，經過校勘，編出一套越南漢文小說叢刊，使研究者有機會接觸並使用這一批材料。校勘不單是文字異同的比較，且要根據整個漢文化的知識尋求恢復原作的面貌。且爲幫助讀者的瞭解，在每部書前，對作者、版本源流、內容等略作說明。

越南漢文小說依其性質，可分爲下列五大類：

一、神話傳說　如「粵甸幽靈錄」、「粵甸幽靈集」、「新訂校評越甸幽靈集」、「嶺南摭怪」、「嶺南摭怪列傳」、「天南靈籙」、「南國異人事跡錄」等等。這些是越南民族國家和事物起源的神話和傳說，亦包括神祇傳記。

二、傳奇小說　收集到的有「傳奇漫錄」、「傳奇新譜」、「新傳奇錄」、「聖宗遺草」、「見聞錄」、「越南奇逢事錄」等等。因最早一部以「傳奇」命名，以後的仿作又陸續使用「傳奇」爲書名一部分，故採作本類總名。這批小說是文言短篇，類似唐人小說。

三、歷史演義　輯錄的有「皇越春秋」、「越南開國志傳」、「皇黎一統志」、「皇越龍興志」

四種。自十五至十九世紀的越南歷史，幾乎盡入演義中。

四、筆記小說　最早的當推「南翁夢錄」，此外有「公餘捷記」、「南天珍異」、「聽聞異錄」、「山居雜錄」、「雲囊小史」、「大南顯應傳」、「滄桑偶錄」、「安南古跡列傳」、「南國偉人傳」、「南天忠義實錄」、「科榜標奇」、「人物志」等等。這一類是以人物事跡爲主。

五、現代小說　這是本世紀以來，受西方文化和中國白話文學影響而創作的現代白話小說，數量不多，勉強算作一類，可以視爲上四類的附錄。

由於歷史的原因，越南漢文獻在國外藏量最多的，首推法國。法國遠東學院、亞洲協會、國家圖書館、東方語言學院圖書館、基美博物館圖書館和天主教外國差會等處，都藏有越南漢文喃文書。其中以遠東學院所藏最爲重要。遠東學院於一九〇一年創立於越南河內，數十年間搜集了大量中國、越南以及東南亞各國資料。一九五四年越南獨立，遠東學院搬回巴黎，中越圖書全留河內，移交越南政府。其中部分重要書籍製成微卷，分存巴黎、西貢兩地。五十年代以後，該院駐西貢辦事處又從越南南方購得書籍一批，與原有的微卷構成越南漢喃書籍的重要收藏，這是此套叢書主要資料來源。曾經是遠東學院研究員的著名學者馬伯樂（Henry Maspéro）和戴密微(Paul Demév　）教授，都曾在越南住過，並收藏不少的越南漢文書，他們的藏書在逝世後都捐給亞洲協會圖書館。兩氏的越南藏書中頗有漢文小說資料，是我們這套叢書資料的另一重要來源。其它法國圖書館雖也收藏不少的越南書籍，但小說資料不多，就不一一述及了。

編纂越南漢文小說叢刊是由我發起的。多年來我留心搜集這方面資料，並作初步的標點和校勘。但資料數量很多，全面校勘需要大批人力，身處海外，缺乏條件。且因我有其它研究工作，不能將全部時間投入漢文小說整理和研究中，這些資料一直沒有整理出版。當然，要找到願意刊印這批冷門的研究材料的書局也不容易。一九八二年，我到臺北，和朋友們談及漢文學研究的構想，提到出版越南、朝鮮、日本三國漢文小說叢書的計畫，臺灣學生書局惠允出版這套叢書，中國文化大學中文系教授王三慶兄又應允負責主持校勘工作，並於該校中文研究所成立校勘小組，成員有鄭阿財、朱鳳玉、郭長城、廖宏昌、許鳴鏘、陳益源、康世昌、謝明勳等，分別對各書進行校勘和標點工作。三慶兄並邀得龍思明女士，負責將資料中雜入少數字喃翻成漢文，至此萬事俱備。經過多年辛苦的校勘整理，終於告一段落，始能推出排版。

這次出版的是越南漢文小說第一輯，約爲現存越南漢文小說百分之六十左右。其它小說有的版本尚未集全，且校勘仍需時日，只好留待下輯出版。本輯共分七册，第一、二册爲傳奇小說，包括：「傳奇漫錄」、「傳奇新譜」（附「段氏實錄」）、「聖宗遺草」、「越南奇逢事錄」四種；第三、四册是歷史演義，包括：「皇越春秋」、「越南開國志傳」；第五册是「皇黎一統志」；第六、七册則爲筆記小說，包括：「南翁夢錄」、「南天忠義實錄」、「人物志」、「科榜標奇」、「南國偉人傳」、「大南行義列女傳」、「南國佳事」、「滄桑偶錄」、「見聞錄」、「大南顯應傳」等共十種。至於這套叢書的校勘事項，參見「校錄凡例」，各書的個別問題，則參考各書前的「出版說明」。「出版說明」除指出所用版本及校勘諸問題外，又介紹該書的作者資料。各書校勘者芳名標於該書扉頁。三慶兄和我將校稿各看了一遍，作成最後定稿。

這套叢書得以順利印出，首先要感謝法國遠東學院院長 Gross 教授和圖書館館長 Rageau 夫人，他們贊同我所提出的漢文化整體研究的構想，接納我在遠東學院建立漢喃研究小組的建議，使得越南漢文小說研究計畫成爲學院研究計畫的一部分，因而得以充分利用該院的資料和設備。遠東學院並與學生書局合作出版這套叢書。我的越南同事、漢喃研究組成員謝仲俠先生，以他賅博的越南漢籍知識，提供我搜集資料及撰寫「出版說明」的線索，又提供他珍藏的日本東洋文庫「舊編傳奇漫錄」的膠捲，衷心銘謝。我的研究助理譚惠珍小姐自始至終參與資料的搜集和標校工作，備極辛勞，深爲感謝。

我還應該感謝法國漢學院院長、巴黎第七大學教授吳德明（Yves Hervouet）先生、法國亞洲協會圖書館負責人、高等社會科學學院蘇梅野（Michel Soymié）教授和法國科研中心中國文學歷史研究組負責人、高等社會科學學院侯思孟（Donald Holzman）教授的支持和協助。

本書出版是王三慶教授所領導的中國文化大學中文研究所「越南漢文小說校勘小組」成員的勞績。

最後感謝臺灣學生書局諸位執事先生對文化的熱誠，同意出版這麼一部冷門書。臺灣大學外文系教授王秋桂兄大力協助本書出版，亦於此誌謝。

陳慶浩　一九八五年十月於臺北

「越南漢文小說叢刊」校錄凡例

一、本編小說一律選擇善本作底本，各本文字則據底本原文迻錄。

二、除底本外，若有其他複本可資參校，間有異文，並擇善而從，且加註說明，以存底本眞象。

三、唯因異文數量頗夥，故除傳奇漫錄作全面採錄外，他書僅擇錄對於文義、修辭等具有參考價值之異文。若語氣辭等不具特殊意義之異文，爲省篇幅，一律不加採錄及說明。

四、若文句未順，又乏校本可據者，爲使讀者得一通讀之善本，則據文義校改，並加註說明，以存底本眞象。

五、凡爲補足文義，若有意加文字，則以〔 〕號示別。若爲譌錯之通假字，則在原字下加（ ）號，增列通行正字，供作參考，以別正文。

六、原底本若經抄者自校，或經藏者改正，但錄改正後之文字，並一律不加註文說明。若是後人臆改，而不從其改後文字，必加註說明。

七、凡底本或校本俗寫、偏旁誤混之字，隨處都有，此抄本常例，今皆根據文義逕改，不煩加註，以省篇幅。

八、又迻錄時，皆加標點分段，並加專有人名、書名、地名號，普通名詞則一律從略。

九、凡正文下雙行註文，一律小字單行標示，唯其加註位置或誤，則移至適當地位，並加註說明。又如傳奇漫錄註文極多，爲不影響正文閱讀，則移至正文後校註中，凡此等移動，今皆加註說明。

十、凡正文中偶有喃文，一律譯作漢文，並加註說明。

越南開國志傳目錄

越南開國志傳

王毓榮　李明慈　康世昌　張穗芳
葉文琦　謝明勳　蘇文雄　蘇麗峯
校點

越南開國志傳 出版說明

本書述黎英宗正治十一年（一五六八）至黎熙宗正和十年（一六八九）百餘年間阮氏崛起經過，後阮氏終建立阮朝，至世祖福映嘉隆元年（一八〇二）改國號爲越南，故稱越南開國志傳。全書八卷，不分回，亦無回目，蓋以編年書寫，如通鑑一類，而稱「志傳」，是可怪。其實質則爲歷史演義一流。作者阮榜中，略「吏部尚書該簿兼副事」，其傳無考。書前有豐山楊愼齋序，扶寧縣知縣倜跋，皆言及雍正八年（一八〇三）清封阮福映爲越南國王事，則序、跋當寫於十九世紀初。而跋中已稱阮榜中爲「前朝吏部尚書」，則榜中可能爲十八世紀時人，據各抄本卷之六署作者作「南朝吏部尚書該簿兼副斷事阮榜中承撰」，既云南朝，足以證明阮榜中乃後黎時鄭（北朝）、阮（南朝）對峙時人，符合我們對作者在世時期的判斷。如是則書名稱越南，或爲後人所改。此書正文前有越南開國世系，已寫及阮映福建國及清朝册封事，恐亦非原書所有，而爲後人補增。

此書未見印本，只有抄本流通，現所知抄本有三種：

㈠原馬伯樂藏，現存法國亞洲協會圖書館，編號H. M. 2141，爲此次校勘底本，以下簡稱「底本」。

㈡原馬伯樂藏，現存法國亞洲協會圖書館，編號H. M. 2140爲此次校勘參校本，以下稱「甲本」。

㈢法國遠東學院原藏，現存越南河內漢喃研究所，原編號爲A24，此次據遠東學院所藏微捲爲另一參校本，以下簡稱「乙本」。

各本文字稍有不同，結尾間有差異，底本及乙本抄錄工整，甲本則較差。惟三本抄寫格式大致相同，每行每頁字數，無是差異，第二、第三卷殘缺，第八卷亦仍未完，三本亦同，估計來自同一底本。此次校勘，一般取底本文字，底本與參校本有重要異文，而底本可通讀者，則將參校本異文列入校記中。底本有誤，或參校本文字較底本優長者，則採入正文，另出校記說明之。

書影

越南開國志傳序

志者何為也哉蓋志其所由起與其所由行使千萬載之下苟有興革建置見之瞭若目前知所懲勸非好事而為之者也上國歷代帝王興起亦各有之況堂堂越南一境君臨天位其觀政觀德豈不在焉溯自丁李陳黎而下文明風教漸漸以開其得代天理物者皆于發跡之處與所行之事縱繼之以年月從之以遠近集為志傳一有移換史氏闕刊而正之損益其繁簡沿革其是否約言示制求合于義然後脩之

書影

爲一代之通要，以公於世，如我
聖朝世系本清華之河中宋山嘉苗外庄，其先皇祖阮匐爲
丁朝大臣，卓有名望，在史降及李陳黎三代，或有輔弼特君，
官至栄顯，史略不詳，且雖攷辨，以自大黎太祖皇帝，聖神繼
治，歷至威穆諸君，有貞公義公與公和侯、安侯迭出，匡扶黎
室，一皆忠義兼著，逮夫黎祚中微，強臣莫氏僭位，時安清侯
開在本貫，憤皇家之不競，謀圖恢復，間關百戰，紹開黎室中
興，雖未集大勳，而皇圖半已再造，于太尉端國公，繼志之後，

名聞日彰、因鄭有扞格、奉命入鎮順廣以後曲從訓義襲守

封疆、鄭每以力作見疑、累次挾嫌侵伐、謀請〔清〕臥榻之側、然天

鑒其誠、代有賢明相繼、鄭無所奈、厥後列聖承翼、東征西討、

區寓〔宇〕日增、占城高綿之地、三分有二、境土甲兵相等、然而事

黎之初心、奉黎之正朔、無容或間、至丙午景興之四十七年、

黎之皇圖消歇、事雖併屬西人、諒亦天意、有何言乎、庚令

聖皇乃先王苗裔、前因西北擾攘之故、已無一成一旅之衆、

幸而天祐人歸、西人絕滅、車字〔書共〕同道、南北一家、○清朝亦有

書影

書影

越南開國志傳卷之三

吏部尚書該簿奏副衛事阮榜中承撰

詩曰

昭昭星斗照天衢、惟見陶慈奮翊扶、

壯士勤王懷贊輔、丹心報國秉機樞、

決籌韜畧平諸郡、顯達聲名遍九州

圀這南城謀混一、京都收復泄前羞、

却說德隆辛未三年、南朝文臣內贊祿溪侯勸南主渠曰麗

越南開國志傳 序

志者何爲也哉？蓋志其所由起，與其所由行，使千萬載之下，茍有興革建置，見之瞭若目前，知所勸懲❶，非好事而爲之者也。上國歷代帝王興起，亦各有之；況堂堂越南一境，君臨天位，其觀政觀德，豈不在焉。遡自丁、李、陳、黎而下，文明風教，漸漸以開，其得代天理物者，皆于發跡之處，與所行之事，縱繼之以年月，從之以遠近，集爲志傳。一有移換，史氏因刊而正之，損益其繁簡，沿革其是否，約言示制，求合乎❷義，然後修之爲一代之通要，以公於世。如我聖朝世系，本清華之河中宋山嘉苗外莊，其先皇祖阮淦，爲丁朝大臣，卓有名望，在史。降及李、陳、黎三代，或有輔弼時君，官至某職，史略不詳，且難考辨。以自太黎太祖皇帝，聖神繼治，歷至威、襄諸君，有貞公、義公、興公、和侯、安侯迭出，匡扶黎室，一皆忠義秉著。逮夫黎祚中微，强臣莫氏僭位❸。時安清侯閑在本貫，憤皇家之不競，謀圖恢復，間關百戰，紹開黎室中興，雖未集大勳，而皇圖半已再造。子太尉端國公繼志之後，名聞日彰。因鄭有扞格，奉命入鎮順化❹，以後曲從義訓❺襲守封疆。鄭每以力侔見疑，累次挾帝侵伐，謀清臥榻之側。然天鑒其誠，代有賢明相繼，鄭無所奈。厥後列聖承翼，東征西討，區宇日增，占城、高綿之地，三分有二，境中甲兵相等，然而事黎之初心，奉黎之正朔，無容或間。至丙午景興之四十七年，黎之皇圖消歇，事雖各屬西人，諒亦天意，有何言哉❻！慶今聖皇，乃先王苗裔，前因西北擾攘之故，已無一成一旅之衆，幸而天祐人歸，西人絕滅，車書共道，南北一家，清朝亦有册封，統御越南，其比之以西周，跡同功異，亘古所未有，猗歟休哉！但自孝義皇帝而上，文謨武烈，顯赫在人。其志傳，時有吏部尙書阮榜中，親已修撰，雖略不盡舉，然亦裁成義類，卷帙可觀。惟於孝明皇帝訖今之國家底寧之後，策書簡記，猶在闕然，此可不俟其博覽者續而肆之，以貽夫將來，庶知帝王順承天有自也。是爲序。

豐山楊愼齋謹識

越南開國志傳　跋

蓋聞「志」，誌事也。曷以「開國」名乎？本開國之始，而誌其事以明之也。春秋、晉、魯志與列國、漢、唐志在有之矣。

聖朝開國，遠媲商、周，論積累，則上自貞國公，下至孝武皇帝，本一家忠義之相傳；言開拓，則盛於趙武，廣於丁、李、陳、黎，冠千古英雄而莫及。海隅率土，翕爾尊親，莫不仰其功烈，而欲遡其光大成就之所由來。蓋商興景、亳，述商德者頌桓撥❼之駿功；周振豐、岐，昭周道者羨復陶之故址❽。所以贊揚盛德，垂示將來，亦天理人情之不能已者。然而溺聞見者，轅轍殊歸；事著述者，雌黃莫辨，此有志君子所遺憾也。倜生長海濱，學識寡陋，而欲以蠡測海，其將能乎？乃幸以詞科叨邑宰，奉轄屬西閫，一日，趨參協堂公廳，見公親閱越南志傳，既而示倜曰：「此前朝吏部尚書阮榜中所撰。」倜傍坐寄目，乃知累朝聖哲之相傳，奕世之規模素定，難艱開拓，二百餘年，再覩聖人首出，亂略底寧，已有今日之盛。倜幸預得守百里之土，其欣然感戴，當何如❾哉！每深望協堂公玆舊錄，發揮新編，白其所未瑩，補其所未備，以成一家之珍可也。公頷之再三，倜亦不勝幸慰❿之至，謹以鄙言爲跋。

扶寧縣知縣倜謹跋

越南開國世系

太尉貞國公阮德忠 清華處宋山縣嘉苗外莊，事聖宗爲太尉，封貞國公，生子文郎。

義國公阮文郎 事黎威穆、襄翼二帝，封義國公，生子弘裕。

安和侯阮弘裕 事黎襄翼、昭宗二帝，生子御諱淦。

昭勳靖王、御諱弘淦， 前事黎爲安清侯，後佐黎中興，官至太尉興國公。薨，黎皇贈封昭勳靖王，今廟號爲肇祖（仁聖靖皇帝）。

僊王

今廟號爲太祖嘉裕皇帝。

王乙酉年十二月生。仕黎，官至右相，封太尉端國公。以四十四歲欽差，入鎭廣南、順化二處，攻滅莫將，立郡於廣治，營顏瓢社地，分瓜瓜祠下。又差公子瑞郡公，攻破顯貴賊艚。後又立天姥寺等事。在位四十六年薨，壽八十九。世子太保瑞國公，御諱福源嗣位，是爲仕王。

仕王

今廟號爲熙宗孝文皇帝。

王癸亥年七月二十八日生。以五十一歲登極，差文官見耕廣南、順化二處田與租稅，有調京都，攻哀牢、六坎，用祿溪侯築日麗壘，立選場，補稅例等事。在位二十三年薨，壽七十三。世子太保仁郡公，御諱福瀾嗣位，是爲上王。

上王

今廟號爲神宗孝昭皇帝。

王辛丑年七月十六日生，以三十五歲登極。有差公子勇郡公攻破烏蘭賊艚於坡海門外。在位十四年薨，壽四十八。世⓫子大保勇國公，御諱福瀕嗣位，是爲賢王。

賢王

今廟號爲太宗孝哲皇帝。

王庚申年六月十九日生，以二十九歲登極。攻占城，取其地，立爲泰康、延寧二府。及平定高綿，又築每耐壘。與北朝鄭氏相攻，驅至潭江，築壘相拒，六年乃還。又作佛寺於思容海門龜嶺上。再差見耕二處田，增補稅例。與許龍門兵楊彥廸居高綿、美秋地等事。在位四十年薨，壽六十八。世子太保弘國公，御諱福溙嗣位，是爲義王。

義王

今廟號爲英宗孝義皇帝。

王己丑年十二月十二日生，以三十九歲登極。又增補二處田，稅半分。在位五年薨，壽四十三。世子太保祚國公，御諱福凋⓬嗣位，是爲明王。

明王

今廟號顯宗孝明皇帝，以後未有志傳。

王乙卯年五月十八日生，以十九歲登極。伐占城，取其地，置爲平順府。再伐高綿，取其地，置爲嘉定府。在位五十二薨。世子御諱福澍嗣位，是爲寧王。

寧王

今廟號爲肅宗孝寧皇帝。王薨，世子御諱福濶嗣位，是爲武王。

定王

今廟號爲世宗孝武皇帝。王薨，世子御諱福淳嗣位，是爲定王。

武王

今廟號爲睿宗孝定皇帝。

王之嗣位，當北朝景興皇帝之世。以壬辰三十四年，西人阮岳作難於歸仁，至甲午三十六年，攻破廣義、廣南二處。朝廷正當差兵攻剿，靖王因其國內虛耗，奏帝差國老黃五福將兵三萬，越河襲取春京；王駕龍舟，越海幸嘉定，西人累次來侵。王薨，西人盡取其地，留將屯守。時聖上皇帝以先王苗裔，德業未彰，更無一成一旅之可倚，暫之他邦，以待時勢。適因西兵相驅北向，爭滅黎、鄭，及回，兄弟力侔亂作，乃自治兵相攻。於是聖上皇帝知其天人順應，乃自他邦回國，起兵殺西將，盡復嘉定之地，修作城池，謀圖卷席。於辛酉夏五月初一日，親提大兵越海，直入思容海門，恢復春京，修謁先王陵寢。壬戌夏六月，大舉渡河，略平中都，天下咸歸版籍。其東西南北諸屬國，無思不服。清朝皇帝亦册封皇帝位號，俾統越南萬萬年無窮之業，猗歟休哉。

【校勘記】

❶ 甲、乙本並作「戀勸」。

❷ 甲、乙本並作「合于」。

❸ 原作「暗位」，甲、乙本同，底本後旁改作「僭位」。

❹ 原作「順化」，甲、乙本並作「順廣」。

❺ 甲、乙本並作「訓義」。

❻ 甲、乙本並作「乎」。

❼ 原作「恒發」，甲、乙本並作「桓扒」。

❽ 甲、乙本並作「所址」，原本原同，後旁改。

❾ 甲本作「如何」。

❿ 甲、乙本作「喜慰」。

⓫ 「世」字原本作「歲」，據甲、乙本改。

⓬ 甲本作「福洞」。

越南開國志傳

卷之一

吏部尚書該簿兼副斷事阮榜中承撰

塵擾擾，夜漫漫，競説龍吟虎嘯，爭誇鯤躍鵬搏。到頭未卜江山遠，送目方知天地寬。局外厭看爭勝負，寰中堪羨枕溪山。此盛彼衰，朝代興亡，不知無易，東征西討，天人應感有何難。

說話越南一境，自雄、趙與丁、李、陳、黎六代，廢興相繼。陳氏更遭家未造，明國來侵，悍將驕兵，吾民不堪其荼毒。天生黎太祖，以布衣藍山起義，收復封疆，堂堂與中國並帝。歷傳太宗、仁宗、聖宗，以至昭宗皇帝。奈昭宗不競，强臣莫登庸僭位。昭宗出外，回據清華本處，每恥生靈塗炭，社稷邱墟，收集殘兵，志圖滅莫，復讐宗社。一與登庸決戰，不幸爲庸所獲，昭宗遇害，黎之子孫宗姓奔逃。其昭宗子諱寧，尚在幼弱，母氏懼登庸有剪草除根大惡，抱竄哀牢。時黎之舊臣，皆歸❶莫氏，希圖富貴。惟舊將安靖侯阮淦，貫清華河中宋山縣嘉苗外莊，以年前在昇龍同登庸阻其乞兵之故，與庸不合，恨解部曲，退回本貫。既而流寓義安，思以苟全性命。然見黎氏皇圖，日就消歇，王臣無人，甘心愛戴，日夜涕泣。遍往清、義等處，糾合豪傑，諭以扶黎滅莫，人多歸附。於是謀與前昭宗戚屬鄭惟㦃❷，尋迎黎寧於哀牢，立以爲帝，號爲莊宗。營作行殿於漆馬江；又在萬賴册居，常招兵買馬，延納英雄，積草屯糧，共圖恢復；旬日間，衆至數萬。安靖侯常間關與莫氏交戰❸，然而常有敗❹衂。後再與莫氏相攻於山南上路，莫兵不利，陰使其將忠厚侯詐為降計，安靖侯披誠❺納之。厥後忠厚侯因而用毒，安靖侯尋卒，贈封為昭勳靖王。且安靖侯有子阮潢，生得天資聰敏，智慧出人，但年尚❻妙齡，未能堪辨率衆❼。其女婿鄭檢，素有才力，軍士樂用；當時正屬內道，莊宗乃許權領其兵衆，專行征伐。及阮潢長成❽，與檢從征多歲，建奇功，莊宗累封官至右相。檢見❾此日常疑，或以為右相阮潢後日功名不在檢之下，乃奏帝令鎮❿順化。且順化莫之兵將時常屯守在此，謀差就鎮，借彼滅之。但人願如此，天理未然。後人因有詩曰：

成敗興亡本浩然，皇都潛處幾多年。
鳳棲孤樹鷴群戲，虎坐平林鬼黨喧。
莫道井中蛛結網，且言檀澗馬加鞭。
神龍豈是池中物，臥聽風雷飛上天。

却說⓫正治戊辰十一年，太師昭勳靖王子，右相端郡公阮福潢，討莫多立大功，所向皆懾驚鼠竄，人皆愛慕。自昭勳靖王臨薨以後，太師明康王是靖王義婿，恃其權柄，不顧恩情，最惡端公，欲謀加害。於是端公親舅戚國公，密謀令端公許人潛入宮中，求救與親姊阮氏。原阮氏為康王正妃，聽得駭然，遂潛謀誑稟明康王曰：「阮妃賤妾有辱弟端公，忽被風狂之症，以致愚迷如此，不堪內朝輔政，妾受朝廷恥笑⓬屢多。妾竊聞廣南、順化二處，乃毒峯惡水，凶蠻之地，人皆惡之，伏乞尊顏，軫想前功及賤妾之情，許辱弟端公鎮守此處，為藩臣之道，以享終年，庶全姊弟之義，望尊顏憐憫許之。」太師明康王曰：「端公是英雄俊傑，足智多謀，堪其大用，非愚訥之人，焉忍置之弊地。夫人勿憂，吾無他心矣。」阮妃聽說，跪下放聲大哭，再三懇乞。太師明康王暗思曰：「此處有僞莫屯居，宜許之，借莫之手，免於我受不能容人之議。」乃許之。阮妃拜謝，太師遂奏封阮潢爲太尉端國公，鎭守廣、順二處兵民，常年徵收稅例奉納。端公拜謝回府，辭別阮妃，與公子太保和郡、瑞郡、文岩、石川、羨忠、祥祿，卽日率水軍一千出港，望順、廣二處往鎭。戰船直入安越海門，駐兵武昌縣愛子浮墟，密差人往自武昌以至香茶等縣，觀其地勢。見於香茶富春社，山水環聚，人物豐美，乃以事回稟。王甚喜，思施德政撫之。

且說先者僞莫光寶時，已差莫將都督立郡公鎭守二處，駐營在康祿縣。聽知僊王入鎭，乃率戰船三十隻越入海門，及步兵一千，從胡舍道進發，屯於閬苑社，過青湘廟內列寨，欲爲奪戰僊王。是時，僊王本無步兵，有⑬戰船二十隻。無有步兵，難於拒戰，王甚憂思。夜時，秉燭悶坐，忽聽大江邊靈湫常鳴瓜瓜之聲，王異之。明日，王就江渚，看見浪逐波流，其聲甚異，乃密懇曰：「江中倘有靈者，保護攻破賊徒敗走，立廟四時祀之。」願罷回營。夜間，夢見一婦人，身著綠衣，手持紈扇，詣於王前，稟曰：「將軍欲除僞黨，宜定籌計⑭，誘至沙灘，妾助力除之，免於擾境。」說罷，拂袖而去。王醒來，方知是夢，心中甚喜，望空致謝。乃暗思曰：「夢見婦人，令我定籌計誘之，必是用美人之計則獲矣。時王有侍妾美女順化處世賴社人吳氏琳，多侅幸⑮，其人雖是女兒，頗有智謀膽略，善言快語，應對如流，顏色有羞花閉月，骨格有落雁沉魚，雖西子、邯鄲，無多讓也。王甚喜，乃令吳氏將金銀琦璃寶物，齎就立郡公⑯寨中進獻，求其和好，許以通情，定謀⑰至瓜瓜處，設計除之。吳氏聽言，泣⑱下，拜稟曰：「賤妾初時侍事王上，篤全女道，不失婦節。今或王令赴湯蹈火，萬死不辭，却乃令私通鄙人，未知何意？臣寧死不奉此命。」王笑⑲謂曰：「汝之此言，是婦人之大節，我已識汝心。奈方今國家大事，非用汝力，安破賊乎？汝從之，勿可推拒。」於是吳氏泣拜受命，領取寶物，親就立郡營中獻呈，曰：「臣⑳本官端公，聽知明公，天威所至，不勝恐懼，特差賤妾齎舊物敬賀，以表眞心。乞與明公誓，明公爲長，臣本官爲義弟，同心協力，幸勿嫌讐，攻擊戰爭，損害百姓。」立郡聽言，乃揚言大罵曰：「汝欲爲女使說客，以釣我乎？」吳氏假爲戰慄懼怯，俯伏盼目，爲秋波送情。其立郡是貪財愛色之徒，因見吳氏美色無雙，巧言善語，慫㉑起欲心，乃回容大笑，收幣，携手入房，與吳氏私通。吳氏用楊柳隨陽影之計，立郡心迷。吳氏說請就誓爲約，立郡從之，再暗差人探聽，見王兵少無疑，與吳氏定期就誓。吳氏喜不自勝，乃密令佳人稟王如此。王大喜，遂令人就瓜瓜沙墟處，竪立茆（茅）祠一座，掘穴四圍，許壯健軍人，各持器械隱臥於穴中，以草菅白沙遮於穴上，存老弱兵三十餘人，持箕執箒，隨候廟前㉒聽令。於十月下旬，吳氏誘立郡到廟盟誓。立郡見兵少，心無疑憚，乃駕一小舟，從卒三十人，效雲長單刀赴會，遂至瓜瓜廟門。其船泊岸，立郡手持寶刀一柄，步行入廟。是時，吳氏附㉓於腋下，呈曰：「明公緩步，免妾本官心驚。」立郡大笑，緩緩而行，望廟門來。王整衣冠，斂手遠接。立郡將近廟前，王大呼曰：「諸軍早起迎候尊兄！」於是伏兵在穴下突起圍捉。立郡大驚，魂飛天外，踴步急走。將近江邊，見船已離埠㉔，立郡盡平生之力，一躍過於船檣，墜於江中。王部將署忠、署鐵追及，見立郡首將浮水面，皆射殺之，從軍四散奔走。王乘勝推兵急戰，立郡水步軍或逃回東京，或拜降。於是王怒清湘神，責曰：「我已四時奉祀，求以福國護民，何故容賊黨侵入地界，祀之何益。」遂差水軍撤破廟宇，放火燒焚。至後年顯現靈應，王再令立廟祀之。於是王乃回府宴待部曲，厚賞三軍。乃差㉕人修造瓜瓜廟，封爲靈湫普澤相佑夫人之神，四時奉祀。王想侍妾吳氏之功，欲其厚報，遂召吳氏謂曰：「剿除立黨，是汝之功，我欲擇才智之人，嫁汝爲夫，以成卿相之位，免於碌碌爲婢僕之徒，亦顯其大功也。」於是吳氏下拜泣稟曰：「臣平生所願，持巾執櫛以事王上，全其女節，奈爲國汚身，難以磨洗。從今向後，臣乞守厨執箒，報答聖恩，以全臣道。如王上改嫁，臣終不敢奉命，望王上准恕。」王笑曰：「是國家之事，非汝所有私情之罪，酬功報義，是我本心，汝宜從之，以顯功名於後世。」撫誘再三，吳氏乃從。是時，有義安奇花人天武衞副斷事文雄伯武允忠（一名儀崑），從王府理事，其人面貌魁梧，形容秀麗，文武全才，通今博古，王甚愛之，遂嫁吳氏與文雄爲妻。二人望拜謝恩，同樂洞房花燭。時人有詩譏立暴云：

輔弼稀才任障籬，憑將女色賴支持。
令人情斷初容臉，促使魂遊畫黛眉。
卓遇嬋娟身莫保，差㉖逢西子國難依。
休言立暴輕狂輩，自古英雄亦有之。

且說正治己巳十二年，北朝太師明康王略定山西地方，見次子鄭松㉗有英雄才略，平伐有功，乃領平東印開恭義營長元公，同節制統兵征伐。是歲，忽聞南鎭端公設謀殺莫將立暴，奪其兵衆，心中大怒，欲定計除之。且前年順化處康祿縣衡普社有該總美良伯並弟文蘭、義山等，以進粟有功，乞陞官品。太師明康許美良兄弟爲該知，令付徵租稅，本處租稅常年進納。明康以美良兄弟徵歛有功，封美良爲參督郡公，文蘭、義山爲署衞，俱封侯爵，管收順化租稅。方今僊王入鎭廣、順二處，於是太師明康陰謀密使美郡公兄弟等，選本處雄兵，乘虛襲擊僊王，以絕後患，功成必加重賞。美郡得令，請弟文蘭、義山等就密室商議，揀選雄兵，修整器械，差文蘭、義山等率兵屯於明靈縣香椰社深處埋伏，美郡自率兵從山脚暗路，就於海陵縣茶池社瓦橋處屯兵，爲首尾相應之勢，期日夾攻。

且說僊王先探知的意，大怒曰：「螳螂小輩，敢禦轍乎？」遂差茶郡公領兵就香椰社攻義山、文蘭。王整兵乘夜潛至瓦橋處，突入放火焚美郡寨，煙火流天，並同白日。王努力大戰，美郡大驚失措，軍皆鼎沸，四散逃亡。美郡單身望林中遁走，王追及斬之，遂引兵望香椰直進，以攻文蘭、義山等輩。再說茶郡奉命率兵至福布社，與義山、文蘭等兩相大戰，勝負未分。賊將義山射中茶郡，死於陣前。軍人飛報與茶郡妻。其茶郡妻是堛場社人陳氏，聽知大怒，乃易男子[28]衣服，頭戴戰笠，手持双刀，上象出陣，揮[29]軍急戰，以報茶郡之讐。突過江邊，與賊兵混戰。義山、文蘭難於抵當，回避不及，反被陳氏射死，棄屍路傍。文蘭看見大怒，急揮兵弩戰報讐。忽望見隣江林叢中座[30]，旌旗蔽日，金鼓震天，探知是僊王大兵驅至，大驚，量力難敵，遂棄軍單身望北走脫，逃回西京。於是掃清寇黨，王班師回營，設宴賀待諸將，論功行賞，犒勞三軍；重賞陳氏，加功茶郡夫人，給許寓祿，頒賜錢帛，令將茶郡靈柩殮葬。是時，文蘭走回城都，稟說此事。太師明康知謀不濟，心中甚怒，寢乃歸罪於美郡，默然不行究問。自是仙王收獲二處兵民、象、馬、金、帛、錢糧，充其國用，務施恩德，招撫萬民，親愛百姓。年常徵收租稅，進納帝庭，二鎭方民，安居樂業。一日，王閑坐，忽想往歲在中都之日，假病外遊，被釋僧所辱，自是深恨釋門，係有醮禳懺謝請福之事，常愛用道士，不用釋僧。自此禪僧並皆遠避，莫敢近侍。因禪表號爲僧，不守僧行之法戒也。

正治庚午十三年二月十八日，北朝太師尚父明康王薨，壽六十八歲。康王輔佐皇帝，不憚勤勞，剿除莫黨未平，帝常痛惜之，每爲流涕，寢食俱廢[31]，乃贈爲明康太王，頒賜金銀錦帛，許以王禮葬之。帝親詣王府，設壇置祭。於是百官宰相，皆易素衣，詣於靈柩前行禮，其祭文云：

小子黎某，謹以清酌庶品之奠，敢昭告于尊靈太師尚父贈明康太王柩前而泣曰：哀哉嚴君！痛哉王府！外義托為君為臣，內恩深若父若子[32]。方小子微時，尚賴君贊輔至尊，承先帝之規模，再造創前朝之境土。槍攘百戰，鄭重一心。忠義對乎神明，功業蓋㉝乎宇宙。郭汾陽再造唐室，永保完名；諸葛亮恢復漢都，延增其壽。粤自耳聞，良為心憮，旣四海經營之際，微㉞太宰誰其依憑。而一家蒙養之私，顧大義甚深感慕。茲奠數盃，永訣千古。如精爽有靈，尚默扶國祚。嗚呼哀哉，伏惟尚享。

帝祭罷，俯伏大哭，群臣文武，皆痛哭悲號。帝還宮，晝夜常思想明康之功，難其補報，自此以後，係有國事，皆委鄭元公所管。是歲，南主仙王聽知，乃差齎禮吊喪物及贊文，以表兄弟之義，贊曰：

明康太王，有伊尹、周公之才，雄勇膽略之智。戰勝攻守㉟，應變無窮。披荊棘，立規模，南開邊，北拓土，恢復黎朝，立綱陳紀，完名如郭汾陽，功業如㊱齊王信。自漢、唐、趙、宋，及丁、黎、李、陳，世無雙對。嗚呼！千軍易得，一將難求。帝卽位之初，尊為尚父。茲又贈明康太王。帝親臨行禮，君臣道合如此。可惜半途而逝，未遂志焉。然繼種元公，亦能克紹先志，光顯祖宗，尤美矣。

夏四月，鄭元公見國事有變，乃還兵，據萬賴壘固守。初二日，帝榮封為竭節忠臣。初三日，再封宣力功臣，以答殊勞。大臣勳舊，太傅義公、楊國公、安國公，同心協力，翊扶王室。是歲，淳福卽位。八月，莫淳福差兵入寇河中府，燒毁㊲百姓，殺人刼物，民心驚恐，皆逃隱山林。鄭元公知之，乃自據根本，差定郡公率兵大戰，破之。僞大驚，不敢反顧，逃下罷楊處駐兵。九月絕糧，乃撤兵逃回東京去了。

却說正治辛未十四年，帝封元公鄭松㊳為欽差都將，節制各處水步諸營，兼總內外平章軍國重事，太尉長國公，管知國事都將。長國公受封拜謝，統理朝政，自是兵威日振，手握鈞衡，內謀國，外謀敵，天下安然，文武悅服，階下歸附者衆。自是以後，天下稍平。

却說正治癸酉十六年正月，帝崩，在位十七年，壽四十二。群臣尊謚爲英宗皇帝，葬於宣陵。於是長國公及群臣等共謀立皇太子維潭卽皇帝位，改元嘉泰，大赦天下。

嘉泰元年癸酉，帝方七歲卽位，年尚幼冲，未曉國家大事，令權㊴委長國公鄭松輔政。長國公有文武全才，雄謨勇略，網羅豪傑，招集頑强，威脅公卿，潛有僭凌之意。再說是歲二月，南主端公受鎭順化、廣南二處，人民安樂，國內昇平。忽有顯貴賊艚五隻泊㊵於越海門外，設小舟上岸，刼奪良民。南主知之，遂差公子瑞郡公領兵剿滅。瑞郡公奉命，率戰船十餘隻，直至越海門。望見賊艚隔三十餘里，投錠於一處。瑞公大怒，催水軍突出，戰船如一道長蛇㊶而至，銃聲齊發，轉動天地，射破賊艚二隻。顯貴賊大驚，收錠拽帆，望東㊷急走。瑞公驅兵追之，不及，取得艚物浮於水面㊸，返回，入朝拜稟。南主大喜，撫慰曰：「吾兒眞英雄也！」遂重賞瑞公，及厚賜三軍，設宴慶賀。自此以後，顯貴賊艚不敢近界，沿海黎庶，亦賴晏然。

却說嘉泰甲戌二年，僞莫淳福改元爲洪寧。王少，權委宰臣，執當國事，將卒心皆不一，唱亂起僞，各有爭功，東京之民，亦受荼毒。數年間，僞莫復謀興兵入寇。於嘉泰五年，帝再改元爲光興元年。光興戊寅元年七月，是時僞莫將兵入寇，攻壘衮處，都督瑞㊹公率兵擊之，僞莫大敗走回，都將追及斬之，梟其首，彼兵皆遠遁。

光興庚辰三年，僞莫洪寧再差莫將演國公領水兵入寇。兵到林工處屯紮㊺，分營列寨，刼擾良民。都將長國公統水軍夾擊，催兵急射，銃聲雷動，礮急星飛。莫兵難於拒敵，大驚逃走，墜於江中，溺死甚衆。莫將演國公棄兵單身而走，抱頭鼠竄㊻，望東京逃回㊼，於是僞黨稍平㊽。都將下令將回萬賴册，時詩評云：

翊運攄謀濟世難，莫圖驅入[49]復西還。
威揚豺虎恢寰宇，雄奮貔貅鞏海山。
一陣風雷群賊滅，四方雨露萬民安。
驗看天象星熒現，塞外茫茫火復然。

光興癸未六年三月，僞莫洪寧復謀進兵入寇，屯兵於同年處，擄掠良民。都將長國公乃率兵突進，大破之。九月，莫振郡公復進兵入寇，以復前讐，分營列寨，水步相接。都將長國公命都督唐囊領兵攻之。唐囊奉命，分兵兩路急攻，振郡大敗，望後陣急走，未數里之地，被晃郡追及，生擒解納，斬之。莫兵死其太半，及生擒解納，不可勝數。都將長國公體好生之德，給賜衣食，放回鄉貫，莫兵感恩望拜返回。自此驩、愛[50]二處人民，案堵如故。都將長國公，起兵略定安康、安謨二縣，收兵屯黔鬒山處。僞莫再差兵進攻。都將長國公差兵設伏於田寺岸兩傍，兩軍相持旬日餘。都將長國公乃詐令回兵，莫黨以爲怯走，乘勝追之。至田林蔽處，無有提防，忽聞砲響，都將長國公伏兵兩傍突起，夾兵攻擊。僞莫兵大敗，四散走奔[51]，死者甚衆，餘皆逃回，自是境內晏然。

光興丙戌九年，北朝都將長國公差文官憲察使阮造入順化、廣南二處，度見田畔，徵納官稅。憲察使阮造奉命直至順化，詣南主營中拜謁。仙王下階相接，請入帳中，分賓主坐定。南主傳設宴相待，安慰甚厚，旦夕無遺。憲使阮造見仙王恩待至重，心中甚有愛慕，常以低言細語，謀稟於王，使其別立規模之意。五六月間，不忍返回北界，亦不踏看田耕，乃傳示順、廣二處府縣衙門，修寫田簿奉納，略示其肥瘦，遂私減半分，以進南主，以備照發三軍。且說阮造延居日久，恐有得罪朝廷，乃辭回北朝。仙王佯爲眷戀，流涕，執憲使阮造手謂曰：「予今遇卿，如龍得雲，如魚得水，喜不自勝，欲卿留居[52]同其談語，庶快予心。豈期卿自辭回，使予心緒如麻，痛比刀割。卿安忍棄予而歸哉！」憲使聽王之言，俯伏放聲大哭，稟曰：「臣奉朝鈞旨，但去明白，不可久留[53]。臣乞回至北朝，納其紫綬，決歸與明公爲輔，不敢忘恩，望明公炤量。」仙王聽言，遂差人設宴餞禮，送至二里相別。憲使望拜，辭回北界，仙王返回府中理事。自是每見風調雨順，禾穀豐登，黎庶歡樂，路不拾遺，粗有太平之象。

却說光興辛卯十四年正月，北朝都將長國公，興師略定山西。兵至吳山寺[54]屯紮，分營列寨，水步相接，隊伍齊整[55]。僞莫洪寧聽知，分兵拒敵。月餘攻擊數陣，未分勝負。二月二十七日，都將長國公密思爲誘敵之計，乃下令詐言絕糧回兵，先差人移糧車從間路返回，揚聲許莫兵知之，以誘彼兵追襲。再密傳太傅楊國公領三千兵，潛入山脚，觀地形要處埋伏。都將長國公自率大兵，進至粉上社屯紮。二十八日寅時，僞莫洪寧大發兵馬，直至寨前對陣，分兵四面圍住。都將長國公聽知，大笑曰：「賊黨不識兵務，蝸井揚強，入吾彀中矣！」說罷陞帳，招集諸將調遣，令愼義、匡義二營爲左右翼陣，俊義營爲前驅，壯義、崇義二營爲後應。時僞莫差安義、匡定二將出兵强戰。午時，諸將〔欲〕領兵出戰，諸（都）將笑曰：「攻擊[56]之法，須待天時，時之未至，勿可急遽動兵。」諸將默然。至申時，都將長國公下令發兵急攻。諸將得令，一齊出兵突至。僞將安義、匡定懈怠無備，措手不及，並被斬於陣前，僞兵死者甚衆，各道乘勝長驅，直至喝江。僞莫洪寧驚心喪膽，望北忙忙[57]急走。近山脚路，被楊國公伏兵圍住大戰。莫洪寧大驚，捨身走脫。都將長國公驅兵追之。忽見小卒飛報僞將常國公存伏兵於粉下社，以爲截後。都將長國公聽知，乃下令率兵進攻。僞將常國公知謀不密，黑夜棄[58]軍逃回東京去了。都將長國公得勝，收兵回安山縣住紮，差人探聽莫徒消息。回報：莫洪寧王存據[59]安石社。都將長國公遂選雄象百隻，差太傅楊國公領兵三千人，並雄象，以火筒、火砲，乘夜攻射入莫營中，破其莫黨。楊國公奉命，夜間率兵突至莫營，急驅雄象並火筒、火砲，破打營中。莫兵難於拒敵，四散奔走，遁求生路。莫洪寧大驚，單身望東京逃走，屯於珥河，招集殘兵，以圖報復。適値歲終，遂按兵不動。後人詩詠曰：

滔滔莫黨起戈兵，滿野彌山戰鼓聲。
長國揮刀驅北僞，寧王棄甲走東京。
珥河夜遁孤猿泣，安石更深隻雁鳴。
堪笑兔狐誇踴躍，一聞虎吼便心驚。

光興壬辰十五年春元陽節，都將長國公及文武諸將百官望帝庭拜賀。長國公大開筵宴，款待諸將。酒將半醉，都將長國公謂諸將曰：「我等奉天子詔命，剿除凶賊，剷去奸徒。今莫寇未滅，我欲興兵討之，以絕犬狼之類，諸將意下若何？」諸將皆起身斂手禀曰：「卑等皆受君王之爵祿，思國家之重恩，今僞莫戰攻不便，正如瓦解，不以此時攻破，更待何日？乞明公下令分兵，許卑等隨機攻剿，盡除逆黨，收還京都，卑等之願也。」都將長國公大喜，於正月初二日，遂移兵屯寧江。初五日早時，率水步象馬諸軍，雄象隊伍，直到月友處。午時，兵再到陣泮60，以觀賊情多寡虛實。至申時撤兵回寧江屯紮。都將長國公即於帳前招集諸將商議曰：「莫賊據大羅城，恃其險處，但其四通八達，彼等不曉兵法，破之不難。我有一計，取大羅城如反掌。」遂令：「太傅楊國公領兵三千爲先鋒；壯義、崇義二營爲左衢衞陣，進61兵梂椰道；鎭義、匡義二營爲右衢衞陣，進甕瘨月楣道；我率正兵鎭梂櫪道，鎭義營爲隨後應接62。限今夜三更造飯，四更各道依號令引兵直進，一同攻破。先入城者首功，若違令者按據軍憲。」諸將聽令，各自回寨，準備攻擊。至初六日，各道諸將，依圖次率兵直抵大羅城。但見：

旌旗蔽日，劍戟凝霜。象馬滿青山，船艘盈綠水。鼓角轟轟振地63，金鉦電電喧天。威奮似雷鳴電掣，勇揚如雲捲風吹。人人銳壯，個個雄威。莫賊馬能64拒敵也。

於是各道一齊突至大羅城，分兵攻擊甚急。莫將太傅常國公引兵相拒，鏖戰片時，其城將破，莫兵死者無數，大敗走散。常國公大驚，遂假爲軍人，於亂軍中脫去65，將圖隱避。忽逢先鋒軍捉獲，小卒不識常國公之面，謂其軍人，乃割鼻獻功。常國公隱忍負疼，望深山密隱，被太傅榮國公生擒調回。莫洪寧66見勢危急，棄城望鳳眼縣急走，京都各道兵遂破大羅城，放火燒毀宮殿庯坊，莫徒男女盡皆誅戮。莫兵死者，血赤珥河，流屍堆沙渚上。都將長國公乃下令掛榜招安，禁其擄掠殺害人民，刼人財貨，城中安堵如故。都將長國公陞帳，各道諸將獻功。太尉榮國公引莫將常國公獻納。都將長國公見常國公缺鼻，心甚憫之，遂解其縛，許入帳中，安慰撫恤甚厚。其捉獲莫軍，皆許衣食放回。都將遂令榮國公剷除大羅城（卽東京昇龍城也。），防莫徒再聚。時人有詩吟曰：

蜂屯蟻聚幾週星，一陣威風掃葉零。
寧僞身孤逃鳳眼，常徒鼻缺困羅城。
金戈揮指狼煙息，鐵馬驅馳海宇清。
堪讚長公恩澤下，熙熙德著及蒼生。

初莫將文派侯阮倦得讖詩四句，未解其意。讖詩曰：

三五之時，黑龍遇虎。軍剷龍城，生擒文武。

至今破大羅城，諸儒及阮倦始解讖詩之意：「三五之時」，是光興十五年也67，「黑龍」是壬辰之歲68，「遇虎」是正月69；「軍剷龍城」，是朝廷兵破大羅城，卽昇龍城也；「生擒文武」，是常公也。

　却說是月，都將長國公剷破大羅城，剿除莫輩，軍民稍安，乃引兵回屯寧江，差人探聽莫洪寧消息。常國公留在軍中，半月病卒，都將長國公甚憫悼之，許以銀錢錦帛弔賻，差人遞回本鄉致葬。是時，長國公略定西南二處，既成大功，乃班師回清華安場府屯紮，差官齎禮物拜謁先朝皇帝各殿。長國公及各官文武入朝拜謁天子於丹墀，帝下階撫慰曰：「卿今平[70]定凶徒，剷除僞黨，征伐勤勞，其功是大，勝何以報焉。古之英雄，誰[71]與及也！」長國公拜奏曰：「臣蒙陛下之威德，賴諸將之雄强，三軍勇銳，今日之功，臣有何能？敢聞聖譽。」帝聽奏，笑謂曰：「自古有德不居，有功不伐，卿之謂也。」長國公拜謝。帝遂令設宴賞功，安慰諸將，犒勞三軍。宴罷，諸將各回本營。於是都將長國公傳令諸將，練習軍士，準備戰具。六七月餘，兵糧足備。八月上旬，有莫將裴文亢親詣都將營中稟曰：「臣父嘉遠山郡裴文奎，爲莫將，因見洪寧王性耽酒色，殺害忠良，信用邪佞，料勢必不久。今聞汴鄉聖主，仁慈大度，納士[72]招賢，四海歸之。臣父決志來降，豈期[73]謀行不密，莫徒知覺，差人陷逼，困在恬江，乞差兵救出。臣父得回，願施[74]犬羊之勞，駑駘之力，肝腦塗地，以報王上之恩，得遂君臣之望。」長國公聞裴文亢言大喜，遂差太傅榮國公率兵進至拜嶺駐兵。莫兵聽言[75]遂自逃回。山郡見莫兵四散，急引下兵突出，至榮國公營相見。禮畢，同回見長國公帳前拜謁，敍以初末受困之情。長國公大喜，設宴款待，撫恤甚厚[76]。山郡起拜謝，稟曰：「伏乞明公再出天兵，臣願引路，捉莫寧王獻納，以爲先進之功。」都將長國公見山郡稟言，大喜，乃勅頒爲掌職管統長安府各縣兵民。山郡受職，望拜謝恩。都將長國公遂進兵至厥江南道。莫將瓊郡公、祿郡公皆納款投降。長國公復進兵至清廉縣塞橋屯兵。於是莫寇南道諸將，皆將旗幟器械，戰船象馬，就軒門進納來降。長國公大喜，設宴款待，仍其舊職，人皆悅服。再差探聽莫徒消息。

且說莫賊自敗兵[77]之後，屯在喝江，招兵買馬，築壘培城，以爲持久之勢。探人以事回報。都將長國公聽知，乃完備糧，儲器械象馬停當。冬十月十四日，都將長國公率水步兵並進，直至喝江，與莫兵大戰，銃聲振動天地，矢石急似飛星。僞兵大敗，棄城潰散，將兵不顧，各自逃生。莫將陀國公單身走脫。莫洪寧王大驚，料難制禦，遂假爲軍人，望鳳眼縣急走，手無寸鐵，行無從人，甚其窮蹇。步走至模圭寺，削髮假爲禪僧藏隱，世人莫知。十五日，長國公率兵至長安，屯於灑古。莫臣舉皆來降，長國公待之甚厚。至十二月初一日，又令茶郡公、廉郡公率兵渡珥河，至鳳眼縣尋捉人民，探問洪寧王去處。人民具告：「前日有僞莫君假爲禪僧，隱居模圭寺。」茶郡聽罷，差人拜稟。長國公聽之大喜。初三日，差壯義、崇義二營，引軍突至模圭寺，圍住，捉獲僧人，問曰：「汝的何處人？」洪寧王詐曰：「貧僧是義安石河縣人，平生愛慕佛道，削髮爲僧，閑遊山海，枕雪臥霜，不干世事。視富貴似紅塵，等功名如草芥。但求圓成正覺[78]，救物度人，無犯皇朝何事，何故拿捉我爲？」軍人聽言，欲赦，內有一人智者，見僧狀貌非常[79]，言語敏捷，心疑，乃縛[80]解納。洪寧王料知不免，乃厲聲言曰：「我是洪寧王也，本爲萬乘之君，統馭諸邦，不幸今逢衰蹇，我曾聞：『身爲天子，一逢亂離，死無噍類。』今我至此，是我之運也。汝等原是小卒，不宜辱我。」軍人聽知，飛報二將，二將大喜，遂令作櫃監洪寧王，送至京師解納。洪寧王立不肯跪，長國公厲聲責曰：「汝爲臣道，僭奪皇圖，其罪比同山海。汝今被擒，是天道之報應也。汝有何言，更不肯跪？」洪寧揚聲曰：「汝言差矣！汝不聞夏、商、周、漢、唐、宋相繼之事乎？況黎承陳末，莫繼黎衰，乃廢興之常理，雖爲僭奪，誰是君耶？誰是臣耶？」說罷，仰天[81]大笑。長國公聽言大怒曰：「狂奴小輩，不顧畜養之恩，更乃誇唇鼓舌。」遂下令差軍引洪寧出南轅門凌遲示衆，以警人。洪寧駡聲不絕，於是莫徒族屬，男女大小，並皆被戮。屍積如山，血流若水，莫氏遂亡。但有寧王[82]次子莫登冒逃入高平隱避，再聚黨竊據高平，稱「龍泰王」。朝廷累番差戰了。莫氏存亡，莫知如何，但前有讖云：

牛頭鼠尾月，神刀斬草絕。

人不會其意，至莫氏亡，時人始解曰：「牛頭鼠尾月」，「牛頭」是十二月初上旬也；「鼠尾月」是十一月終也。「神刀斬草絕」，「神刀」是黎字有刀也；「斬草絕」，「草絕」莫字也。是時，人人始驗讖言無差。因有詩譏笑莫氏云：

戰聲殺氣大羅城，莫氏將亡絕路行。
夜半鵑啼悲露落，更深雁淚慘雲生。
軒昂命迫心無屈，慷慨身危口厲聲。
堪羨寧王雄長志，昭垂不泯亦留名。

是時莫洪寧既死[83]，其餘黨聚集於青林縣，尋得莫宗族名雄禮，立爲莫君，稱泰祐元年，潛居地界，擄掠民間，刼取財物。長國公聽知大怒，差太傅楊國公統水師，太傅榮國公統步兵，分道並進，至於青林縣屯紮。差人探聽賊情，率兵攻擊。僞雄禮分兵相拒，兩軍大戰數陣，勝負未分，各屯兵固守。

光興癸巳十六年正月初十日，都將長國公下令進兵。諸軍[84]望江邊水步並進，至汜江急戰，僞兵大敗，死者血赤汜江，屍盈沙岸。雄禮單身逃隱。長國公差軍馳及至靈、東潮等縣，捉獲僞莫雄禮進納，遂斬之，僞莫始平[85]。都將長國公班師回昇龍[86]，差人修整宮殿、府庫、廂坊如舊。夏四月，差太傅楊國公回青華安場府奉迎聖駕，進御京城，撫御黎庶，輕其徭役。

却說南主太尉端國公自管統廣南、順化二處，廣施恩德，恤衆愛民，推食求賢，下車接士，英雄歸附，豪傑來從，年年雨順風調，處處年豐歲稔，諸邦朝服，內國外庭。一日，視朝理政，忽聞北朝長國公滅僞莫洪寧，除根剪棘，已成大功，心中甚喜，遂下令準備赴京朝賀。先慶賀天子，後請省[87]諸位王陵寢，以舒望想之心。於六月、南主端國公[88]遂率兵赴京，入朝拜謁皇帝，帝撫慰曰：「卿鎭二處，民心以安，其功最大，今設宴款待。」南主望拜謝恩。宴罷出朝，詣都將長國公府中，相見禮畢，分賓主坐共談國事，敍說親情。南主端公以美言好語盛稱[89]長國公英雄蓋世，功德兼隆，雖古之名將，焉可及也。長國公大喜，以爲肺腑之親，榮封端國公爲右丞相，位列[90]長國公之右。自是以後，旦夕無移，食必同盤，坐則同席，親如心肺，視若股肱。長國公再軫及勳臣，奏乞論功行賞，皆陞賞品秩[91]，答其勳勞。復說憲察使阮造往歲奉命見耕廣南、順化二處，返回東都，日夜想慕南主端公，無忘頃刻，遂入朝納辭印綬，致仕回鄉。是時，忽聞南主赴京，不勝之喜，乃親就帳中謁見。南主大喜，相與同坐，敍其離隔之情，相望之意。旦夕談論，親愛情深，意欲共圖大事。

光興乙未十八年二月，長國公自恃其威，欲尊王位，乃令人密奏與帝。帝恐懼，遂下旨，以都將太尉長國公鄭松與黎滅莫之功，不得不賞，遂頒金冊玉印，幷節旄黃鉞，差太宰奉國公鄭檜遞就長國公府中，尊封爲都元帥總國政太師尚父平安王，開王府，以答元勳。長國公受封，入朝拜謝皇帝，回王府理事。文武百官駭然，同來拜賀。平安王設宴款待，頒賜錦帛。自此內朝外郡，設官分職，給祿增田，賞賜刑罰，陞降黜陟，皆出平安王議定；朝廷紀綱政事[92]，亦出平安王所管，不奉於帝，帝但居深宮而已。四月上旬，忽有天朝差人問貢使禮。平安王差吏部尙書阮文階往諒山界首候命，使臣聽令返回。六月，又差尙書馮克寬領朝貢禮，往使天朝。但馮克寬爲人面貌醜陋，形容卑小，蓬髮亂鬚。生得聰明慧智，識量過人，有諸葛、劉基之才，顏、曾、思、孟之學。文章冠世，膽略超群，眞當世之狀元也。時[93]馮克寬奉旨帶將貢禮，日夜登崖越海，冒雪突霜，直指大明京地，寓於館舍。明日入朝，明朝望拜奉進貢禮。明朝天子見馮克寬面醜體卑，笑曰：「昔日沐晟、張輔在安南回，言南邦人才濟濟，豪傑彬彬，今使者克寬到此，料已選擇精矣。人才之盛，可以見矣[94]。」遂問馮克寬曰：「汝於南邦，官居何職？」克寬奏曰：「臣在南邦應試，幸中狀元，封爲戶部尙書之職。」明帝問曰：「汝是南邦[95]狀元，則能通今博古，吾試問汝天下之事，甚易最難。何謂甚易？何謂最難？」克寬奏曰：「人生世界中，凡其天文、地理、人事，三教九流，百工技藝，是甚易也。惟有聲色二字，難買難求，是最難也。」明帝再問曰：「飲食何爲美味？玩器何爲寶物？」克寬奏曰：「美味不過素鹽，寶物不過賢士。夫素鹽者，能鹹能淡，能美能甘，充其肺腑，潤於心腸，是其美味；賢士能柔能剛，能扶社稷，能反亂爲治，運屯爲亨，培國脈以昇平，贊規模之永遠，上致君於堯舜，下開拓於乾坤，四海安然，萬邦賓服，是眞寶物。」明帝聽奏曰：「然。」遂賜宴，許回驛舍安歇。明朝文武稱贊不已，帝曰：「南邦使人，面體醜陋，言語如流，吾試觀之，辨其才也。」數日，明朝皇帝命良工造作假雀，能走能躍，能食能飛，置於殿前竹叢之上，飛躍戲食與眞無差，衆人莫識。明帝召馮克寬上殿，問曰：「南使識此雀？朕養幾年，以致與人無有忌憚[96]。」馮克寬視之片時，見能飛躍，難詳其故，遂階走至竹叢，手拿假雀，擲之於地，其雀破爲四片木。乃於殿前昂然奏曰：「竹者，是君子，乃天子之龍體也；雀者是小人，乃鄙夫之凡輩，何故容小人立於君子之上乎？是上國臣慢君之理也。臣國雖小邦，猶辨君臣之禮，父子之道，兄弟之義，上下之分，無有汚雜倒懸於此，豈臣不知其假鳥乎！」奏罷，仰面大笑。明帝聽知，面有慚色，默然不語。朝廷百官宰相，各自駭然，皆褒稱不已。帝乃賞之，許回安歇。馮克寬望拜出朝，歸於驛舍。自是閑遊明國，觀看山川寺塔等處，所見極其峻麗嚴莊。數月間，明朝皇帝再差人[97]尋牝馬二匹，色體俱同，無小無大，國人不知何母何子。令牽至驛亭，問馮克寬曰：「狀元識得此二馬，何匹是母？何匹是子？指的分明，是狀元也。」馮克寬聽言[98]微笑，謂曰：「此理甚易無難，何待親問？」遂手執青草數枚，向前揖而笑。其馬的子者[99]性急，見草乃先步到爭食，馬母性緩，卓然立脚不動。」馮克寬笑曰：「先步者是子，立脚者是母，的然無差。」明人見之駭然，皆稱曰：「眞狀元也。」隨卽返回，入殿奏，帝甚奇之。十一月，馮克寬上表乞回本國，帝意欲苦留，但恐失諸侯之信，遂降詔勅封馮克寬爲兩國狀元，頒賜金銀錦帛，許回南國。馮克寬拜謝皇帝，辭別百官，就館整備[100]回程，於路途詠述使程挽一篇。回至本國，入朝拜謁皇帝，奏以奉使之事，再就王府，參拜平安王，稟知始末。於是南國上自公卿，下至庶士，皆誦稱馮克寬奉旨北使，重君命，壯國威，眞狀元也。王甚愛之，委輔國政，粉飾太平，眞世上之名儒也。後人有詩贊克寬曰：

學道平生世所尊，關河萬里謁天門。
華程執掌隨機轉，君命斯須每自存。
持以匡綸藏我用，直將聲色對人言。
四方自古多才思，安得如公兩狀元。

光興己亥二十三[101]年秋七月，帝大漸，勢至旦夕[102]，乃召平安王及親臣入殿，囑曰：「朕欲與諸公同享富貴，以保封疆，但玆天數到期，萬金難贖。朕倘乘雲之後，其長子維均才疎德少，不堪繼位；如次子維祈[103]，恩威並著，有德有仁，堪承大業，得守宏模，以統國政，全賴諸公佐輔，卿等勿負朕言。」囑罷而崩，在位二十七年，壽三十四，號爲世宗毅皇帝，葬永陵。平安王及朝廷共會議，奉遺言，立次子維祈卽位。改元愼德，大赦天下。十二月下旬，再改元爲弘定。帝年幼嗣位，賴平安王輔政，內統百官，外平四海，朝廷政事，設官分職，擢用貶黜，賞罰殺戮，皆出平安王裁決。威權益重，諸將駭然，莫敢張牙睨目。先是，平安王親愛南主端公，如心胞兄弟，待之甚厚[104]，委任重事。但見端公雄偉，氣質非凡，朝廷多人愛慕，忽起猜疑之心，欲謀削奪，以免他日之患。由是情愛日疎，隙嫌愈密，語言觸突，行立提防。端公潛知其意，日想夜思，謀圖回鎭，不覺年將終矣。

弘定庚子元年夏五月初一日，南主右丞相太尉端國公阮福潢見平安王寵遇日疎，欲圖保身，奈無計可施。遂令人將金銀就僞莫文官老臣致仕回鄉，少傅程國公家門進獻，求以保身之計。程國公乃索紙筆寫八字，付差人遞回。端國公看見八字云：「橫山一帶，萬代容身。」沉吟密想，終日乃悟。自此思還舊鎭，但恐薊郡公潘彥，美郡公裴文奎等屯兵於海口截路，難於越走，且彥、奎曾認端公爲舅。於是端公乃生一計，先密令家人詐爲王使，如此如此。再差人請彥、奎等到於府中，談論「古往今來，當時事務，英雄豪傑，道伯[105]稱王，各有雄膽，豈肯碌碌屈膝於人下乎？」彥、奎皆挽手舉[106]席曰：「皆是丈夫也。」談論之間，忽見小卒報曰：「有王使至，傳王旨。」端公遂令彥、奎等入避，坐於密室。公整衣冠，迎接王使，就府中坐定。王使端公耳邊細言曰：「王上見彥、奎等輩，恃其强勇，怙矜功能，法令不遵，言語不遜。王慮久後，必爲天下之憂，特遣小臣傳旨與尊公，設謀拿擒彼等，長幼無遺，進納王府，以爲上功。密哉！密哉！其勿[107]泄漏。」公曰：「謹奉王命。」使拜辭回。於是彥、奎等隱於壁邊，私聽王使細言，彷彿半得半否。使回，彥、奎等出問公曰：「王使傳旨何事？」公躊躇不語，目視二人，有流涕之狀。彥、奎再懇款詰問。公曰：「舅觀諸甥，相貌堂堂，威風凜凜，體狀有漢武、宋祖之才，胸中有孫、吳、張子之智，甚爲濟世安民，匡扶帝室，以顯英雄，以光前代。何故而徒區區受制於人乎？但今王使密傳，有不容諸甥之意，舅甚憫焉。諸甥宜審思之，免後日必有鳥盡弓藏之嘆，舅與諸甥，亦同一理。舅今意欲還順化遨遊，以避鳥籠魚釜之厄，安可忍負諸甥，受其屠戮。願諸甥早圖大計，免彼噬臍燃眉之悔。諸甥且記在心，勿其泄漏，謹哉！謹哉[108]！莫忘此語。」彥、奎等皆聽端公之言，勃然大怒，挽袖睜目厲聲曰：「彼是英雄，我是豪傑，皆男兒之志，豈肯讓心乎？」公急止之曰：「諸甥勿其造次，務要三思，防其風聲壁語。」彥、奎皆感謝泣拜，受命告別，回家感思，決志謀反。公大喜，明日整衣冠，入王府稟曰：「老夫竊觀朝廷宰相諸人，皆有忠肝[109]義膽，竭力勤王。惟彥、奎等是驕慢頑凶之輩，狼心狗行之徒，忘恩背義，不孝不忠。彼等早晚必興反亂，望王定計除之，免於後患。」平安王曰：「丞相之言有理，我見彼等有縱横抗敵之心，如何處置？」端公曰：「彼等皆有勇無謀，譬如兒戲耳。老夫乞率水師擒之，獻在王前，有何難乎！」平安王曰：「擒此二賊，都委太尉國公調定除之，絕其後患。」端公聽言暗喜，受命回府。是日端午節，平安王與諸將會賞節，歡歌暢飲，醉倒階庭。端公乃整飭水師，同憲察使阮造復回舊鎮。彥、奎二人，涕泣拜別。於是端公乘風順水，不日回至南朝。南朝諸將，遠近迎接，回到府中，同來拜賀。再令修整城池，施仁撫衆，黎庶晏然，萬民欣服。時人有詩喜贊曰：

開基創業兆輿圖，韜略胸藏出廟謨。
南鎮龍蟠歸沛邑，北朝蜂起擾京都。
休言王粲才多捷，且道公孫智二無。
真主挺身清宇宙，億年洪造定規模。

是日，北朝衛郡公潘彥，美郡公裴文奎等，自南主端公兵還南鎮，遂同密議，興兵作亂，圍攻京城甚急，放火燒毀[110]營寨庯舍，百姓大驚，攜母抱子，逃南隱北，以避其鋒。朝廷諸將戰之累敗，皆縮首，莫敢率兵交征。於徬徨之際，無計可施，平安王乃扶聖駕從美良道回據清華，以固根本。兵到屈山屯紮，數日間，回至清華，差人返回京城，探其二賊消息。是時彥、奎二人見皇帝與平安王去京城，回據清華，以為得志，縱橫掠取府庫財物，刼掠良民。但貪財無厭，忽起爭紛，不異仇敵。二將日夜自將率兵攻擊，裴文奎少智，被潘彥伏兵襲擊殺死於珥河，於是潘彥自誇智勇兼全，天下乏人對手，稱為關羽再生，心無憚懼。但貪財愛色之徒，自得裴文奎正妻趙氏，容貌鮮姸，工行德色，女流無二，心甚愛之，欲得一見，令人逼逐趙氏成親。趙氏痛哭，謂差人曰：「我夫君不知天命，背此貴人，以致亡家喪命。我今守寡，何以憑依[111]？如貴人憫及粗陋，我願為箕箒妾，以事貴人，得顯榮華，以光宗族。乞數日後，請貴人就舍相歡，以遂旱逢甘雨。」差人聽言，回呈與潘彥。潘彥大喜，約日定期，與趙氏戲劇。不意裴文奎妻趙氏備下禮物，請宗族諸人，及舊所管到于家中。趙氏先哭拜裴文奎，後拜告諸人曰：「妾夫君被潘彥逼死，死於非命。今再欲私情陷妾，妾已詐言，約日定期。乞列位憫妾夫及賤妾，借力伏兵，殺其彥輩，以報前讐。列位若肯同心協力，是高山深海之恩德。」諸軍皆奮志願從。數日間，趙氏差人就請潘彥。潘彥大喜，自率從者數人，就趙氏家。將入門，趙氏呼曰：「宗族何不迎接貴人！」於是衆人[112]於衣壁之中，忽然突起，揮刀舞劍。潘彥大驚，尋路走逃，已被衆等斬為肉泥。趙氏取潘彥之頭，以祭文奎，泄其前恨。始知亂臣賊子，自受其殃，天道昭昭，報應甚速。趙氏祭罷，欲投江以全婦節，族人解勸，乃止。

復說平安王扶駕回清華，二十二日餘[113]至長安府，見南主端公公子錦郡公等三人，調衆進王前跪泣，禀曰：「臣父端公，約捉彥、奎等輩，其謀不細，違言愧怍，以還舊鎭，不敢面覲王前。

臣等失孝得忠，伏乞爲臣，執鞭鐙，庶竭駑駘之力，粉骨碎屍[114]，以報王上。」平安王聽錦郡公等哭稟如此，心甚憫之，頗想有肺腑之親，量廣容愛，仍許其舊職，管知兵民[115]如故，王乃頒象與諸將。數日間，忽聞在京師二將相爭，王大喜撫掌笑曰：「天助我也。」再數日後，又聞京師將裴文奎妻趙氏密計殺死潘彥，京師既平，王不勝之喜。夏六月十三日，王再扶駕回京城。兵至淍口，遇僞將雲郡公[116]等率水軍截路，王乃發令諸軍突戰，急射雲船，大敗之。雲輩大敗，棄船步走，望東京而逃。平安王下令收軍不追，回軍至京城。差人修葺宮殿閣房庯坊如舊，差人令赦文奎妻趙氏之罪，召至府中，稱爲貞節婦，遂重賞之。詩曰：

四戒何為不轉睛，圖財耽色起戈爭。
汜催命死前貽笑，奎彥身亡[117]後貶銘。
堪贊徐娘真節婦，却稱趙氏顯貞名。
古今多少英雄輩，到此應同夢未醒。

是時，有僞莫餘黨壯郡公吳廷峩猶屯在東北諸處，刼奪良民，擄掠百姓，平安王差王子少傅清郡公領兵平定。清公兵至賊處，交戰一陣，擒獲廷峩斬之。兵破入營，捉獲廷峩妻范氏，見美色[118]，清公納之。至十一月，少傅清郡公再娶南主端公長女阮氏爲正夫人，生長子鄭橋。

却說是年五月，南主端國公自離京都，率水軍回至南鎮。諸將同入府朝賀，君臣共敘始末之情，不勝之喜。自是南主端國公廣施恩德，結買人心，英雄歸附，國內風調雨順，禾穀豐登，百姓謳歌，以爲太平之世。一日，南主閒暇遊玩各處山川河海，無所不週。於香茶縣河溪社，見平原處突起高崗，形如龍首，顧盼祖山，心甚愛之。遂登高崗玩看，有斷抗一帶，截其山根，心中甚惜，未知其故，尋著土人問曰：「此崗何名？」土人稟曰：「臣等小民，但聞古者遺言，此山甚於靈異，於李朝有大將名高駢，歷看山川河海，某處有靈氣者，卽壓斷之。欲奪南地，見山頂有元氣，遂斷其後，以致諸靈數年不住。於夜間忽有一老嫗，體色青瘠，眉髮盡白，著紅衣綠裙，坐於崗下，長吁短嘆。既而揚聲言曰：『倘後有國主欲培山脈，以壯南朝，宜立佛寺，請靈氣還山，福民護國，必無憂矣。』說罷不見。遂認取老嫗形狀，名其山曰天姥。那事跡乃是前人之言，眞假臣等不詳[119]，望尊公明炤。」南主聽稟大喜，曰：「是老嫗使我開基定土，化家爲國，以成大業也。」遂令人修造佛寺，匾號天姥寺。於是人民皆來祈之，甚其靈應。南主再閑遊至廣南處，見隘雲山，甚其峻險[120]突屼巍峩，此其蜀中摩天嶺也。王甚奇之，遂越過山嶺，就於廣南升華府地方，觀看山川形勢。見山頭巍險，海口緊固，遂差修造行殿府庫，以備蓄積糧錢，謀圖長久。乃留公子瑞郡公鎭守，以保良民。是時，有懷仁府勘理貢郡公向服王庭，願同相助。王大喜，待之甚厚。王率兵返回，自是兵勢日隆，聲名益振，山夷向服，占國來降。王施仁政，以治萬民，從言納諫，親賢遠讒，去奢從儉，賦薄刑寬，二處黎民皆慕恩德。

　復說弘定辛丑二年，海陽處僞莫餘黨南陽聚兵，屯於南道，水軍甚衆。於正月北朝平安王聽知，自統水步大兵進攻。王恐僞南陽水兵精銳，難與爭衡，密思詭計，遂封都督振郡公爲節制[121]水軍，許乘張王蓋，直進水路攻南陽，王率步軍從山脚夾戰。時振郡作主，率水軍直進大戰。南陽[122]望見王船王蓋，謂爲平安王所至，遂催兵努力急攻。振郡措手不及，被南陽斬於陣前，餘兵大敗。南陽得勝，將欲回兵，忽遇平安王水步並進，奮勇突攻，南陽大敗，兄弟俱被生擒進納，並斬之，收得戰船并器械，不可勝計。僞乾統大驚，是夜，棄兵遁還金城縣。於三月清明節，王令王弟太宰奉國公率兵進征金城縣，放火焚宮[123]，大破之。僞乾統及屬將朝祿、富壽等，棄營望高平走脫。收獲旗幟器械船隻象馬，不可勝計，進納王前。自是海陽七縣遂平。王施恩撫恤，黎庶悅服。王回兵京城，論功行賞[124]，定陞諸將，爵品有差。再令人重修名藍各處，敬奉佛法，及修整南郡文廟，諸位先帝廟宇，四時奉祀。再整裝行殿御座，遵如舊例。八月奉迎聖駕，進[125]御龍城，文武百官朝賀。自此以後，天下太平。

且說是歲南朝仙王公子瑞郡公鎮守廣南處，生長子仁公，即上王也。王生得狀貌端莊，豐[126]姿雄偉，有安邦[127]濟世之才。

弘定壬寅三年，七月上旬，是時，南主端公慕慈悲，佛道興，善種[128]良緣。適屬中秋節居，自幸天姥寺，供佛念經，解愆請福，濟度群生，賑資幽苦。功德圓成，返回王府，忽至霑恩地界，王坐於船頭，憑觀上岸，見平陽[129]之處，突有小林，樹木鬱茂，異卉奇花。林中有容抱數樹，高百餘尺，花葉蓁蓁，樹枝莫莫，凛然自有鬼神擁護[130]，瑞鳥翔棲甚衆，鳴躍成群。王甚愛之，遂令泊船玩看。見內有舊跡結立草庵一座，牆壁已頹，竪樑傾倒。王召老士人問曰：「此庵何人所造？」一老士人禀曰：「寺已經年，臣等後生，端倪莫識。」王聽罷，意欲重修。乃下令工人再造佛殿，鐘閣鼓樓，奉祀諸尊菩薩，以祈福祐民。數月工完[131]，甚其壯麗，王心大喜，乃令該簿林題匾，號崇化寺。但見：

巍巍寶殿，四方排鳳遶龍蟠；疊疊梵門，諸尊顯金身色相。智慧燈輝煌燦爛；戒定香馥馥氤氳。法鼓聲擂[132]，聞音而地宮活解，濟脫迷途；洪鐘響震，動鳴而天界朝臨，超升極樂。是謂心種[133]菩提樹，眼開明鏡臺，佛本虛無大法，人能覺悟莫差。行善善報，求福福來。茲悲玄妙，豈有錯哉！

弘定癸卯四年夏四月，王令請住持僧修作大法會，開大乘經，說上乘法，濟度三途六道，超昇七祖九玄，圓成正覺。是時，天下臣民，觀者甚衆，皆稱可比無遮之會。功德完成，王心甚快。

自此以後，王廣施政化，恩恤百姓，群臣悅服，諸國來賓，天下咸稱賢明之君，太平之世也。

弘定丙午七年春三月初五日，北朝少傅清郡公次妃范氏胎娠。其次妃乃僞莫將(134)吳廷峩之妻，清郡公納之，生次子鄭柞，卽西定王也。

弘定戊申九年，北朝各處，時天大旱，禾穀焦枯，米一升値錢一陌，人多餓死，甚自相食，經一載餘。惟廣南、順化二處，風雨調和，田疇進旺，米斗(135)三錢，路不拾遺，四民皆樂其業。

弘定辛亥十二年六月十六日，傘圓靈廟山崩二十餘丈，深三四尺。十八日，京北處天雨血，一日夜乃止，江溪等處水盡赤，腥臭難當，旬日餘乃消。冬十月十一日夜時，京城忽生妖火，延焚萬餘家，損耗財物，復折人民。是皆不祥之兆。平安王甚憂，差人禳謝，以保邦基。後人有詩吟曰：

簡皇衰弱乏英才，宰相權專政令乖。
海沸山崩黎庶苦，星飛地裂獸禽災。
寒暄失序群方困，風雨非常萬戶哀。
今古(136)試看亨蹇運，統知天地道無差。

弘定癸丑十四年。却說南主端國公天資豁達殊常，聰明出衆，有宋祖、唐宗之氣宇，自管統廣南、順化(137)二處以後，仁敷遠近，德被邇遐，人人慕愛如父母，上順天道，下合衆情，眞爲英哲之主也。於五月下旬，忽遭小恙，身體疲軟，良醫調治弗痊。端公知其天命已在旦夕，六月初三日，遂召次子(138)瑞郡公及親臣入於臥榻，謂曰：「予與諸公，素願同其歡樂，同其甘苦，上匡帝室，下救黎庶(139)，共成萬代之功。豈期天命難留，使與諸卿遠別。其瑞公(140)未曉軍機，未明政事，全賴諸公贊輔，以保洪圖，諸公幸勿忘吾言矣。」說罷，乃執瑞公之手謂曰：「夫爲臣道止忠，子道止孝，明友兄弟以信愛為先，莫反所為，致失人心之望。汝謹守此道[141]，勿可忘怠。」瑞公顧衆人，咸涕泣望拜受命。南主端公目視衆人，長嘆數聲而薨，在位四十六年，壽八十九，諸將皆哭倒於庭前，聲聞四遠[142]。遂公同尊號為「謹義達理顯應昭祐嘉裕王」，用王禮葬於海陵縣石捍之上流，後再改葬香茶之原，立廟四時奉祀。是時，會議於府中，尊世子瑞公阮福源為統領水步諸營，兼統[143]內外平章太保瑞郡公，以統邦基，以管國事。時瑞公年五十一歲[144]，繼位，號曰仕王。遂移宮府還廣田縣福安社，日夜思修先王之政化，撫蒞二處兵民，廣施恩德，收服人心，四海八方，咸來朝覲；百姓黎庶，皆歡歌喜笑，耕田而食，鑿井而飲，風無搖葉，水不揚波，亦是泰和之景象也。

却說北朝平安王差王子太傅清郡公領兵往攻安邦，賊黨既平，開拓境土，人民歸附，仍令屬將恒郡鎮守，以安方民。冬十月，京城失火，延燒萬餘家，財貨損耗，人物托死。可矜衆生，一時受困，人民饑饉，家室荒蕪。是月，遂令朝官往巡看各處，人人饑饉，家家嘆息，處處悲哀，不顧祖先墳墓，不思族黨鄉閭，各自漂逃他處。王下令準饒租役三年，俾流民復回安業。

弘定甲寅十五年春二月二十九日，恭遇聖宗忌日，王當恭身行禮，忽壁簾之外，衆人倒入三匝，其花枝在香案前，虛空拔出擲地，飛遶四散。王甚異之，不知何故，心中甚是憂悶。秋七月，時天大旱，清華禾穀焦枯，百姓愁苦，皆相抱而泣曰：「吾君上虐民失政，以致黎民受災，是其天運所使也。」冬十一月十一日，是冬至絕雷之節，無故雷鳴，轉動天地。司天禀以不祥之兆。王怒曰：「雷令在天，不時而應，何謂不祥？」欲斬司天。朝廷勸之，乃解。時聞南主端公殯天，次子瑞公繼位，人心向服，國富兵強，心中甚疑。乃差人齎[145]贈封太尉端國公為都將謹義公，及禮時祭，一則結至親之道，一則窺虛實之情。四月，南主瑞公令差長子右府慶美侯鎮守廣南，以拒占城，安百姓。慶美侯奉命，率師[146]就鎭，思施恩德，存恤方民，俾其安居樂業。

弘定乙卯十六年二月，北朝文官刑部尚書兼東閣學士祭酒義溪侯阮有禮，陳策去國弊八條，以解凶事。王任擧行，再加優賞。三月朔日，有日食，食盡日體，其色半碧半黑，一時復圓。二十八日，於清池縣弘烈社，申時，大江忽然水涸，五刻餘，魚鰕盡皆乾曝，人民爭取，不計其數，殊甚異事。秋閏八月，京畿城中失火，燒盡庯坊、家室[147]、倉廩、府庫，人民男女被火燒死者，三四十人，號哭之聲，震動天地。是月十六日，王聽知北使官返回，遂令武衛府將少保館郡公阮景堅，文官刑部尚書義溪侯阮禮等迎接使回。

弘定丙辰十七年春正月十六日，月食，食十二分。再客星犯入日內，旬日餘方止。二月，王妃蘇氏病卒。三月，北朝平安王以文武陪使有功，乃陞吏部右侍郎春陽伯阮世名爲戶部左侍郎，陞禮川伯馮克寬爲刑部右侍郎，陞御史方泉伯阮維時爲都臺御史，陞武將錦衣衛署衛事東陽侯爲都督同知沔陽公，陞金吾衛署衛事花陽侯枚玉珠爲參督浦郡公，以答陪使命回朝之功勞也。

弘定丁巳十八年春正月十五日，丑時，有月食，經二時始復圓。二月，王乃陞刑部尚書義溪侯阮禮爲都督同知泉郡公，順化處副憲使[148]茶岩侯淡景祥爲都督僉事茶郡公，其餘部將使等，亦陞職爵有差。夏四月，天忽發颶風雹雨，走石傾盆，飛沙倒樹。僞莫扶隆，乘此風急，令細作放火京城，焚毀庯坊倉廩，其火焰乘風隨地面，燒著草木無遺。是時，人物被死無數，財貨損耗不計，號哭之聲，聞於內外。七月，又颶風大起，洪水滔滔，平地水深餘尺，家室城牆，一時頹弊，田疇禾穀耗損，人物溺死甚衆。九月十五日，穀當熟時，天雨作，颶風大發，雹雨傾盆，沿海之民，鹹水侵入，破潰[149]田疇，家室六畜，流送海外。又山西處蝗蟲忽生，嚙盡禾穀、靑蓏、草木等物。十二月，畿內失火，燒毀萬餘家，多是不祥之兆。京城及各處之民，皆有餓死於道路。存者奔走東西，以圖活命。雖古水旱，未有甚於此時也。廷臣累以事數稟於王，王怒曰：「萬般是命，半點由天，豈在我乎？」遂默然不問。衆皆愕然。時人有詩嘆曰：

君弱臣凌國勢危，四方蠭起擾邦畿。
颶風雹雨天雷降，竭海搖山地軸移。
郊外荒蕪千戶困，城中傾倒萬民悲。
古今治亂興亡事，渺渺茫茫世莫知。

弘定戊午十九年正月十六日，有月食，食盡九分，一時始復圓。二月，忽有高平僞莫慶王起兵入寇，侵擾邊陲。平安王令統領少傅清郡公，督視官[150]左侍郎安蘭伯阮實等，率兵從水路就曇江攻之；又命太保萬郡，督視副都使芳泉伯阮維時就曇江[151]同水師努力夾攻，以剿莫徒。於是兩路兵奉命出師[152]並進，不日兵近曇江。僞慶王及僞將智水等探知兩路大兵直進，心驚，不敢與戰，望風走回高平。時少傅清郡公有先密令富郡、祿郡率兵林深險處，聽得僞莫回兵[153]，遂率突戰，斬獲僞將立郡，餘兵大敗逃回。清郡率兵凱還，平安王深恨莫黨，欲[154]破殄覆巢，以消其恨。且說祭酒義溪伯阮禮，素與狀元馮克寬有隙，原見克寬聰明敏捷，才勝於己，乃懷妬心，遂譖於平安王曰：「臣觀馮克寬自恃才，矜能誇智，謂天下無人。見[155]王上日疏寵任，每生懷二之心，潛謀與僞莫相約，率兵入寇，彼爲內應，先獻城池[156]。竊有人言，流於遠近，望王審思除之，免其後患。」平安王聽稟，勃然大怒曰：「卿訴此言，吾已覺知其意。吾常窺看係有僞兵擾攪，彼無談設一計，默然靜坐，前情已顯，何必再問。」遂即令人召馮克寬入府，責曰：「汝是儒者之流，常讀五經諸史，不思忠君愛國，以答殊遇之恩，乃萌賣國反主之心，欲效張松以益州投劉備[157]

耶？」馮克寬聽王責言，不知何意，駭然俯伏稟曰：「臣雖儒士，猶知孔、孟之遺書，孫、吳之妙法，守綱常倫理，刻不敢忘。欲效古人，名垂青史，豈有小心如張賊之輩者乎？倘或人有嫉妬之心，誣言惑說，乞王上審之，以明奸直。」平安王聽言大怒，喝令武士推出斬之。馮克寬神色不變，群臣甚痛惜之，皆下階頓首諫曰：「克寬是國家賢士，多立奇功，頗有忠孝之心，非是叛凶之輩。明國猶稱是其上寶，願王勿殺之，反被他人之計，天下議王為不能容士之德也。」平安王聽群臣諫言，其怒乃解，遂指克寬(158)罵曰：「吾看群臣之面，饒汝性命，汝首吾且寄於頸上，無得再言。」乃令人刺面貶於深山，從玆向後，無得親詣朝中及民間等處。克寬望拜受罪出朝，隨差人貶鳳眼山上。克寬乃結立草舍，開造園林(159)種植生花，栽培木樹，其心猶念勤王報國，無有嫌恨，但為時也、運也。閒遊山嶺，觸志，遂述林泉佳趣挽一篇，以解悶心，以嘲世態，樂養天然之性，待撥開雲霧之時，再覩青天紅日也。不題。

再說五月下旬，南主瑞公差文官就順化、廣南二處，見耕田畔，徵收官稅，以充國用。自此二處之民，各遵疆界耕作，供其仰事俯育(160)，並無爭奪之弊。

弘定己未二十年三月初三日，北朝京師(161)分野有一星，形如偃月刀舌也，其尖指西；慧星亦現出，俱在東方，月餘乃消。又京北虛天雨鎗，雨金塊，雨黑米，雨白粉水，人民多被破毀家園，頹壞竹屋，正是不祥之兆。王甚憂思，未嘗審國中有何事。忽夏四月，帝見國綱朝政，賞賜刑罰，都出王府之門，不奏於帝，正后漢朝王莽、曹丕故態(162)，帝不勝憂慮。乃陰差侍監名部林密往高平，通報莫氏，為外合交攻之計。但內應之兵，未知何人可委。帝素知平安王次子鄭太保萬郡公鄭椿，乃是凶暴惡逆之人，平安王常欲殺。帝召入宮，泣謂萬郡曰：「朕知卿乃平安王之子，英雄出衆，識量過人，堪作國家偉器，濟世奇才。但王偏於親愛，使卿不得舒其志。今朕欲開肺腑，未知卿意如何？」萬郡聞言下拜奏曰：「臣先祖皆盡心竭力，輔佐皇朝，功著太常，名垂竹帛。今臣駑鈍，幸賴陛下視如手足，安敢不盡腹心，以事陛下乎！萬望陛下有何幾事付托，臣願展其平生之力，犬馬之勞，以答殊恩，顯宗嗣。」於是帝附耳言曰：「公父平安王，甚其凌僭欺慢，欲圖害朕，朕恐其命難保於朝夕，故召公定計救之，免朕坐氈針火湯之害[163]，是萬幸也。」萬郡聽帝所言，奏曰：「臣食帝祿，思報帝恩，今臣萌不忠之心，天何容哉[164]！臣常聞聖人之言：『先忠而後孝。』臣父既是不忠，臣敢有孝心乎[165]？況臣有此心久矣。願陛下付托鈞旨，臣相機而動，事在必成，不必多憂。」帝聞奏大喜，撫萬郡背囑曰：「朕命在卿，幸勿失信。」萬郡拜謝回家，意甚[166]怏怏，千思萬算[167]，忽得一計，心中甚快。遂命畫匠人剪竹，結[168]象形二隻，以紙糊之，如平安王眞象所騎。作地雷伏於營內禁中，量置習射精熟，百發百中。令人從暗夜將就王府後闕御道埋藏，待王看廠返回，射殺之。一則帝快意所思，一則得奪其大位。是日[169]，王乘象看廠，回，近鄭椿埋伏處。象行緩緩後到，忽地雷伏早發，偶中前行持蓋人，並折蓋柄。王大驚，回至府中，召文武諸將會集，究問根由。始知帝與萬郡日夜潛謀，造作此事。卽差武將太子太保鎭郡鄭杯內監岳郡等，入於殿內，捕帝絞死，棄屍御庭，不許祔入太廟。再差拿捉萬郡鄭椿，納於王前。王怒欲斬之，因思父子是天性，不忍加害。遂傳加重獄，留監於內庫，數月餘乃赦，貶爲庶人，不許同入宗姓。且說帝爲鄭氏凌僭，每懷不平，謀與鄭椿，不幸一時遇害，國內無君。於是公卿稟平安王曰：「國中不可一日無君，願王上擇立之，以秉國政。」王從之，乃立皇太子黎維祺卽皇帝位，改元爲永祚元年，榮封群臣，大赦天下。時人有詩譏鄭平安王曰：

堪嘆黎皇運蹇耶，神龍失勢被妖蛇。
匡扶朝內英雄少，僭亂庭前忤逆多。

縱使萬公謀穩捷⑰,免教定帝口吁嗟。
看來父子終夷戮,驗是天心沒鄭家。

【校勘記】

❶ 乙本「歸」字下有「尊」字。
❷ 甲、乙本並作「疃」。
❸ 甲、乙本並作「鏖戰」。
❹ 「敗」字據甲本補。
❺ 甲本作「開誠」。
❻ 甲本作「年當」,乙本原作「年艸」後正作「年尚」。
❼ 原作「堪辨其衆」,乙同;甲本作「堪其率衆」。
❽ 原作「阮潢及長成」,乙同;甲本作「及阮潢長成」。
❾ 甲本作「自」。
❿ 甲、乙本並作「許鎮」。
⓫ 乙本「却說」一行上有眉批數行。
⓬ 「恥笑」甲、乙本並作「笑恥」。
⓭ 甲本「有」上有「只」字。
⓮ 甲本「籌計」旁有「美人」二字,乙本作「算計」,下同。
⓯ 「多倖幸」旁甲本有「甚寵」二字,乙本同。

⑯ 甲、乙本俱無「公」字。
⑰ 甲本「定謀」下有「誘」字。
⑱ 甲本做「瀉下」。乙本原作「瀉下」後訂正做「泣下」。
⑲ 底、乙本衍一「笑」字，據甲本改。
⑳ 甲本原作「臣」，後正為「妾」字。
㉑ 甲本作「忽」字。
㉒ 甲、乙本俱作「廟門」。
㉓ 甲本「附」字做「隨」。
㉔ 甲、乙本「埠」上俱有「其」字。
㉕ 甲本差上無「乃」字。
㉖ 「差」字原作「踐」，甲、乙本同，原本後來旁改。
㉗ 「松」字原作「檜」，甲、乙本同，原本、甲本後又改作「松」。又其下有「是安平王」四字註文。
㉘ 甲、乙本俱作「男人」。
㉙ 「揮」字原作推，據甲本改。
㉚ 甲本「座」下有「起」字。
㉛ 甲、乙本作「俱滅」。
㉜ 「若父若子」諸本同，唯原本旁改作「若子若父」，不從。
㉝ 「蓋」字乙本作「並」。

㉞ 甲本「徽」作「為」，乙本原作「為」又正作「徽」。
㉟ 「攻守」諸本同，原本旁改作「攻取」。
㊱ 甲本作「似」。
㊲ 乙本「燒毀」二字刪。
㊳ 甲本原作「檢」又正作「松」，乙本作「鄭檢」，下同，不煩註。
㊴ 乙本「櫂」上有「輔」字。
㊵ 「洎」，甲、乙本作「灣」。
㊶ 甲、乙本「長」字上並有一「西」字。又「長蛇」甲本作「長舵」。
㊷ 「東」，原作「來」，據甲本改。
㊸ 甲本作「水上」。
㊹ 甲、乙本「瑞公」並作「郡公」。
㊺ 甲本「乇紥」作「乇兵」。
㊻ 「鼠竄」甲本同，底本作「竄竄」，乙本初作「竄竄」後改作「鼠竄」，今據甲本改。
㊼ 甲本「逃回」作「走回」。
㊽ 甲本「稍平」作「遂平」。
㊾ 甲、乙本「驅入」並作「驅走」。
㊿ 甲、乙本「驢愛」並作「愛驢」。
51 甲、乙本「走奔」並作「奔走」。
52 原作「欲留卿居」，甲、乙本並作「欲卿留居」。

53 甲、乙本「久留」並作「久居」。
54 甲本「吳山寺」作「興山寺」。
55 甲、乙本「齊整」作「整齊」。
56 甲本「攻擊」作「攻戰」。
57 「忙忙」原作「茫茫」，甲本同，乙本作「芒芒」，今據文義改正。
58 「棄軍」諸本作「按軍」，甲本後改作「棄軍」，今據正。
59 甲本「存據」作「尚據」。
60 「泮」字底本無，據甲、乙本補。
61 底本「進兵」二字上有「遂」字，乃因「進」字而衍，甲、乙本俱無，今據刪。
62 甲本「應接」作「接應」。
63 甲本「振地」作「覆地」，乙本原作「覆地」唯「覆」字旁有一「振」字。
64 「馬能」甲、乙本俱無「能」字。
65 甲、乙本「脱去」作「脱出」。
66 甲本「莫洪寧」作「真洪寧王」。
67 甲、乙本俱無「也」字。
68 甲本「歲」下有「也」字。
69 甲本「月」下有「也」字。
70 「平定」底本、乙本則作「年定」，據甲本正。
71 甲本「誰」作「難」，乙本原作「難」又正作「誰」。

72 「納士」底本作「納志」，據甲、乙本改。
73 甲、乙本「期」作「其」。
74 甲本「施」作「竭」，乙本原作「端」，又正作「施」。
75 甲、乙本「聽言」作「聽知」。
76 底本作「撫恤甚厚」，「撫」字原為旁加，甲、乙本俱無「撫」字。
77 「敗兵」底本作「敗亡」，據甲、乙本改。
78 原作「正菓」，甲、乙本作「正覺」。
79 甲、乙本「非常」作「非凡」。
80 甲本「縛」上有「捉」字。
81 乙本「仰天」作「仰面」。
82 甲本「寧王」作「洪寧」。
83 甲、乙本於「寧」下有「王」字，作「莫洪寧王」。又甲本「既死」作「既亡」。
84 甲本「諸軍」作「諸將」。
85 甲本「始平」作「既平」。
86 甲本「昇龍」作「昇隆」。
87 甲、乙本於「省」字上俱無「請」字。
88 甲本「南主端國公」作「南主端公」。
89 甲、乙本「威稱」作「應稱」。
90 「位列」甲、乙本作「列位」。

91 「秩」字據甲本補。
92 「紀綱政事」甲本作「政事綱紀」。
93 「時」字甲、乙本俱無。
94 「見矣」甲、乙本作「見乎」。
95 「南邦」甲本作「南國」。
96 「忌憚」甲、乙本俱作「憚忌」。
97 「人」字據甲本補。
98 「聽言」甲本作「聞言」。
99 「者」字據甲、乙本補。
100 「整備」甲、乙本並作「整辦」。
101 「二十三年」甲、乙本並作「二十二年」。
102 「勢至旦夕」甲本作「勢在旦夕」。
103 「次子」甲本作「庶子」。「維祈」甲、乙本並作「維新」，下同。
104 「甚厚」甲、乙本並作「厚甚」。
105 「道伯」甲、乙本並作「道霸」。
106 「舉席」甲、乙本同，底本原作「舉席」後改作「拳席」，今不從。
107 「其勿」甲、乙本作「勿其」。
108 「謹哉謹哉」甲本作「慎哉慎哉」，乙本作「慎哉謹哉」。
109 「忠肝」甲、乙本作「忠心」。

110 「燒毀」甲、乙本作「焚毀」。
111 「憑依」甲、乙本作「依憑」。
112 「衆人」甲、乙本作「衆軍」。
113 「二十二日餘」底本作「二十二餘日」，據甲、乙本改。
114 「粉骨碎屍」甲、乙本作「粉骨碎身」。
115 「兵民」底本作「民兵」，據甲、乙本改。
116 甲、乙本無「公」字。
117 「身亡」甲、乙本作「亡身」。
118 「見美色」甲本作「見其美色」。
119 「不詳」甲、乙本作「難詳」。
120 「峻險」乙本作「險峻」。
121 「節制」甲、乙本作「節度」。
122 甲、乙本於「南陽」二字上有「偽」字。
123 「焚宮」甲、乙本作「焚營」。
124 「行賞」甲、乙本作「將賞」。
125 甲本無「進」字。
126 「丯」字底本誤作「手」字。
127 「安邦」甲本作「安民」。
128 「善種」甲本作「善植」。

129 「平陽」底本作「平洋」，據甲、乙本改。

130 「擁護」甲、乙本作「守護」。

131 「工完」甲、乙本作「功完」。

132 「聲播」底本作「播聲」，據甲、乙本改。

133 「心種」甲本原作「植心」旁有乙倒符正作「心植」。

134 「次妃」甲本無「次」字。又甲、乙本於「偽莫」二字下有「将」字，今據補。

135 「米斗」甲、乙本作「斗米」。

136 「今古」甲本作「古今」，乙本原作「古今」旁有乙倒符，正作「今古」。

137 「廣南順化」甲、乙本作「順化廣南」。

138 「次子」甲本作「庶子」。

139 「黎庶」甲、乙本作「黎民」。

140 「瑞公」甲、乙本並作「端公」。

141 「此道」甲、乙本作「此言」。

142 「四遠」甲本作「四方」。

143 「兼統」甲本作「管統」。

144 「五十一歲」底本作「十一歲」，據甲、乙本改。

145 甲本「齎」下有「敕」字。

146 「率師」甲、乙本作「率兵」。

147 「家室」甲本作「家屋」。

148 「副憲使」甲、乙本作「憲副使」。
149 「破潰」甲本作「發潰」。
150 「督視官」甲本作「督親兵官」，乙本「視」原作「親」，又正作「視」。
151 「就璺江」甲本作「就江」。
152 「出師」甲、乙本作「率師」。
153 「偽莫回兵」甲、乙本作「偽兵逃回」。
154 甲、乙本「欲」字下有「其」字。
155 底本於「見」字下衍一見字，今據甲、乙本刪。
156 「城池」甲、乙本作「城垾」。
157 甲本於「劉備」二字上有「與」字。
158 甲、乙本於「克寬」二字上有「馮」字。
159 「園林」甲、乙本作「林園」。
160 「俯育」底本原作「俯育」又刪正作「俯育」，甲、乙本則作「俯畜」。
161 「京師」甲、乙本作「京都」。
162 「故態」底本作「故態」，據甲、乙本正。
163 「害」字甲本作「苦」。
164 「哉」字甲本無。
165 「乎」字甲、乙本無。
166 「意甚怏怏」，「甚」字據甲本補。

⑯⑦「萬算」甲、乙本作「百算」。
⑯⑧「為」字據甲本補。
⑯⑨「是日」甲、乙本作「是月」。
⑰⓪「捷」字乙本原作「提」，又正作「捷」，甲本作「提」並於「提」字下另有一捷字。

越南開國志傳　卷之二

吏部尙書該簿兼副斷事阮榜中承撰

話說❶昔漢桓帝時，有許田、許晉、許武兄弟三人，父母早亡，日夜胥相教訓，孝友是尙。州縣聞之，以孝廉舉於朝。俱得拜官，名傳於世。不如三國時袁熙、袁尙，是❷亦兄弟，以弟爭兄位，治兵相攻，曹操因而破之，袁業遂滅。所謂「兄弟鬩于墻外禦其侮」是也。話分兩頭。

却說永祚庚申二年，帝自卽位以來，常謹守身心，莫敢召問群臣宰相何事，度日如年。王每入朝，睨目視帝，帝甚於恐怖。秋八月，王差王子少傅清郡率兵屯于永嘉縣藝橋，處禦邊之勢。時順化南主瑞公有親弟文岩、石川二人，侍妾所生，本優倡之流，全無孝弟可議。自見瑞公繼位，每懷不軌之心，謀圖爭奪。一日，石川親就文岩營中，坐于密室，謂文岩曰：「我兄弟本同尊母❸所生，才力並非人下，今❹權歸于王兄，我等賴其富貴。倘後尊兄❺嗣位，宗族何以賴焉？」文岩曰：「天數已定，難其爭長。況我等旣手下稀少，更無糧餉可資，而內外同心，又無可倚，苟欲謀舉大事，安能濟也？賢弟宜審思之。」石川曰：「尊兄不必多憂，弟有一計，取之如反掌，有何憂其多少有無哉？」文岩曰：「計將安出？賢弟早陳之。」石川曰：「弟聞北平安王差王子少傅清郡公兵屯藝橋，兵精糧足。弟欲差人齎金銀寶物，就清郡營中，密約如此，請爲外應。若王兄將兵出外禦敵，國內虛空，我兄弟起兵攻之，王兄就可❻擒矣。而大位亦還我所管，一任尊母宗族，獲其榮貴也。」文岩聽罷，點頭大喜曰：「此計甚妙，宜速行之。」遂密修陰書，差細作人遞就藝橋，入清郡中營❼，呈上密書並禮物。清郡大喜，接書開看，書云❽：

南鎮辱弟文岩侯拜書于

族兄帥府閣下光顧：蓋聞君臣是天地之大綱，兄弟乃人倫之至道。方今南鎮令兄潛謀懷二，棄其綱常，忘其信義，日夜私圖謀計，決奪二處人民、錢糧，以拒皇朝，爭帝位。臣❾等全忠孝，不肯相與萌心。以此令兄設謀，欲其加害，不顧兄弟之情，不想同胞之義。但弟等今日若釜中之魚，燃眉之急，料難脫網。特委心腹投遞，祈審真情❿，乞差勇將雄兵，早來救應。庶弟等得見尊顏，是萬幸也。事非得已，豈有背情。千里心懷，願其鑒諒。幸甚！幸甚！今書。

少傅清郡公看畢，喜曰：「我素以南主經年未曾赴京，有懷異志，深恨未可圖也。今二弟心本忠孝，為公忘私，誠可奬也。」因重賞差人，再囑密言曰⓫：「我致意與二公，宜早圖之，謹⓬勿泄漏。倘事有安排如何，速速報來。我率兵助矣。」差人拜謝返回。於是清郡遂差都督登郡公阮啓家屬祥溪侯、俊祿侯，率兵五千，就南邊布政、日麗海門屯札，待文岩、石川消息。「卿等驅兵急攻於外，務獲萬全，厥功不小。」登郡等奉命領兵發行。

再說南朝文岩、石川二人，自許細作投書北鎮，自家手下修整器械旌旗，以圖內舉。忽聞細作人返回報說，清郡有言如此，差兵如此，二人大喜，同就密室商議，定正奇⓭游伏，各自摩拳擦掌，以為囊中取物，有何遠慮。因又尋思曰：「朝廷諸人，並非對手，惟恐令孫宣祿，其人智勇⓮兼全，攻擊亦有可礙。莫如定計，稟王兄許宣祿出守廣平。朝內無人，任我取之如反掌耳。」說罷，皆點頭微笑，已而各別回家，不題。是月，南主瑞公忽聞北朝登郡率兵入寇，屯于日麗海門。遂召集諸將，商議差兵禦敵。南主謂諸將曰：「今清郡差登郡入寇，侵擾邊陲，朝廷擇何將可以禦⑮之，免彼誇彊恃勇？」石川先應聲稟曰：「夫征伐者元帥也，而元帥之才，非親人莫可使也。臣視賢姪宣祿智勇足備，雄略過人，可使領兵拒敵，稱其職也。」文岩曰：「石川之言最善，王兄急差，必破賊矣。」宣祿聽文岩、石川之言，知其意，大怒，向前稟曰：「夫統兵征伐者，乃國家大事，非二尊⑯叔當受此職，率兵攻擊，不可。何故欲圖私事，再遣小姪此行耶？」石川見宣祿所言，厲聲罵曰：「吾欲汝保成功名⑰于後世，顯豪傑于當時，故吾等稟上王差之，汝何抗拒？今敵兵臨境，吾等保稟，公理當然，汝何敢此失禮哉！」宣祿踴躍大怒，離席言曰：「二叔之謀，瞞得姪乎？目今姪若離營，兵至廣平，二叔必興兵內反，以收漁人之功，何可再言，亂斯國事。」殿上叔姪咆哮，大相詈罵。諸將同其勸解。自是南主瑞公甚懷疑惑，遂差衛郡公領兵直⑱征登郡。文岩、石川怏怏回家，恨宣祿識破眞情，遂決志謀反。是夜棄營，差兵載藥彈器械就愛子庫，（俗名庫荄契𨒒旗）以充兵用。築壘于沙墟，（俗名𨒒旗）爲攻擊之勢。人民知之，大驚，急赴府門拜稟。南主瑞公聽罷，料其牆頭釁起，門內禍生，心中大怒。再思曰：「我若發兵，與二弟爭戰，是絕義也，而後世又不免袁家之褒貶。若守義不戰，則二弟縱加擄掠，揚勇誇彊，以爲得志。」兩慮最難，心甚煩惱。遂差人就文岩、石川寨中，謂曰：「王上致意與二公，倘欲管統二處兵民，王上讓之，全其恭愛，以安百姓。若⑲骨肉相殘，世人彈謗，貽笑祖宗。」文岩未及開言，石川卽拔劍在手，指差人厲聲言曰：「我等已致寶山，豈歸空手，今事已如此，可決雌雄。如汝言王兄使我兄弟回朝，而讓其位，此說⑳甚是無理，何可聞命。理當先斬汝首，以揚其威，且饒汝回說與王兄，速速差兵決戰，以分勝負。吾曾聞『成者爲王公，敗者爲鬼蜮。』古今常事，有何言哉！」差人聽言，反回拜稟。仕王大怒，罵曰：「畜孽之徒，忤逆如此，我以親愛待之，彼起姦凶逆我。」遂設壇啓奏天地鬼神，下告諸先王位，遂差宣祿爲先鋒，王統水步大兵，隨後接應，直至愛子沙墟處。兩軍相對大戰，彈飛如雨，銃發雷轟㉑勝負未分。宣祿大怒，弩力揮刀，如一道電光而至。文岩、石川大驚，勢難拒敵，急遽退却，衆軍走散㉒東西。文、石二人，茫茫如喪家犬，望深山隱遁，被宣祿追及，捉回解納。王看二人，乃流淚謂曰：「你我皆是天性，安可忍爲無窮之笑。」文、石二人，面如土色，無言可答，俯首伏罪。王欲殺之，朝廷往往極諫。王遂令人引回，囚於內家，日夜監守。文、石二人慚愧，發病俱亡。王乃頒賜錦帛，差人殮葬。時都督登郡兵在日麗海門，聽知南主差衞㉓公率大兵拒敵；再聞文岩、石川舉兵內亂，兵敗被囚，遂引兵逃回北界。邊境遂安。南主設宴論功諸將，犒勞三軍，重賞宣祿。於是萬民慶賀，國內昇平。方知臣叛君，子叛父，弟反兄，俱不得保全如此。自此南主恨清郡聽反逆之言，興兵犯界，遂倍取租稅，不許調納京都。日夜常會文武定謀，固守封疆，思以久長之策。後人有詩以詠云：

祥雲森巽位，瑞氣遠離方。朗朗澄秋水，
霏霏降夏霜。內起袁狐兎，外擾魏豺狼。
一奮威風掃，群方雀鼠藏。名聞驚北地，
業創振南邦。千年文軌定，億載紀綱張。
乾增年大有，廟宇㉔永無疆。

永祚辛酉三年冬十月，高平僞莫興兵入寇京師，侵擾良民，脇掠財物，百姓驚惶。邊將具表稟奏。平安王知之，大怒，遂差太尉榮國公統兵分道攻之。太尉榮國公奉命領兵直進，與僞莫大戰。僞莫大敗，走回高平去了。榮國公得勝凱還，莫賊遂平。

却說南主瑞國公自繼位治民以後，諸邦向復，國內昇平，塞息狼煙，海無波浪。於四月，忽有哀牢國六凡酋長萌心起僞，許蠻人突過大江，刼掠商賈，擄掠良民財物。南王聽知，大怒曰：「螻蟻之徒，敢褫虎狼之魄！」遂令公孫和郡率兵平伐。和郡奉命統兵，望哀牢進發。不日兵至六凡三十里下寨，乃施妙計，令兵設伏各要路，縱各商人再行販賣。六凡酋長看見，不知是計，乃努力率衆隨捉，商人急走，六凡盡力追之。方入谷中，和郡看見，急發號砲一聲，各路伏兵突起圍繞㉕，捉納蠻俘，引至帳中。和郡令監守，調納王庭。南主令解其縛，許以衣服，給賜糧錢。戒之曰：「我以誠信馭㉖天下，汝何萌心如此？理當碎屍萬段，以明法令。今我體好生之德，不忍加害，放汝等回國。從玆向後，宜改前非，盡守臣道，免其國破身亡之悔。」哀牢等衆頓首望拜，諾諾連聲，指天誓曰：「千代萬代，皆願爲臣，不敢萌心背叛㉗，若違誓者，天地誅滅㉘。」誓罷，望拜，返回本國；哀牢遂平，自此，邊民並無侵擾之苦。於是南主重賞和郡，以表其功。

永祚癸亥五年夏四月，北朝平安王令設科取士。天下儒士會試，中進士七名，王皆擢用。於五月中旬，平安王忽染病。平安坐臥不安，飲食俱廢，體弱身疲，手足不能舉措。令召四方醫院術士、法門僧人、道士、調藥禳醮，懺謝禱求。其病日增沉重，調藥難痊，王甚憂思，但流淚而已。夏六月，王妃子太保萬郡公鄭椿恨王往歲加罪之事，今見王病危，忽起賊子之心，陰謀欲篡父位，圖奪兄權。召集軍士，於十六日，萬郡率兵圍住王府，及設伏各坊庸要路。萬郡突入府中，至于王臥床之所，見王臥不能起，口言喑啞，其目半閉㉙半開。萬郡遂抱却平安王，置于轎上，迎出外殿，欲將回家，以爭王位。是時，王弟太宰奉國公鄭檜知之，急與長子石郡謀曰：「椿已起兵作亂，奪王兄回彼家。汝急興兵奪路，遇王兄宜奪回我營中，詐誘諸王子到府中殺之，則王位歸于我家矣。」石郡應諾，卽率兵截路。途遇王轎，石郡迎回太宰奉國公家中。父子不勝之喜，遂扶平安王置于床上。王不省人事，但微喘息而已。奉國公㉚乃密謀令石郡詐王旨召諸王子到府中，聽王遺囑。石郡急至，請王次子萬郡公鄭椿，謂：「王上御弟營中，令旨傳尊兄就拜受傳王位。尊兄後日登基，勿忘小弟之恩也。」萬郡是賊子之徒，少智無謀之輩，聽言大喜，意無疑憚，乃隨石郡直至奉公營中。方入門內，奉公令人盡閉營門，拿捉萬郡。萬郡大驚，欲尋生路，已被軍捉下。奉公割萬郡兩腳脛，血流湧似泉而死，暴屍庭前。驗知天道報應之速也。石郡再詐言就少傅清郡鄭祉府中，石郡稟曰：「王上幸御於臣父營中，令旨尊兄詣受王位，以統天下萬邦[31]，尊兄勿棄小弟之勤勞也。臣願竭駑駘之力，以事尊兄，共享富貴。」清郡聽石郡之言，心中無疑，將欲就[32]之。忽傍視文臣[33]都給事中劉廷質厲聲叱罵石郡曰：「汝父子潛謀奸計，迎奪王上，已殺萬郡，今欲陷吾主于虎穴耶？汝之奸謀，瞞得我乎？」石郡聽廷質之言，大怒罵曰：「腐儒乳口食圖利，豈知王家大事乎？汝何敢間我兄弟骨肉爲仇敵哉？」清郡聽二人爭罵之聲，密思有理。劉廷質稟清郡曰：「伏願尊公，早起鑾駕，回據清華，以固根本。勿聽石郡[34]之言，反被燃眉之禍。」清郡聽之，遂不從石郡之言，率兵回寧江。順流之間，忽有文官都臺阮世名追及，劉廷質看見，撫掌大笑[35]曰：「明公得天下，在此人矣。」清郡聞之，遂召阮世名就座，問取天下之策。阮世名稟曰：「明公已徵召諸弟，及天下英雄名將雄兵否？」清郡曰：「未有。」阮世名曰：「願明公速行之。」清郡從其言，乃差人徵召，不日，諸弟及勇將雄兵來附甚衆，清郡同諸將望清華進發。

再說平安王被王弟奉公父子自奪迎出殿，至二十日，到多橋處，王病危，遂卒，奉公父子遂棄之于[36]橋側。時有奄竪官少保岳郡公奉扶王柩，追及清郡公[37]于寧江，清郡及文武諸將官僚皆痛哭行禮置祭，乃以木棉爲棺以殮之[38]。清郡盡棄船艘，率步兵象馬，從正道回據清華長安府[39]駐營，擇地置葬平安王。清郡乃召集諸將文武，商議收復京城[40]之策。是時，太宰奉國公父子，見平安王已殯天，王子清郡公與諸將回據清華，料知難舉大事，遂盡收王府及萬郡鄭椿營中器械象馬寶物財貨，班㊶回美良道。聽知清郡公兵駐長安府，奉國公㊷憂思，謂子石郡曰：「我今欲興大業，以成王道，但兵微將寡，難於舉事，莫如將象馬寶物，詣清郡營門投納伏罪，免於被害，庶全族屬。」石郡曰：「然。」太宰奉公父子，將寶物雄象，就長安府清郡公㊸營門拜納，稟以請罪之事。清郡憐其叔姪兄弟之情，遂赦之，仍許舊職，其雄象頒許諸將，奉公父子望㊹拜謝恩。

七月，贈封平安王爲先哲王，立廟奉祀。是月，文武群臣會議國事，武班太保滋郡公黎榴、輔公㊺阮黑等厲聲言曰：「諸公食王厚祿，須報王重恩。今王上晏駕，天下不可一日無君，諸公何不議立世子㊻登其大位，節制天下兵馬，以壯根本？」羣臣文武皆叉手曰：「然。」於是百官諸將具表上奏皇帝，敕封清郡公鄭祉尊爲欽差都將，節制各處水步諸營，兼總內外平章軍國重事左將太保㊼清國公。清國公受封，入朝拜謁皇帝，回府理事。是時，有南太尉良國公調取天下船艘千餘隻，就清華長安府進納營門，由是兵威益振。八月，高平僞莫敬寬，率兵入寇長安，差兵屯紮各處，以爲聲勢。令僞將春光屯守海陽，威朗屯守山南，韜略屯守山西，智水屯守京北，選兵擇將，以拒王師。是月，清國公表奏皇帝，移鑾駕還御京城，遂管將將士水步並進。兵至南道株棣，有莫春光將兵拒戰。清國公差義安將督定郡公黃義肥領兵突戰於剛渡。春光兵大敗，四方走散，賊衆死者甚多，春光單身望高平走脫。清國公再進兵直至殿椎處，遇首僞莫敬寬引兵攔住。清國公催兵如風吹雲捲而來，莫衆大驚，難於拒敵，縮頸寒心，不敢顧，望雲山逃走。敬寬女子莫氏，是奇郡公之妻，向前謂敬寬曰：「伏願王父，臣雖謂女兒，亦有男兒英雄之志，乞領㊽兵截路拒戰，斬彼等之頭，以顯女中豪傑，王父急其走脫，勿可久留。」遂陳兵以待。清國公大兵驟至，大戰一陣，其莫氏女兒焉能敵對，被亂軍所殺，死于陣前。僞兵大敗，逃竄隱避，僞莫遂平。清國公奉駕進御京城，諸將百官朝賀。乃命修整宮殿府庫庯坊如舊。自是清國公威權旣振，求封爲元帥統國政清都王假節鉞，係天下政事，皆盡委清都王處置。時有大同處謹郡公武公率兵來降。清[49]都王差官鎮守各處，民安盜息，海晏河清，稱其盛也。九月，南主仕王視朝，與文官談古論今，詔士招賢。忽聞北朝平安王病危，被子萬郡奪迎，逝于路傍，恥辱至甚，王遂召文武諸將入府中會議。仕王謂諸將曰：「鄭家起行凶惡之心，凌僭皇帝，脅[50]辱公卿，以致被逆孫亂子，胥相爭刦，以至屍拋路側，是天地之好還也。」遂令射大礮[51]三聲，發喊三聲爲賀。射喊畢，王問此事若何？諸將論議未及對。忽右邊文官一人，先起身出班稟曰：「平安王逝，其子孫繼位，欲攻則攻，欲守則守，有何論焉？如令軍射喊，是何理也？」王視之，乃文職昭武。且昭武是參將朝文之子，年方十六歲，頗有文學，聰明睿智，王任爲文職。王聽言笑曰：「昭武年幼，軍機理事，猶未諳詳，言語烏合，節行未純。令許回從父朝文訓教，後長成再陞擢任。」文職昭武望拜，微笑出朝，回家隨父。於是仕王謂諸將曰：「我欲乘時舉事，以復中都，匡扶帝室。但我與鄭家有親親之義。經云：『乘人之喪，攻之不仁；因人之危，取之不武。』莫如差齎禮吊喪，先結恩情，後探虛實，可否如何，定計行之，事亦未晚。」諸將皆服其論。仕王遂差齎賻禮，直至京師[52]，設壇致祭。清都王不勝之喜，厚待使回。冬十月清郡爵封王叔太宰奉國公爲副元帥府楊禮公，同理國事。是時，楊禮公鄭檜有長子石郡，其人生得凶暴，常有睥睨，欲奪大權，結買天下豪傑。一日就王弟嘉郡公堂中閑坐，談論歷代英雄，古今名將，爭王奪伯，拓土開基，皆獲其顯達，名振華夷。談笑之間，石郡觸心勃起，乃舉席謂嘉郡曰：「我兄弟亦是男兒，胸中亦有英雄豪傑之志，非是女流服裙帶襴，而區區俯首，受制於人乎？」說罷，睜目大怒。嘉郡聽石郡之言，心中暗想，彼萌反心於內，以致形之于外，我試探之。乃撫背謂曰：「古者唐太猶能化家爲國，宋祖常有易臣爲君，況貴府英雄蓋世，豪勇超群，人皆欽慕，何患無成就哉？」石郡點頭大喜。相分回家。嘉郡思曰：「石賊惡如此，禽獸無異，忘其人倫，棄其大義，容之何益？」乃入王府，實訴石郡如此如此。清都王聽稟，勃然大怒，罵曰：「畜孽之徒[53]，前非不改，今再萌起反心，難容凶黨。」遂召都科劉廷質入內，問曰：「嘉郡訴石郡謀反之事，何以處置？」劉廷質稟曰：「彼等頑凶，不戒舊習，今再萌心，事宜愼[54]重，勿可造次。乞王上差人傳旨[55]諸將官僚文武，明日會在府堂，候賜寶物。石郡一至，令人擒之，是爲上策。免其差軍攻擊彼營，疲勞士卒，損害黎民，是縱餌釣魚之計也。」清都王從之，遂令人召會諸將。至後日早時，宰相百官，同入應候王府，各依次坐定。清郡王手持寶劍一柄，遞與都科劉廷質謂曰：「卿擇面授[56]之。」劉廷[57]質奉令，執劍在手，厲聲謂曰：「嘉郡昨日所言，何不向朝廷面前訴陳明白？將爲掩耳偸鈴耶？」時石郡聽廷質之言，面如土色，汗出霑背，徘徊如坐針氈。於是嘉郡跪下稟曰：「晚昨三四日間，石郡到于臣家，詐言探看，閒坐片時。石郡忽然怒色厲聲曰：『歷代英雄，猶能奪王爭伯，易臣爲君，化家爲國，榮貴無窮，我亦是男兒，何故爲婦女區區受制於人乎？』臣見此言，知[58]石郡有不軌之心，臣不敢隱匿，稟訴王上同知，朝廷定議。」石郡聽嘉郡之言大驚，魂飛天外，汗出湧泉，脫帽匍匐跪下，俯伏[59]申冤曰：「臣生爲人，亦識君臣父子之道，亦知忠孝恭愛之辭，嘉郡誣言，臣無此語，望王上明察，以免冤情。」清都王聽言默然，都臺阮世名曰：「此石郡之助語，觀面色奸情已曉[60]，朝廷宜究問明白，以正其罪。」諸將大怒，招捉石郡。掠問，一一招稱。遂引石郡納于清都王前，稟曰：「石郡匹夫，果有奸情如此，彼之父子，不可饒容。」清都王聽罷大怒，佯笑指石郡謂曰：「今古常事，豈獨汝乎。但貴賤是天所定，難以[61]爭奪。今汝罪已如此，有何言哉？」石郡未及開言，劉廷質叱曰：「武士何在？」虎賁軍乃捉石郡，曳出府門前絞死。又差兵圍破楊禮公鄭檜府門，削其兵權，收其象馬器械財物，以充王府之用，貶檜爲庶人。鄭檜受罪，退歸田野，羞慚染病而卒，時人有吟詩以刺云：

無端平地躍長鯨，耳屬誰知誤此生。
釜內魚遊誇踴躍，網中鹿走枉縱橫。
劉公妙智先籌定，石輩愚心後被烹。
屈指算來凶惡類，芒芒不絕罵譏名。

永祚甲子六年，清都王自殺石郡及削鄭檜兵權，以都科劉廷質設計有功，封爲戶部尚書兼都臺御史少傳祿郡公，男子稱公主。都臺阮世名陞爲刑部尚書少傳瓊郡公。文武皆陞職爵有差，給增俸祿，設宴相待。宴罷，各自回營，談兵講武，練習軍機，以圖平定莫黨。是歲，廷臣稟清都王曰：「南鎭瑞公占取順化、廣南二處，數年不納租稅。」清都王大怒，遂差工部尚書幷國子監司業芳泉侯阮維時、中使伯溪伯潘文治等往南朝責問。二人奉命，馳就順化，詣仕王府中諭曰：「皇上特差臣等就問公二處錢粟。且賦稅是國家之大係，明公何故數年不有調納，是何理也？」仕王曰：「國家儲積錢糧，是資兵用。但二處數年間，乏其禾穀，百姓度日不敷，近有饑[62]餒。我常[63]聞古人有言：「民者國之大本。」因此固養民心，不忍收其租稅[64]。尙後年豐大稔，再收調納，豈敢爲背反之人，而奪皇上賦稅乎？」北朝差人聽南主之言有理，無敢逼問[65]，望拜返回北界，稟清都王如此。清都王默然，不再究問。

永祚乙丑七年正月，高平僞莫率兵入寇，擄掠邊疆。清都王差太保岳郡公統兵平伐，僞莫大敗走回。六月，僞莫敬寛再率兵入寇，屯于香嶺山，殺人刼物，邊情騷擾。清都王差太保雄郡公率兵攻之，兩軍大戰月餘，未分勝負。清都王大怒，復差太尉武郡公引兵接戰[66]。武公差兵急攻，莫敬寬分兵拒守。武公難於取勝，差人拜稟於王。清都差往明國求計，明國有寫二字，付與差人將回。清都看見明寫「青翠」二字，未達何理，召群臣議之，皆紛紛難解字中有意。清都王甚其憂悶，時文官都臺阮世名稟曰：「字理多端，難於分解。我國內於哲王朝有狀元馮克寬，是通明高見博覽之人，因被讒譖，先哲王遂刻面貶于鳳眼山，自此至茲，已經若干年矣。乞王上召回，使之解釋，免被北人竊笑。」清都王聽世名之言，大喜曰：「我忘此人久矣，非公何以知之！」遂差齎黃金一盤，就鳳眼山，再三致意，接請回朝。馮克寬奉旨回至京師，入朝望拜，清都王安慰甚厚，群臣同來參賀。清都王遂取明付「青翠」二字，遞與克寬視之。克寬一見，輒會知其意，笑曰：「分明彼國人令我十二月出卒，必獲大勝，有何難哉？」清都王見克寬解言，想甚有理，大喜，遂重賞克寬，克寬堅辭不受。光陰荏苒，適至十二月，清都王令差王長子太保崇郡公鄭橋爲元帥，王弟少傅嵩郡公鄭棟爲副元帥，統領屬將太保岳郡公、勝郡公、漕郡公、瀛郡公、景郡公、錦郡公領兵討之。太保崇郡公等奉令出兵，望高平進發，不日，兵至驪駝山，隔高平二十里下寨，分兵夾攻。莫敬寬差兵拒敵，兩兵大戰於朗山灘。崇郡公麾動令旗，四面伏兵突至，莫兵大敗，死者甚衆，拋棄象馬器械，我軍獲之，不可勝計。擒獲僞[67]莫長子崇王莫敬鸞，並僞舊王乾統及男女族屬監守，送回長安處罪，餘黨望高平逃走。三軍奏捷凱還，入朝望拜，稟知平伐僞黨得勝始末。清都王大喜，厚待諸將，始知馮克寬之高見。是時，高平首僞莫敬寬聽知兵敗逃回，料難拒敵，遂與僞將思[68]議曰：「京都清都王將雄兵銳，戰無不克，攻無不取，威振諸夷。我今烏合之衆[69]，糧儲少乏，難於抗拒，倘或京都大兵一至，安能敵乎？莫如納欵投降，以爲保身之策，再圖他計，諸將心下若何？」僞將等皆應聲曰：「然。」於是莫敬寬進表王庭[70]來降，遣子莫敬容入侍爲質。清都王大喜，納之，優待甚厚。敕莫敬容爲少傅韶郡公，再以王女嫁之。又降封僞王莫敬寬爲太尉通國公，令鎭守高平郡。又封謹國公武公懿爲太傅謀郡公，令鎭守大同等郡，管知兵民賦稅。自此貢使往來不絕。淸都常以恩德撫恤，優待甚厚，各處兵民，並皆悅服。淸都以崇郡公鄭檣平莫有功，封爲左捷軍營副都將太傅崇郡公，以[71]答殊勞。諸將征伐，並陞爵品有差。又封馮克寬爲戶部尚書少尉聰郡公崇國公拜恩而退。自是國內稍息干戈，官者各安其職，民者咸樂其業。

却說是年秋八月，淸都王下令設科取士，時有嘉靖府玉山縣花茶社士人陶維[72]慈，表名祿溪，本是唱家之子，年方二十一歲，父母早亡，生得英明慧[73]智，通達古今，諸史五經兵書，無所不讀，九流三教，無所不通，而於詩詠章詞，更尤精巧，又有神出鬼沒之才，佐國謀王之智，天下學者無人可及，以此人皆推讓褒美，以爲今之再生諸葛也。當日祿溪聞朝廷下開科取士令，即收拾行裝，指日就京都試場投卷，但在場考官遵其旨示，係優唱之流，苟有通經，不許貢舉應試。因此祿溪含恨回家，日想夜思，尋箇立身頭緒，其兄弟族屬，並不知之。因常遙聞南主瑞公在順化鎭，廣施恩德，旣有堯舜之風，而求賢擇能，又效唐虞之世，聲騰遠近，豪傑來歸，加以國富民殷，風調雨順，眞帝王有興之象，久後必成大業，今若往從之，則功名自有顯達，如張子歸漢，伍員投吳，庶免與草木俱朽，枉過一生。思罷，於十月中旬，乃自焚香拜辭父母祖宗墳墓，望順化南朝直往。宗族兄弟，重違其意。不日，已至武昌地界，粧爲落魄愚訥之人，進退於鄉村求食，暗看山川地理，與窺其倚托踪跡，但未獲方便。乃潛至南朝御府，觀望樓臺，果有氤氳瑞氣，騰天正濃，心中甚喜。奈此都會市肆之所，不分賢否，難以揚名，遂他往各地頭，間窺情狀。於是日行夜宿，不避山川，見其景物風光，不在京都之下，情又愛之。一日，徑至懷仁府，此處地勢風俗，又是豐美豪俠，因決志求以依身村邑，作人家奴，以圖立身之計。但未得所，乃暫歇于茶店，浪自(74)閒話生涯。因聞在坐人皆言蒲提社有勘理貢郡公，是南主許爲義弟，勘理一就京府，言聽計從，出入不禁。且勘理家中甚是豪富，爲人膽略謀智，足與共圖。祿溪聽罷暗喜，曰：「若如此，吾往投之，必得立身揚名矣。」乃先尋至一村，乃叢州村也，隔蒲提社勘理家一帶小江。那村內有一村翁，亦是一時(75)豪右，性好文章，儒士如珍珠，常常具設酒殺，與諸儒會合，講經論史，說古談今，期明聖賢之道。而家資產業，既是無數田疇，牛犢又是千餘，極其殷富，但牧牛之人，最難傭借。祿溪甚喜，遂投門(76)來假其行乞。豈期老者當散步庭前，踟躕(77)熟視，見祿溪源源而來(78)，面貌魁傑，豐姿俊秀，有儒風氣象。及至老者前，整身施禮，求以度口。那老因問曰：「汝的何鄉里之人？所行何幹？現今父母何在？而衣衫襤褸，貧乏如斯？且四趣民中，豈無托身之所，何以獨行踽踽，望門求食，困此隻身乎？或者懶惰不才，致(79)無所倚，這般情狀，汝宜一一從頭說起，庶老得詳。」祿溪因詐言曰：「小人竹屋本順化之人，父母早亡，親(80)無傍近，零丁孤苦，苟欲底于學業，無計可施。況行年將已半生，伊誰作主，因此不得已，乃挈身行乞，以度日月。今聞貴翁有牛犢成群，乏其蒭牧，小人乞寄身牧看，賴其粗飯，以免饑寒。」村翁聞言甚其憐憫，乃嗟訝不已，遂牧養之。自是祿溪日從牛犢牧視，但祿溪驅那牛，或縱入山崗，或放歸田野，一任東西就食。祿溪閒坐一處，暗會諸書。及夜回家，佯爲愚訥無知之人，謹言愼語，絕無對人爭言是否絲毫。至於夜間，亦于僻處獨眠，未嘗與人輕自交縱。以故人莫知其意，並笑謂牧童呆蠢之徒，何須至錄。原來祿溪抱有經天緯地之才，而碌碌凡庸，見此何由得曉，如古人所謂「燕雀豈知鴻鵠志」是也。後人有詩贊祿溪云：

志氣沖霄不可名，早離北闕向南庭。
彤雲萬里觀龍鬪，飄雪長空看虎爭。

旋寓秦[81]郊師甯相，閑遊莘野效伊卿。
假令不遇賢明主，終與時人作耦耕。

却說永祚丙寅八年三月，南主仕王春秋鼎盛，不欲親理政事，其國中刑罰屠戮，以至訟詞[82]諸事，都委王弟總鎭詳郡公處置，自是諸將官吏文武，每朝侍[83]於王府，至辰時，再就詳郡營中聽候。如有干名犯法之人，議當死罪，進奉稟旨施行。仕王垂衣拱手，修德施仁，恤民愛衆，孜孜旦夕，欲得賢才爲輔，以圖開創，但未獲其人，心中甚悶。於六月令召參將朝文侯男子昭武入朝，再任爲文職，日夜參贊軍機，談論國事。昭武才通今古，學究天人，加以言語如流，王心甚愛，每欲委以開拓大事，但猶乏其人，故暫擢用之，待剔歷中外，得賢才者，徐議舉動。却說夏四月，北朝皇帝平殿有一柱，柱上無故出血[84]，流滿地上，甚有臭穢。淸都王令道士設壇禳謝解之；七月餘乃止。帝益增憂慮，未審吉凶爲何。秋八月，令差太保登郡公阮啓，督視官刑部尙書少保瓊郡公阮世名，統率屬將滄郡公、裕郡、富郡等，幷雄兵五千，往奇花縣鎭守梂營，列以三寨，以防攻守相助，收復南朝之意也。却說南朝懷仁府流寓士人祿溪陶維慈，自變形隱跡，寄身牧牛在叢州村鄉老家，日則隨牛視牧，夜則寢臥僻處，人皆莫知其意。一日，鄉老請諸儒會于家中，於晚時當談論經史，意思甚歡。祿溪驅牛回欄繫畢，手執牛鞭，臂掛竹笠，腰纒布衣，詣于諸儒之前，翹脚立于階下，盼目面視，諸儒[85]或有叱斥，或加詈罵。祿溪微笑，佯爲不知。其家主鄉老責之曰：「汝是牧牛，本不知孔孟之道。牛已歸欄，直就厨家尋食安歇，待至明日再牧，立視何爲，費盡許多心力？況諸儒在坐，原是君子之流，汝乃小人之輩，胡乃于前慢立，不有謙敬如此，汝的有罪。」祿溪因而大笑曰：「儒者有君子儒，有小人儒，牧者有英雄牧，有奴僕牧，高下難同，賢愚不一。今而小人立視，本與尊貴不干，有何罪戾而驅逐者乎？」諸儒聽祿溪所答，諤然問曰：「汝言誰謂君子儒？誰謂小人儒？」祿溪冷笑答曰：「夫君子儒，上通天文，下曉地理，中貫人事，在家必達父子、兄弟、朋友、夫婦之道；在邦必能安民濟世，救險扶危之謀，布陣排兵，出奇入正，立功名於當世，留事業於來時，炳炳彪彪，千古不泯，如商之伊尹，周之太公，漢之武侯是也。至如小人之儒，其所學既尋章摘句，釣名干祿，又欲馳騁文墨，恃其儒者，弄月吟❽❻風，睨視❽❼一世豪傑，何曾識❽❽得聖賢之旨趣，君臣之大道？況有幸而當途出仕，一有委之臨民理政，則千方百計謀圖益己，不思蠹國害民之可畏。又或幸而預籌國家大計，決國家大事，任他盡心謀慮，自己則張口蒙然，奄奄似乎欲絕，如殷浩王衍之於晉、安石似導之於宋，尚奚論哉！」諸儒聽言大驚，又問曰：「何謂牧有英雄，牧有奴僕？須可一遍說之，明聽可也。」祿溪微微笑曰：「凡英雄牧如甯戚飯牛，能興齊國；田單放火，盡復齊城；許由飯牛❽❾於山溪，能辨興亡治亂，里奚牧牛於秦鄙，能識否泰盛衰：英雄之牧也。如奴僕牧，則滔滔宇內，車載斗量，飽則棄餘，饑則求食，日則隨牛盜菓，夜則樂寢忘餐，碌碌之徒，擲風沐雨，以鬼神為不可畏，以父母為無可依，蕩戲無涯，愚昧無極，甚至喜則相呼相喚，怒則不親不踈，辱及父兄，怨貽村邑，是奴僕之牧也，何必再問哉❾⓿！」諸儒聽祿溪言語如流，又是通今博古❾❶，人人並皆駭視。乃一齊起身❾❷斂手言曰：「子是明師學業生也。」遂請祿溪同坐。祿溪推讓不肯，諸儒固扶祿溪上坐，於是邢家主村老見而異之，乃促諸儒問以百家諸子、三教九流之學。祿溪應聲歷舉一遍，凡字無遺。諸儒聞之，皆縮首吐舌，久不能收。於是邢村老亦不勝之喜，遂撫祿溪背，謂曰：「賢才如此，何故瞞過老夫，使數月之間，風塵鞅掌，瘞此石中瓊玖，是老夫之不明也，罪在！罪在！」自此遂易其衣服，使為講習，不許牧牛。逡巡月間，遂進與勘理貢郡公。貢郡公與祿溪日夜談論古今，及興亡治亂，無不貫通。貢郡公心甚愛之，乃以其女子妻之，許以親親之義。祿溪旦夕常思報鄭之恨，每看到三國誌傳，見孔明出茅蘆之時，名揚華夏，威振英雄，每欲效之，乃述作臥龍崗挽一篇，獻于貢郡公。貢郡公見文辭暢達，事跡精通，有爲帝者師之才[93]，心中甚快，以手加額曰：「天生明主治民，必有賢才爲輔，祿溪是今時之臥龍也。」自是情意日加，謀圖引進，後人因有詩贊祿溪曰：

胸藏天地妙精微，赫赫高名日月輝。
玉韞山光人莫測，珠藏川媚世無知。
風雲自有風雲會，魚水那無魚水時？
一旦迅[94]雷隨雨降，池中蟠起見龍飛。

再說北朝清都王自甲子年差人問稅於南主以來，已經三載，不見調納；再聞南主瑞公日常選將練兵，素習象馬，修整[95]器械船隻，有萌不軌抗拒之心，遂差兵科給事中美全伯阮有本齎敕諭往南朝，並催問錢糧之事。阮有本奉命，星夜馳驅，至順化南主府中呈進。瑞公接敕看之，敕曰：

皇帝[96]敕諭太保瑞郡公阮福源會曉，朝廷命令，人臣所當遵守，州郡財賦，藩將不得自專。前日已差工部尚書兼國子監司業芳泉侯阮維時、伯溪侯潘文治等往順化處，具道情意[97]，告以禍福，使知覺悟，歸命朝廷。不意[98]更為猶豫，昧其去就，徒以飾辭來往，牽延歲月，以致有徵發均給不敷，人臣之道有如是乎？玆爾宜思改前非，守其法度。係順化、廣南二處租稅，自癸亥年以前，既謂歲值凶荒，一切並准。自甲子以來，須宜照額足數。如先國公時稅例[99]，迅速督押船艘、裝載那稅例，並整飭兵馬象銃，或親詣京師朝賀，或遣子代行為質，以覲中國之光，以伸大臣之敬，則朝廷加爾好爵，顯爾祖宗，愼勿遲疑。不來，卽干朝廷處置，欽哉諭敕。

南主看畢大笑，謂使人曰：「我已知淸都爲人忘恩結怨，益己害人，不顧親情，不想大義，私自敕諭賫遞，誑稱皇帝，來以嚇我，豈皇帝眞有此敕諭乎？況天子是天之降生，仁慈大度，休休大包容之量，推古驗今，忍忘功臣之子孫哉？我今管此二處，諒是一小鎭，爾稅例幾何？而屑屑使之往來，徒增煩費。倘淸都想聖祖前王之功，表奏皇上，合劃義安一處還我管之，庶稱前功可也，安有假虎揚威以脇我乎？」說罷大笑。使人聽言駭然，不敢開口彊問。於是廷臣文武亦厲聲言曰：「阿公何執迷至此耶？夫首唱義兵，匡扶黎室，復成帝業者，都是阮家祖宗之力，非鄭氏之所獨能。玆社稷奠安，山河一統，豈有功高不賞，可乎？且鄭竊專權政，妄自尊大，止慢天子，下脇廷臣，人人皆不敢啓齒。且富貴已極，猶不知止，今再催[100]捉我主，調納租稅，得非蔑我南廷[101]爲婦人之人乎？苟自恃英雄，則彼英雄，我亦豪傑，豈可受人掣肘而傴僂與之往乎？」瑞公聽諸將所言，於是撫掌大笑，謂諸將曰：「諸公勿可多言，我與淸都親親之義，肺腑之恩，勿以信義而結仇敵，徒取天下之恥笑，非美事也。」瑞公乃顧謂使人曰：「公等且回，吾望拜皇上，致敬淸都，丈夫志氣相期，勿以小嫌介意。如稅賦乞假以數年之後，年穀稍登，吾當親自董督，令人收拾調納，豈敢拒皇帝之命乎？」說罷，令取銀帛，厚待北使諸人。話分兩頭，北使被諸公一場說倒，隱忍拜辭，望北界迤邐而反，稟知淸都王，具道南主瑞公答語如此如此。淸都聽罷大怒，欲起傾國之兵，加伐南鎭，但以年終寢之。

永祚丁卯九年正月，北朝淸都以自兵科給事中阮有本奉命南使，返回稟說如此，淸都王最恨南主，欲率兵攻取廣南、順化二處，但思兵出無名，遂設詭計，密差就南鎭如此如此，拒命者率兵討之，那亦有辭，亦未爲晚。乃差中使安全侯黎大任往順化處，就南主仕王府稟曰：「皇上令求南主至親公子赴京朝侍爲質，一則朝帝闕，以全君[102]臣之道；一則侍王階，以表兄弟之情。又宜選雄象三十隻，海導船三十艘，一齊調納詣帝庭，爲往年欠缺天朝貢禮，急急差人調進，勿可慢遲。若違帝令，是犯無將，理難再恕。」仕王瑞公聽使臣之言，甚於非理，大怒，乃佯笑謂曰：「奉天子令，汝回，吾萬拜皇帝，後致敬清王。吾素知我國貢天朝之禮，黃金琦璃二等寶，是其貴物。如雄象海導，自來已無是令，況雄象猶在山林，我尋未獲；與海導未有存。當差軍斫作，倘或令傳急調，姑[103]待數年之後完備，我差報來。至如令召公子入侍爲質，則吾公子猶看軍鑄作大礮[104]，修整器械，以備四方之無虞，未暇詣京朝侍，亦待數載，功事完訖，再赴京拜謁，未爲晚也。如速速應隨，是其相逼，吾未敢奉命也。」使人聽南主之言，望拜返回京地。入朝稟清都王，南主又答言如此如此。清都王聽稟大怒，急召集諸將入王府中會議，發兵南征[105]。三月，清都王親[106]統水步大兵，奉聖駕南征[107]。四月，大兵進至日麗海門，分兵列營寨屯紮，爲相應攻擊之勢。是時，南主仕王聞之，召諸將文武商議，差公族衞郡公爲節制，良郡公副之，文職昭武爲監戰，領步兵上道。又差公子忠信侯爲節制水師，領水兵防接步道，待與北朝相拒。且說是月初十日，上道兵節制衞郡公、監戰文職昭武分兵據山林險處，突出與北兵大戰數陣，勝負未分。北軍再添兵弩戰，我軍堅壁不出。於十三日，監戰昭武與良郡公謀[108]行反間計，許細作人潛往北界，縱流言曰：「鄭氏兄弟嘉郡、岳郡同謀起亂京都，欲奪大位。」不日，飛信至南河，清都王聽知大驚。自是君臣兄弟相疑，怠其攻擊，士無戰心，乃下令班師回京，以守根本。是時，南將公子忠信侯探知清都王回兵，乃率兵追至南河、大靈江。而北兵去了遠矣，遂撤兵回界，入朝拜稟。仕王大喜，稱贊不已，乃宴待諸將，重賞文職昭武，不在話下。

却說是時，懷仁府勘理貢郡公聽知王平賊大勝，遂親詣王府拜賀畢。王召入內殿許坐，問以廣南人民居處安樂，疾苦若何？勘理貢郡公稟曰：「王上廣施恩德，號令嚴明，親愛[109]忠良，遠去奸佞，禁凶暴，懲擄掠，人人各依號令，百姓皆安其居，鼓腹咸歌，稱爲熙皞之世，有何疾苦哉？」王聽言[110]大喜。於是勘理貢起身，取出袖中祿溪所作臥龍崗一卷呈上，稟曰：「臣家有訓導一人，閒述臥龍崗挽。臣是淺漏，觀挽內有調和雅暢之詞，濟世經邦之語，意味深長，乞王上玩看可否，若何。」仕王接挽看之，見挽中句句有開雲撥霧之才，扒[111]亂守成之術，推古者之人，無多讓也。心中大喜，謂勘理貢曰：「卿急召此人來，早得相見，以快予心之望也。」勘理望拜回家，數月間，同祿溪就王府聽候。勘理貢遂修整帽朝服，遞與祿溪服用，以備引進之器具。祿溪曰：「有職有冠，無職者莫敢加冠。」遂棄，赤首從勘理貢入王府。時王當坐殿上，沉思設計，試看此人智慧何如，便其錄用。王遂身著白絹衣，脚穿絲鞋，手持龍杖，肩掛巾囊，出于偏門之外。乃立脚以待，笑容滿面。祿溪看見，問勘理貢曰：「此何人？」勘理細語曰：「是其王上，吾子急宜下拜。」祿溪冷笑，不肯施禮，回步退出，將至外庭。勘理貢追及，責之[112]曰：「王上御出待吾子，子何不禮拜，是何理？且吾子不拜，其罪必歸于我。」祿溪答曰：「是王上玩遊與兒女相戲之態，非待臣接賓之禮。臣若下拜，是欺君也，因此不拜，有[113]何罪焉？」勘理貢聽言大詈[114]，催促祿溪。但祿溪住立不動，微笑而已。於是仕王揣知其意，心中甚喜。遂回府中整飭衣冠，坐于公堂之上，差監人將文官衣帽頒與祿溪，召入殿堂[115]拜謁。祿溪隨內監齊入殿堂相見，下拜畢，王起身接禮，謂曰：「吾望子久矣，子來何晚也？」祿溪稟曰：「臣是村野腐儒，才疎學淺，進退畏懼，以致遲滯，致勞王上之望，臣甘萬罪。」仕王曰：「君臣道合，原是千載因緣，一堂契會，自古者帝王遇賢良爲輔，成其大業，予今得子，亦如是乎？」祿溪因稟曰：「臣一介書生，並無依倚，深賴聖王收錄，隨展犬馬之力，庶答殊遇之恩，不敢以釣渭、耕莘自比，願王上包藏寬恕。」仕王暗暗稱之不已，遂封爲金紫榮祿大夫大理寺卿備尉內贊祿溪侯，受知內外軍機諸務事參贊理國事[116]。祿溪受職，拜謝出朝，勘理貢不勝之喜。自是仕王常召祿溪坐于密室，談說[117]古今，匡王定國，去暴除邪，終日不倦。君臣相與歡喜，時人見王用祿溪以不次之位，因有詩曰：

日耀星輝照大垣，君臣際遇水魚緣。
帳中籌算規模[118]大，世上匡扶社稷安。
壯志勤王懷抱日，丹心致主愛憂天。
南陽誰謂南陽出，翊贊基圖億萬年。

却說北朝清都王自奉聖駕率兵南侵，聽知京都嘉郡、岳郡起亂，乃撤兵返回，究問情由，並無消息，方知被南人之反間，羞慚默然，不再提說。秋八月，開鄉試科，諸貢士中者，召赴京師拜稟，頒賜錢帛有差，自此成例。是歲，四鎮之民遭其水患，百姓凍餒，流散太甚。清都王甚有憂悶，府庫轉運，兵務空虛，無以賑恤。

永祚戊辰十年春二月，清都王命王弟太保瓊郡公爲提調官，會試天下貢士。江文明等中進士十八名，上親問策，賜及第出身有差。是歲，清都王思黎太祖高皇及明康太王、先哲王等諸尊位，有平吳滅莫之大功，差官構作廟宇于清華、義安及東西南北等處，奉迎諸皇帝位諸王位，各神龕奉祀，四時享祭，以表勳勞，是君臣之至道也。

永祚己巳十一年三月，清華、義安二處大旱[119]，禾穀焦枯，生花萎落，人民饑饉，餓死於道路，屍積如山，無人埋葬，任其禽[120]。

【校勘記】

❶「話説」原作「説話」據甲、乙本改。
❷「是」上原有「時」字，據甲、乙本删。
❸「尊母」原作「宗母」，甲、乙本俱作「尊母」，據下文，作「尊母」為是。
❹「令」，甲、乙本俱作「令」，下同。
❺「尊兄」，底本旁改作「尊母」，甲、乙本作「尊母」。
❻「就可」甲、乙本作「旣可」。
❼「營」甲、乙本俱作「宮」。
❽「云」甲本作「曰」。
❾「臣」，甲、乙本俱作「弟」。
❿「祈審真情」，甲本作「祗審直情」，乙本作「祗審真情」。
⓫「曰」字甲、乙本俱作「云」。
⓬「謹」字甲本作「慎」。
⓭「正奇」甲本作「奇正」。
⓮「勇」字甲本作「略」。
⓯「禦」甲本作「拒」。
⓰「尊」原作「等」，乙本同，甲本作「尊」。
⓱「名」字甲本無。

⑱「直」字下原有「進征」二字，甲、乙本則並列，今作「直征」。
⑲「若」字底本，乙本作「其」，據甲本改。
⑳「說」字甲、乙本作「語」。
㉑「彈飛如雨，銃發雷轟」甲、乙本「雨」下有「點」字。又甲本「發」字下有「似」字。
㉒「散」字甲本作「敗」。
㉓「衛」字甲本下有「郡」字。
㉔「廟宇」甲、乙本俱作「宇宙」。
㉕「圍繞」甲、乙本作「圍住」。
㉖「馭」字甲本作「取」。
㉗「叛」字甲、乙本俱作「反」。
㉘「滅」字甲、乙本俱作「戮」。
㉙「閉」字甲本作「邪」。
㉚「公」字據甲、乙本補。
㉛「萬拜」諸本同，唯當為「萬邦」之形譌。
㉜「就」字據甲本補。
㉝「臣」字甲、乙本俱作「官」。
㉞「石郡」甲、乙本俱作「石賊」。
㉟「笑」字甲、乙本俱作「吽」。
㊱「于」字據甲、乙本補。

㊲ 甲、乙本無「公」字。

㊳ 「之」字據甲本補。

㊴ 「長安府」甲、乙本俱作「安長府」，下同。

㊵ 「京城」甲本作「京師」，乙本作「京都」。

㊶ 「班」字底本作「扮」，乙本作「斑」，據甲本改。

㊷ 「公」字據甲、乙本補。

㊸ 「公」字甲本無。

㊹ 「望拜」底本、乙本作「奉拜」，據甲本改。

㊺ 「輔公」底本、乙本作「附公」，據甲本改。

㊻ 「世子」，乙本同；甲本作「太子」，底本原同，後旁改。

㊼ 「太保」甲、乙本俱作「太傅」。

㊽ 「領」字底本作「願」，據甲本改。

㊾ 「清」字底本旁加，乙本無。

㊿ 「脅」字甲、乙本作「脇」，即「脅」之異體；底本作「協」。

51 「礮」甲、乙本與底本並作「駁」字，當為「礮」字之誤。

52 「京師」甲本作「京都」。

53 「徒」字底本無，據甲本補。

54 「慎」字甲本作「謹」。

55 「旨」字甲、乙本俱作「令」。

㊻56 「授」原作「許」，乙本作「遞」，甲本作「授」。

57 「廷」字當據前後文補。

58 「知」字據甲本補。

59 「俯伏」甲本作「伏俯」。

60 「曉」字甲本作「顯」。

61 「以」字甲本作「於」。

62 「饑」字甲本作「餓」。

63 「常」字甲本作「嘗」。

64 「租稅」甲本作「租賦」。

65 「逼問」甲本作「逼迫」。

66 「引兵接戰」甲、乙本作「統大兵接戰」。

67 「偽」字據甲本補。

68 「思」字底本作「私」，意或可通，唯不如甲、乙本作「思」字為佳。

69 「衆」字甲本作「兵」。

70 「王庭」甲本作「朝庭」，乙本作「尚庭」。

71 「以」原作「少」，甲本作「以」。

72 「維」字甲、乙本俱作「惟」。

73 「慧」字甲本作「睿」。

74 「自」字原作「有」，據甲本改。

75 甲本無「一時」二字。
76 「門」字下原有「者」字，據甲本刪。
77 「蹰」字甲、乙本作「躊」。
78 「來」字甲、乙本俱作「至」。
79 「致」原作「故」，甲本作「致」。
80 「親」字甲本作「身」。
81 「秦郊」甲本作「荒郊」。
82 「訟詞」甲、乙本作「詞訟」。
83 「侍」字甲本作「視」。
84 「出血」甲本作「血出」。
85 「儒」字底本作「生」，據甲本改。
86 「吟」字甲、乙本俱作「嘲」。
87 「睨視」甲、乙本作「兒撫」。
88 「識」字原作「試」，據甲、乙本改。
89 「飯牛」乙本作「飲牛」。
90 「何必再問哉」底本無，據甲、乙本補。
91 「通今博古」甲、乙本俱作「博通古今」。
92 「身」字原無，據甲本補。
93 「才」字下，甲本有「力」字。

94 「迅」字甲本作「奮」。
95 「修整」甲本作「整修」。
96 「皇帝」原作「皇上」，甲本作「皇帝」。
97 「情意」甲本作「意情」。
98 「意」字下甲本有「更」字，據補。
99 「稅例」甲本作「租例」，下同。
100 「催」字原作「推」，據甲、乙本改。
101 「廷」字甲、乙本俱作「邊」。
102 「全君」甲本作「傳右」。
103 「姑」字原本無，據甲、乙本補。
104 「鑄作大礮」甲本作「鑄造象砲」，乙本作「鑄造大礮」。
105 「南征」甲、乙本俱作「征南」。
106 「親」字甲本作「身」。
107 「征」字乙本作「伐」。
108 「謀」字上甲本有「合」字。
109 「愛」字甲、乙本俱作「當」。
110 「言」字甲、乙本作「知」。
111 「扒」字甲、乙本作「勘」。
112 「責」字下甲本無「之」字。

113 「有」字甲本作「是」。

114 「詈」字甲本作「罵」。

115 「殿堂」甲本作「陛堂」。

116 「國事」甲、乙本作「國政」。

117 「説」字甲本作「論」。

118 「規模」原作「謀謨」，據甲、乙本改。

119 「大旱」甲、乙本作「天旱」。

120 案自此以下諸本並殘。

越南開國志傳　卷之三

吏部尙書該簿兼副斷事阮榜中承撰

詩曰：

昭昭星斗照天衢，惟見陶慈奮翊扶。
壯士勤王懷贊輔，丹心報國秉機樞。
決籌韜略平諸郡，顯達聲名遍九州❶。
圖這南城謀混一，京都收復泄前羞。

却說德隆辛未三年，南朝文臣內贊祿溪侯，勸南王築日麗壘，以爲固守，奪其賦稅，充其國用，以圖恢復中都，以報鄭王舊恨。南主瑞公但思兵微將寡，內無相助，外乏應兵，遂默然不聽。祿溪數次勸之不從，心中不快，乃回家旬餘，不來朝覲❷。與文職昭武相會論談，南主數次召之，祿溪詐病不入，在家觀書解悶，因以平居自述，詠詩一律，以激王心。

詩曰❸：

文北音

芽是柱，蓋是管，歲月閑居獲敝安。

布幔踈踈蚊虱避，棘籬密密免蜂蟬。
蔬鹽日適三飱樂，茶酒時充四序歡。
萬事勝情無所望，望臣能諫主從言。

祿溪述罷，看之數次，令人齎進於王。王看見詩中結句，有激切懷恨之辭，乃令人召祿溪入于帳內，謂曰：「君臣是緣諧魚水，會契❹龍雲，何言不聽，何計不從。今見卿所述詩中有不平之句，是何意也？」祿溪稟曰：「臣但欲主公上扶帝室，期顯聲名，下救生民，庶彰義號。俾千載之下，知主公之賢哲，克振家聲；四海之中，知主公之勳勞，永留汗簡。故不得不托諸永遠，以舒屈鬱，豈臣敢有不平乎！臣已見主公之意，最虞衆寡難支，以致猶豫如此。今臣已有滿腔良策，視北界百萬雄兵，如蟻衆蜂屯，不足懼也。」南主聽言，喜動顏色，點頭謂曰：「果如卿言，任其計，將就計行之，予無疑矣。」祿溪奉命，同文職昭武同❺至廣平，下令兵民築日麗海門壘。依山傍澗，月餘工完，甚其堅固，阻絕地北蜀中之險。祿溪心喜，卽返回朝拜稟。仕王聽稟大喜，設宴慶賀。重賞祿溪及諸將有差，厚賜軍民錢帛，君臣盡歡。自是城堅勢壯，日月商議，謀復中都。

一日，祿溪閑坐，以其朝內英雄才智之將未備，苟欲相機而動，未得萬全。因沉思倦坐❻于几側，熟睡片時，夢見多人會坐于前，談兵講武，排布陣圖。忽見一黑虎從南方突入庭前，搖頭擺尾，舞爪張牙，踴躍入家內。抱取第三柱。首望于上。尾垂于下。祿溪慌忙，急催軍人圍打。黑虎自然腋下生兩翼，東南飛上，翔舞空中，聲吼如雷，祿溪驚覺醒來，方知是夢。時聞東樓更已點三，心中半憂半喜，沉思良久。以爲古者齊桓、晉文並夢見熊羆之兆，後獲其才智賢人，輔成伯道。今我夢見虎而生翼，蟠旋飛舞，必有賢才自至于我官舍，以佐主上，統御規模，可無差矣。乃獨坐達旦，整衣服出于廳前，默坐以待。直至巳時，並無一人往返，意欲起回密室。忽見南角上有一人，身材壯健，服一黑氅，時手執羽扇，入于前庭而立，低聲乞其賑助。祿溪看見其英雄凜凜，相貌堂堂，有超群拔萃之風，舉鼎移山之勇，心甚暗喜。問曰：「汝是何處鄉貫？姓甚名誰？年生幾何？無計資身，致其窮苦如此？早早明告，使我得聞其詳。」其人呈曰：「小人是清華處清嘉府玉山縣雲茶社人，姓阮名進，表名順義，年生壬寅，三十歲。因於年前父母寓于懷仁府，不幸雙親早亡，以致孤身，無人可倚，窮蹇饑寒殆甚，敢乞明公眷佑。」祿溪聞言，半憐半喜，遂請升堂。順義直至第三柱，兩手相抱而立，片時再望東南而出，拜于階下。祿溪暗想，此人皆應昨霄之夢，大喜，遂召入，留養家中，順義獲其充飽安樂。數月間，祿溪見其聰明敏捷，勇略過人，英雄出衆，嫁以女子。遂進於仕王，許爲隊長，率內水迪勤船。順義自己是身快活，但志常欲倣三傑、五虎、七俊、九英之爲人，以彰聲名于萬世，顯豪傑于當時。因夜間皓❼月澄澄，清天蕩蕩，順義乃教軍士習棹❽，以練水師之法，其軍人豎立不齊。順義大怒，責旗長曰：「汝爲旗長，不遵號令，練軍不整，觀法律如戲耶？」旗長因有傲慢之意，揚言答曰：「軍習如此，但人心不一，法律有何戲耶？」順義怒叱之曰：「汝欺我耶？」旗長瞪目直視，對曰：「欲斬則斬，何必怒爲！」順義聽言大怒，遂拔劍斬之，棄屍路側，拂袖入于堂前靜坐，軍人大驚，號啕喧鬧。祿溪聽知駭然，乘夜明月，徑就王府。時仕王當閑坐觀書，祿溪竚❾立于門限外，囑人提稟，王命內侍召入，祿溪直至，侍于王傍。王問曰：「夜深如許，來者果有事乎？將良宵值節，乘此月明，特來談論國事乎？」祿溪唯唯。王賜之坐，因談論古今：英雄豪傑之才，定伯與王之智。君臣正當歡喜，祿溪乃以戰國時吳王欲伯諸侯，迎孫武入營，使練兵習陣之事，因稟之曰：「昔春秋時吳王欲伯諸侯，選以宮人綵女爲兵，召孫武使之習陣。內許姜氏賈氏人雙姬爲隊長。孫武乃出旗牌，先伸明約束，與二姬曰：『兵法貴乎聽令，令旣爲諸妾隊長，必當約束軍中，係聽金鼓之聲，動止起伏，開合爲法，須宜遵據。』於是次日就習場，孫武鳴金擊鼓數次，而二姬恃其王所愛，但看吳王搖頭大笑，不依孫武前日所敎。孫武大怒，奏吳王曰：『王欲取天下，正法令耶？欲作爲遊戲樂耶？』吳王曰：『國家以法令爲先，何須⑩再問。』孫武乃退出，卽時喝令武士推出二姬斬之。吳王心甚惜之，但揚言其法令正矣，遂封軍師。自是孫武敎習興軍，莫不服從。後率兵平伐諸侯，戰無不克，攻無不取，遂成彊伯。」王忻然撫掌大笑曰：「兵不斬不齊，將不誅不勇。吳王如是度量，孫武如是約束，正兵法也，有何怪乎？」祿溪聞王所言，遂起身拜稟曰：「臣有狂婿名順義，夜間敎軍習棹，而軍內旗長一人不遵號令⑪。順義責罵，旗長不服，出言不遜，甚其傲慢，順義誤手斬之。望王上處罪。」仕王聞稟笑曰：「狂夫淩上，斬之可也。古云：『千軍易得，一將難求。』順義如此，是亦英雄之將也，有何罪焉？」祿溪望拜謝恩而出。自是順義威名益⑫振，人皆欽服。數月間升順義爲該隊，許管率兵衆，操演精熟，以待有用。後人有詩贊曰：

業植中天耀斗星，明良際會滿南城。
文臣韜略排龍虎，武將馳驅奮甲兵。
收拾乾坤誇俊傑，縱橫海國顯英靈。
寶刀揮雪彰神武，四海驚聞順義名。

十二月，南主仕王長公子慶美侯鎭守廣南，忽遭病故。王甚痛惜之，贈爲少保慶郡公，許以公禮葬之。廣南之人，皆痛哭嘆惜不已。

德隆壬申四年，時南主自長子慶美侯臨逝以後，日夜痛惜，哀悼不已。王深慮廣南重地，無人鎭撫，乃令第三公子楊義侯阮福漢（卽掌步也。）爲鎭守副將，第八公子德禮侯爲參將，管鎭廣南。楊義侯不孝，形容卑小，面貌醜惡，其性凶狠太甚，王有不愛之意，故令鎭守遠方，免生爭鬪。但思文臣無人隨守。時有文職雲軒子（卽貢範也。）。與第二公子仁公，仕王甚愛厚，旦夕往來訓誘談論，親如心腹。是日，楊義侯鎭守廣南，文職雲軒乞爲記錄，從楊義管知民事。王大喜，許之。仁公聽知駭然，目視雲軒，面有不平之色。雲軒暗知其意，乃睨目倒視仁公。仁公會意，朝罷回家。仁公遂就雲軒家中慶賀，問曰：「先生此去，予心如擣，何期再會？」雲軒低言謂仁公曰：「臣去，明公勿憂，有臣在此，安若泰山，明公高枕靜坐，不必多憂。」仁公聽罷，携手相別。時公子楊義、德禮，記錄雲軒就鎭，保守黎民，提刷盜賊。自此以後，倘或楊義私行某事，雲軒差人馳遞密書，飛報仁公知照，以防他意。

六月，仕王下令追催拜大例，總弁各處胡椒、琦璃、魚翅、燕巢等物奉納，依價還錢，付與販賣各船主，易其偵物。不日，各處皆將調納。王令差人召祿溪定價，祿溪問差人曰：「王召參論何事？」差人呈曰：「王令召長官定價販賣各物，便交船主返回。」祿溪聽言大笑曰：「奉命奉命。」遂身服布衣、腰纏麻繩、頭帶竹笠、手執號斤，入于王府。應候軍人見異，皆相抱冷笑。王見之，問曰：「內贊何故衣服如此？」祿溪稟曰：「臣但望王上開拓乾坤，收復境土，爲天下伯王之主。豈期王上欲爲富家翁⑬，販賣以圖生利。臣亦隨王上之意，衣商賣之衣，持商賈之器，豈敢整服衣冠乎？望王上恕罪。」仕王聽言，面有慚色，彊謂曰：「方今人民所進等物，未明時價，高下若何？特召內贊量定物價，許錢以副民心，免於百姓嗟嘆，豈予有販賣之心乎？」遂罷之。且說時南主見築日麗壘功完，勢亦已固，君臣商議。遂寢解遞京師諸稅，日夜謀慮，欲圖大事。但前日內贊祿溪呈以北有一萬雄兵，亦不足懼，乃激言也。然旦夕常思彼衆我寡，或難拒敵，欲增置雄兵，以圖大舉，與國內租稅錢米，恐或未敷，遂稟曰：「方今旣謀大事，兵糧是急務。

乞王上下令，定立選場，差官閱選壯軍民各項，每得若干，增補各軍營，以防分差攻取。又增收錢米諸稅，以備運給發三軍，防有匱乏。」王聽稟大喜，遂從之，差官閱選順化、廣南二處民，隨其本項，補入諸道軍營，並賦增貯各庫。自此兵糧所補所收，常年成例。

却說朝內該奇茂禮侯宋福通，前年有生獲宋氏，顏色嬌娥，容儀美麗，已嫁與長公子右府慶美侯爲正妻，生獲三男。該奇茂禮侯心中暗喜，以爲後日必得纘承大位，光顯宗親。不期於辛未年右府慶美侯捐館。茂禮自是憂愁思慮，放縱遊逸，因返回京師，奉守祖宗墳墓，免受辱於朝廷。乃惟備小船一隻，乘夜盡將家屬越家淈海門，逃回北界。其女子宋氏留在東朝。明日屬人知之，拜稟於王。王大怒，遂責巡海門官疎漏不密之罪，斬之。其右府妻宋氏令赦之，宋氏獲其活命。話分兩頭。

再說北朝是年正月，清都王差人奉迎簡皇帝神主入于太廟奉祀，百官朝賀。二月三十日，贈太王、哲王等位，並造金册。二十一日巳時，天中忽現赤白雙虹全食日，二刻始化。二十四日，再有赤虹兩輪，包纏日外，二時始消。未知吉凶何兆。二十五日，清都王加封朝臣榮封陞爵品，特差禮部尚書少府蘭郡公阮實、吏科都給事中阮惟曉、內監一員、侍讀翰林院阮方名持捧金册金印，就拜王子左捷營軍少傅崇郡公鄭橋爲欽差都將，節制各處水步諸營，兼總內外平章軍國重事、副掌國政太尉崇國公，開雄威府，置僚屬，施行其事，用下旨示。差傳太尉淩郡公鄭榜，持節提刑阮克文、內監一員、開讀一員、奉銀册銀印，就拜叶義營太尉嵩郡公鄭春爲嵩國公，開叶義府。副將德郡公鄭柞、持節都護中尉兵科給事中黎驚、內監一員、開議……一員。奉銀册銀印，就拜扶義營太尉勇郡公鄭榴爲勇禮公，開扶義府。欽差工部尚書泉郡公阮維時、副都尉香溪侯陳瑋、提刑呂時、內監一員、扶奉銀册銀印，就拜勝義營太傅瓊國公鄭根爲瓊岩公，施行其事，用下懿示。封副將太保附郡公阮漂爲太傅附郡公。二十七日清都王仍許二國老官，禮部尚書少尉蘭郡公阮實、兵部尚書太保登郡公阮啓等，入坐朝參論國事，自此始矣。夏四月初三日，加封太廟列聖睿號。皇上親臨行禮，百官朝賀。初七日，朝臣⑭等修稟吏部侍郎阮俊、右侍郎阮賴等，銓除各職貪冗失當。王差武將凌郡公鄭榜、延郡公鄭才問果⑮，罷職回民。爲其時人有謠言曰：「各職備員而洊甚。」意言右侍郎阮賴之咎也。五月，加封王子左府西郡公爲俊協軍營西國公，領劍印象馬，防有兵用。加禮部尚書兼翰林院阮侍福掌管翰林院事。封東封學士老臣三員，少尉蘭郡公阮實陞爲太保職。工部尚書兼國子監司業少保泉郡公阮維時爲少傅職。兵部尚書太保登郡公阮啓，爲太傅登國公，同與參贊朝事。於是諸官受封畢，拜謝回府。同贊國家機務，俾各遵所任之職。

德隆癸酉五年三月，時天下無事。清都王令義安鎮守少傅西國公，統領水師，屯鎮于羅奇海門，差勝義府瓊岩、兼義營太傅洪郡公統領諸將，及步兵六千，往屯布政、北河，以備攻擊相應之勢，意有睥睨南朝之志⑯。

再說南朝仕王，是朝差公孫俊良侯鎮守廣平營。俊良廣施仁政，號令嚴明，路不拾遺，民皆樂業。時有次公子楊義侯阮福漢鎮守廣南營，其心思欲奪兄長之位，但慮此處遙遠北界，難於舉動，欲回鎮守廣平，便圖爭奪。差人陰謀與廣平營官職理明子，唆集本營諸將數員，及各縣社民奸暴之人，齊就王府。誣告「鎮守俊良⑰侯在鎮不能恤民愛衆，謀圖取財歸己，益己害人，使黎民困於塗炭，乞移他鎮，庶免彫殘。伏乞換公子楊義侯代鎮，以安黎庶⑱。」仕王聽之，遂召俊良回府奉侍，再差人往廣南召楊義侯回府，以及參贊，以副人望。差人奉命，星夜直往廣南傳旨。時楊義侯當荒遊畋獵遠方，旬日餘未回。差人見此，反回王府拜稟。仕王聽稟大怒，恨其遊蕩，不許出鎮。乃差王親弟副將廣林侯阮拔鎮廣平。廣林侯拜謝赴鎮府、撫恤兵民，親愛士卒，人皆歡樂悅服。於是公子楊義侯失望，心中憤怒，無計可施。再差人就問計與文職理明。理明寫密書報曰：「秉廣平鎮守廣林侯素有恩德，人民愛慕，頗有權勢，難於搖動。但其性怯懦，明公須可密謀，招諭北兵，紛擾布政，則廣林必先逃矣。其廣平之鎮，非明公誰敢代。若明公得來鎮此，則大事成矣，不必多憂。」公子楊義暗暗大喜。自是陰作詐降，啓付與⑲商人名奠，令遞就清都王呈上，如此如此，功成必當重報。俚奠領啓，潛往京師投遞拜稟。清都王接啓看之。啓曰：

南朝臣公子楊義侯阮福漢並諸將等，謹百拜稟于王上，以聞：臣先目親父衰老，難憑教化，次又兄弟不睦，莫念綱常。恐異日變生肘腋，不免目為賊徒，深念後來禍起蕭墻，難逃書為忤逆。伏乞聖王上，大發兵戎，早晚至日麗海門，射銃為號，則臣等在內，共圖舉事，率兵⑳來降。庶一統車書，南北一家，臣等得仰霑恩化，萬望謹稟。

清都王看有啓中大悅，差人乃令節制太尉崇國公統領諸將雄兵，往屯布政雲莊市，以防臨機就事。冬十月，清都㉑率水步大兵，奉駕南征。十二月，兵到日麗海門，分兵列寨，首尾相應，甚是嚴肅。布政人民驚怖，携老負幼，遁大壘，以求生路。南主聽知，召群臣商議，怒曰：「鄭家不達時機，無故興兵，擾我邊境，殺我百姓，天何容乎？」遂令大將美勝侯督視昭武子，督領水步兵禦敵。二將奉命領兵登行，直至日麗海門，觀其形勢。於是廣平鎮守廣林侯良郡公馳稟，修遺捍之法，在日麗海門，以防備㉒水兵來侵。督視昭武子又獻長城沙壘，以備攻守之計。仕王並納行之。二將得令，差軍築於沙壘隔江，以衞正壘，與植木捍於海口，截賊兵奔波。時清都王奉聖駕屯在日麗海門之外，射銃爲號，三次不見楊義來降。清都王甚疑，王令退兵，遠壘面下寨，以待楊義消息。旬日餘，南主各道望見北兵懈怠，無有防備之意，遂同努力突出大戰。銃聲轉如地震，彈飛煙鎖，渾若雨雹，大兵卷席而來。北兵披靡，拋棄輜重而走，不敢回顧，死屍委積如山。清都王見慌忙奉駕走回。至布政北河邊屯兵，查點兵馬，折傷大半，懊悔不已。下令收兵回京。清都王乃許錢花郡公阮克堪之子賢俊侯阮克埒鎮守布政北河。其布政南河還南主所管。後人有詩笑曰：

墻中拂拂朔風生，鬧得清都起戰爭。
虎踞山頭驅鹿兎，龍蟠江上絕鯤鯨。
金戈乍指狼煙息，椿木方張海溢清。
料是南朝王氣長，群盲何事引群盲。

時南主見美勝、昭武得勝，提兵凱還，入朝拜稟，不勝之喜。設宴重賞美勝、昭武，及慰勞三軍。復說楊義聽知北兵敗退，知謀不濟，乃潛反惡之心。散財招客，以圖爭奪，或陰附諸將，或待許民夫某人輕重何物，即著入名簿，示以同心。數年之間，向順者可至數百餘人。衆皆不知其意。楊義常常許心腹人往返朝內諸將家中，低言細語，誘以相親之義。自此以後，日夜每與心腹人會議談論，設官分職，鎮守邊防，有爭奪王位之意。

且說德隆甲戌六年春正月，北朝清都王奉駕回到梂營駐兵，修整城池㉓濠塹，選習上馬士卒，以圖報復。於是遂封少保定郡公爲少傅都督，秦郡、永郡、漕郡、錦郡等，並陞爲少保參督，美郡、河郡陞爲郡都督，增給俸祿，社民頒賜銀錢有差。再差官審問本處，有功者賞，有罪者罰，以此官者獲安㉔其職，民皆樂其業。乃下令班師，不日回至京都。敕賜在行諸軍休息。夏四月，清都王命弟太保延郡公爲提調監試官，會試天下貢士，武拔萃等中進士五名，王皆錄用。

却說是歲十月，南朝文臣參贊祿溪侯，年老病重，命在須臾，遂許心腹人拜稟於王。王聽知，遂親就祿溪侯家中問安㉕。祿溪侯勉彊跪于床下，頓首稟曰：「臣是村野腐儒，幸逢王上過愛，寵遇已極，何以補報？孜孜旦夕㉖，每欲盡心竭力，輔佐王上，收復中原，剿除鄭賊，免皇帝芒刺之憂，臣民水火之困，臣願也。何期臣命如霜葉，先秋而彫。臣甘萬罪，望聖上准恕。」稟罷，流淚濕透衣袍。王執祿溪之手，泣謂曰：「予自得卿，如鴻毛遇順風，心情未滿，誰料中途，將甘心棄我。莫非天不欲我平治天下，使卿病至此乎？卿宜深自保重，勿可說出此言，使予心驚怖。況卿有良心如此，天何負哉！」祿溪聽罷，低首下淚，不能開口，長嘆數聲，阿阿而卒，年六十三歲。南主痛惜不已。諸將聽知，皆來環哭。南主遂敕贈祿溪侯爲贊治翊運功臣，特進輔國金紫榮祿㉗大夫，大理寺卿祿郡公，頒賜錦帛㉘，許迎靈柩回叢州村厚葬。再令立祠祀之，以答勳勞。時人有詩哀悼云：

雲中仙鶴志悠悠，翹首那堪話舊州。
地北聲名山海播，天南事業簡編留。
謀身志大同昌國，佐主才多比武侯。
道未共車身已沒，空令君相淚長流。

復說是年，北朝布政鎮守賢俊侯阮克埒，坐鎮本州，陰謀欲反北朝。遂散財給客，收買人心，擇將選兵，修整器械，士兵日以益振。與南主和親，爲一臂之助。乃密令心腹人，潛往南朝拜稟南主，結爲兄弟，同心戮力，興兵剿滅鄭家，分土稱王，以同富貴。南主瑞公聽知大喜，謂來人曰：「去逆從順，乃理之常。今諸官人既有心如此，吾甚喜之。但事非小故，歸語諸官人，倘有乘時舉動，須宜加心，十分謹愼，使得萬全，吾之願也。」因又謂曰：「且這事吾欲與諸官人，一番對面，盡開肺腑，以明虛實。奈吾之一行，甚有關係，汝亦宜以此意達之。」遂重待來人，使之反回呈報。差人望拜返回，盡以南主聞報喜，待嚀叮之意，遍述一遭。賢俊大喜，乃准備親往南邊，與南主會合。不日至于王府。南主聽知，出府迎接，携手入于帳中坐定，設宴厚待，共敍如此顚迷之情。旣而約以事濟之後，分疆裂土，鼎立而治，以顯英雄于萬世㉙。賢俊聽言，不勝歡喜，乃辭回本鎭北界，遂決志謀反。差培築岩壘，再分兵謹守橫山，爲制禦之勢。清都王聽知，欲發兵問罪。再思太逼，更生一敵。乃潛然置之，別圖他計。自是賢俊以爲清都王不知，日加放縱，誇彊舞智，以爲天下無人。時南主許人探聽回報。南主喜曰：「任彼舉動，我居中取事，借彼之手，棄此而行，免我勞兵馬之力，費府庫之財。」

却說德隆乙亥二年三月，時北朝天旱，禾穀焦枯，生花盡落，處處人民饑餓，流移甚衆，怨哭曰：「君上多行虐政，以致災害黎民，后土皇天，忍無救護。」清都王聽知，心中駭然。遂集召群臣會議。乃改德隆爲陽和元年，大赦天下，准免賦稅，以安民心。秋七月，令天下官員監生儒學，同入丹墀考試。阮文禮等中格二十名。除任爲少卿知府、知縣、員外官等職，委以牧民。

再說是歲十月，南主瑞國公，忽遭大漸，藥物不痊。乃召王弟總鎭祥郡公，世子仁公，同入帳內，囑謂曰：「我承先王舊業，管鎭二處，兵民志圖恢復版章，匡扶帝室，以表聲名。方今天數將終，千金難贖。倘我死之後，世子仁公軍機未便付托，顧國家盡委賢弟，隨宜統管，庶安社稷。」總鎭祥郡聽王囑言，頓首于地，放聲大哭，稟曰：「臣聞古者之言，『父傳子繼。』苟不堪理，則有諸衆大臣，同心協力，以就國家之事。至如臣，雖是王家骨肉，亦是人臣之職，安敢奉命？況臣平生惟以忠義自許，玆而受此顧托，大臣㉚曰：『未免天下談笑』，以臣爲背叛之人。願王再思之，庶免臣㉛之憂慮。」說罷大哭，仕王謂曰：「古者堯傳與舜，原是非姓之人。宋太祖傳位太宗，亦是兄終弟及。古今一理，有何礙乎？」總鎭祥覆稟曰：「古者上國雖有如此，我照南邦，自丁、黎、李、陳，未有此例。臣願以人臣之道，盡忠直之節，粉骨碎身，以輔王兄世子，決無二心。請王兄勿出此言，使臣受罪于天地。」仕王聽言，執總鎭祥之手，流涕謂曰：「賢弟好心如此，我已洞知。今令孫仁公尙幼，多賴賢弟輔佐敎訓，以統國政，勿可使之遊戲貪暴，以害生靈。至如賢弟，亦宜日夜與朝臣共理國事，恤及人民雄象，下士求賢，以圖收復江山，匡扶帝室，副我平生之願。他如鎭守北邊布政賢俊，現是背叛之徒，賢弟當謀與大臣定計除之，以絕後患，勿可信他之言，誤我國家大事，須記在心，可也。」祥郡、仁公各拜伏受命于床下。良久視之，南主瑞公已[32]默然不語，然猶目視祥郡，手指仁公，長太息數聲而薨。在位二十三年，壽七十三。於是祥郡、仁公到床下前，放聲大哭。朝廷聽知，皆悲號痛倒于地。時群臣會議，尊爲大元帥總理國政，翼善綏猷瑞陽王，設壇置祭，用王者之禮，葬于香茶之山原。時人有詩嘆惜，詩曰：

愁雲慘霧滿長空，幾樹蟬聲咽晚風。
靈鳳高翔天漢外，神龍遠舉碧霄中。
廷臣痛惜仁明主，黎庶思嗟惠德公。
開拓基[33]圖成盛世，留芳千古誦無窮。

時瑞公喪事料理事畢，總鎭祥郡[34]遂請諸將會于偏殿商議。祥郡公謂諸將曰：「天下不可一日無君，今聖上晏駕事畢，諸公何不尊扶世子繼位，以管國政，以安衆心。」於是諸將同總鎭祥郡，就順義營，尊扶世子副將仁祿侯阮福瀾，爲節制水步諸營，兼總內外平章軍國重事，太保仁郡[35]繼位，是爲上王。大赦天下，設壇拜謝天地及諸尊諸王祠宇。祥郡乃差人遞報與王弟廣南營楊義回朝受制。楊義聽知，朝臣已尊仁公繼位，大怒，遂起反心。乃請記錄雲軒會議。雲軒獻謀築俱低[36]壘，以爲固守。楊義大喜，差兵築壘，□□□[37]山至海，禁止各海門，不許人民通行出入。再差大將康祿節制水步軍爲先鋒，出兵列沱瀼海門，以圖固守。不肯回朝受制，惟令弟參將德禮獨回受制。楊義乃自率兵，屯于俱低壘，視攻擊㊳之勢。其先鋒將朝康，率水師越海門，逃回王府。記錄雲軒亦率家屬，乘夜潛過雲關，回于王府前拜稟。上王聽知大怒。遂請國叔祥郡公入于府中，泣謂曰：「孫與楊義，原是同胞共乳㊴，並蒂連枝，患難相扶，富貴相與。豈期楊義萌心，潛興反逆，殺害百姓，屠戮萬民。孫願讓位與他，免於爭鬥。此事可否如何？望尊叔裁決。」總鎮祥郡聽言，勃然大怒曰：「楊義六畜之徒，不顧父母之養。今既稱兵犯順，罪在難容，有何疑問？」祥郡乃下令：「差雄良、朝方董統水師，燕武、雄威領率步軍，直到廣南，生擒楊賊，乃解納，勿可徇容處罪。」時上道諸將，率兵發行，步軍先至俱低壘，水軍㊵至山涤泳。楊義當先分兵拒敵。兩軍相遇大戰，勝負未分。其步兵該隊楊山公孫宣祿，先率兵突過關山、廣南，楊山先突入楊義營中，取得同心向順簿，有字紙十餘張。楊山看見簿內，文武諸將及士庶等，倣至數百人。楊山驚容，思曰：「是彼盜著姓名爲簿，豈天下諸人，皆有此心。守留之則害生靈百姓，命棄之則受不忠之罪。」思想片時，遂裂有字紙五六張棄之。既而宣祿縱火焚營，火光冲天。楊義回頭見之，喪心裂膽，急急收兵回營救應。方至途中，遇宣祿大兵風旋而至。楊義大驚，望大臣海門急走。料難逃脫，遂棄軍躲入村巷中，假爲行軍亂散。宣祿追至，生擒調回王府。楊義俯首伏罪，不敢仰覷。上王看見，流涕謂曰：「賢弟！汝不想前朝文、石二叔，迷逆天道，萌心背叛，以致家破身亡，爲萬世笑。今汝再萌反逆如此，若不置汝于法，則棄朝廷典例；若置之于法，則天下未免以我爲豆燃之笑，我何面目見汝乎？」楊義口稱：「受罪，望王兄恕之，以全性命。」上王聽言，意欲恕之。總鎮祥郡及諸將大聲喝曰：「公爲臣子，前既促人誣告公孫俊良，謀圖外召寇賊，幾搖國本，今又上不孝於王父，下不恭於君王。以春秋大義論之，容之何益？」

遂躍至庭前，拽出軒門殄之。楊義放聲大哭，上王憐之，勸解，而諸將不肯，遂絞殺之，放火焚其屍首，不許埋葬，以爲亂臣賊子之戒。上王體仁德之心，想骨肉之義，乃令斂骨葬之，以免暴露。南主乃設宴款待諸將，重賞宣祿，並犒勞三軍。宴罷，該隊楊山袖中取出原楊義同心向順簿，遞進於王。王看畢，勃然大怒㊶，傳令禁塞道路，不許民人來往，差武士㊷照簿名點暗捉斬之，並無審問。可憐一時五十六人，死於非命。旬日間，王乃陞掌奇雄良爲掌營鎭，陞該隊楊山爲該奇，記錄雲軒爲內贊，翊扶王朝。陞吏部勾稽華封爲該簿，其文武諸將名賢，皆陞爵品有差。且說王自得繼王位，統治天下，德施遠近，思布邇遐，親諸將若兄弟，愛黎民如赤子，輕徭薄賦，愼獄恤刑，遂成致治之世。是時，王遂令移宮殿于香茶源金龍鄕地界。此處山環水遶，虎踞龍蟠，眞帝王定都，坐策四方之所。

再說是年十月，北布政北河鎭守賢俊聽知南主瑞公賓天，拳席大哭，甚於痛惜。再聞世子仁公繼位，密思曰：「仁公卑幼，未曉軍國大事，更未常經戰陣，難於相助，莫如歸朝廷，再圖他計。」乃令人赴京，上啓伏罪，陳說利害，以解朝廷之議。淸都王乃准前非，再加賢俊阮克埒爲忠順軍都督賢郡公，使鎭布政北河。賢俊大喜，自是有睥睨南朝之意。

却說陽和丙子二年春正月，南主太保仁郡公，差人赴京都告喪。淸都王聽知，乃差吏科事給事中阮光明、兵科給事中黎敬、工科給事中阮扶等，齎金銀禮物，往順化吊喪，以表兄弟之情，結怡愛之義。差人祭畢，南主贈以金銀錦帛，爲餞送之禮。

且說是歲三月，北朝畿內忽火起，連燒王府及朝臣諸營，以至庯舍屋宇，人民財物，六畜耗損頗多。淸都王疑其福毫（是縄紹男子）與順化主通謀，致令人放火燒焚城內。遂究問福毫，但嗚冤而已。乃許福毫就各廟歃血盟誓。冬十月，淸都王見王弟扶義府勇禮公鄭福，有恩威才智，人皆愛服，帳下歸附者衆，心甚猜疑，陰謀害之，免其後患。遂誑說有高平僞莫擾境，令差勇禮公鄭福，領兵往伐之。勇禮公奉命發兵，清都王再召都督弼郡公入內，密囑曰：「卿詐爲屬將隨往，設計假爲高平兵截路，潛殺勇禮公及心腹之人，無令逃遁，免爲後日之憂，謀成必重賞。」弼公下拜受計，率兵隨之。是時，扶義府勇禮公於夜間有夢，見渾身血污，醒來不知吉凶何兆，心中疑惑，遂先預備。乃詐發起轎，張傘先行，自隱于後隊。於是弼郡伏兵，見轎至，詐稱高平軍突出，打破之，見空轎駭然，手足戰慄。勇禮公乃放馬驟至，差兵拿捉弼郡，解納馬前，問曰：「汝奉王命從我平伐高平，如何反伏兵擊我？我有天命，汝豈能害我乎。」弼郡御草泣拜，對曰：「臣奉王密令，焉敢有違？非臣敢有萌心觸犯，今事至此，臣甘萬死，莫敢妄言，願明公恕罪。」勇禮公聽罷，沉吟半響，密想曰：「王上疑我，故暗令殺之，非弼之罪。」乃赦之。弼拜謝，抱頭鼠竄[43]回去。勇禮乃令人探聽，無有高平兵。遂率兵還京都，心中懷恨，嘆曰：「我與他原是同氣，我以忠孝事他，他以怨仇待我。我欲棄之，歸降南主，報此深仇。但恐後人貶議爲臣不忠之罪。生之何益，莫如死以芳名。」嘆罷，遂飲毒而卒。清都王知之，心中甚怨。乃下令思以歲月，不許殯葬，乃令以屍暴暑。後人有詩嘆曰：

惜哉鄭福衆心歸，致使清王起厥疑。
命許平戎從裏殮，謀潛斷臂已先知。
暴屍桂葱千年笑，飲恨空教一世悲。
骨肉幾回多太薄，燃萁何必咎曹丕。

十月十一日，時義安處地震，傾倒人家，江中船筏，盡皆翻覆，行人立無住脚，坐不整身，半時始定，未知吉凶何兆。却說陽和丁丑三年二月，傘員山無故忽崩一角，長二十餘丈，濶三尺，四月有流星大如斗，尾長十餘丈，自東方而出，有聲如雷。七月，清都王次妃蘇氏卒。冬十月，王命少傅蘭郡公為提調，試天下貢士。阮春正等中進士二十名。皇上親策，賜及第㊹，出身有差。陽和戊寅四年春正月，高平莫賊興兵入寇太原，縱兵殺掠良民，擄捉婦女，刼奪財物。百姓驚惶，各自逃回隱北。清都王聽知大怒，遂下令大退去。王下令三軍凱還。太原之民，再復回安業。

再說是歲三月，南鎮前仕王朝有長公子右府慶美侯，鎮守廣南。其正妻宋氏，原該奇茂禮之女，自嫁與公子慶美為妻，生得三男。辛未年慶美侯命沒。其妻宋氏生雖女子之流，有凌雲之志，顏色有閉月羞花，骨格有沉魚落雁，性又朝雲暮雨，親越愛胡，巧語快言，嘲風弄月，如驪姬妺妃之態。常出入王府，意有私屬於王，但王不顧。一日，乃在家穿結連珠百花，甚於工巧，令人齎進于王。王持而薰之，馨香滿鼻，忽有能觸起愛心，自是有相迷之意。

陽和乙卯五年二月，前右府慶美正妻宋氏，親入王府朝侍，拜于階下，稟以寡居之故，情甚悲切，轉作捧心效顰之態，人人看見，誰無迷心。於是上王起箇私情，遂邀宋氏入房，大為行雲行雨。自是王㊺甚寵愛，不顧宮內諸人。但與宋氏旦旦無移，如董卓之於貂嬋，吳王之與西子。宋氏稟行其事，王必從之。親臣累諫，王皆不聽。自此㊻，宋氏入則甘㊼辭稟說，以快王上之心，出則思取民財，以充家室之積。時朝廷公卿，誰無怒嘆，皆欲啗宋氏之肉，但懼南主之威，莫敢誰何。不題。

且說北朝，陽和庚辰六年春三月，清都王命太保堅郡公為提調監試官，會試天下貢士。久述等中進士二十名，皆陞委任。夏四月，清都王差雄威府諮議、與吏潘興造往布政北河，敕賜賢郡公阮克埒國姓，改為鄭栢。克埒大喜，望拜謝恩。克埒自獲王令，賜改國姓，恃其權勢，縱加驕修，傲慢官僚，擄掠百姓，意有妄自尊大，欲奪南鎮，以稱王位，爲中天業植黨。差人擾布政南河民。秋八月，南主上王聽知大怒。遂召集文武諸將，入府中商議，設計除之，免於榻邊鼻息。諸將或論率兵攻破，或論誘來投降，紛紜未定。時有謀主昭武出稟曰：「賢俊怯懦狂夫，非智能之士㊽，攻之，勞其士卒；誘之，有何用哉？譬如螻蟻朽木，何足道乎？臣有一計，斬賢俊之頭，易如反掌耳，不必煩朝廷議論。」上王問之，曰：「計將安出？卿可對之。」昭武稟曰：「賢俊是怯懦猶豫之輩，不曉兵法。王上早差人密傳廣平營鎮守義林，許人往北河，詐迎賢俊，就王府會議前王大約。又密傳布政營鎮守奮武、水營參將楊智，出兵乘夜過北河，虛爲攻擊之勢。再修作間諜一封，許人潛往北界。如此，不數日，則賢俊之頭，可見斬矣，有何難哉！」南主聽罷，撫掌大笑曰：「此計甚妙，雖古者才智之人，無多讓也。」王遂差人就廣平營，傳與鎮守義林如此，遵計而行，勿其有誤。再令昭武修作間諜，許人潛至北界，用計除之。昭武奉命回家，遂作奸書一封，許細作人潛往河北，佯爲疎略不密之意，抛落途中，俾他拾得持稟。其書曰：

南主殿下，謹致書于北河布政鎮守大將軍賢貴府麾下觀顧：蓋聞君臣是三綱之首，綱正則紀張；兄弟乃五常之先，常信而表立。曩者貴府同先王盟結為兄弟，共約分疆裂土，以顯英雄，光萬代之功名，表當時之豪傑。何其利得賜姓，區區乇以小邑，甘為鄙夫之下乎？今密遣一計，為貴府圖之，佯聲與貴府不知，特差南兵突擊。貴侯始則佯為提兵，終則詐敗走回，語與清都王，率兵報復，途中就計，借手斬之，梟其首級，如馬岱、魏延故事，則貴府與我王得如前約者也。願貴府納之，則大事成矣。事有時幾，願其照鑒。今書。

即日南主差人將書就布政，依計而行。又差人詣廣平營，密傳鎮府義林如此如此。義林奉命，令人飛報鎮守奮武、楊智二將，准備水步聽令發兵。是月十三日，義林乃差人往布政、北河，謠言南主請賢郡公往南邊會議，以圖大事。北河之人，盡交知覺。於是本營將士諸人兵民，皆交頭接耳，相與私言。不日飛言，京師亦皆知道。是月二十三日，南主又一面差人就賢俊帳中呈請。賢俊聽言，靜坐潛思，未詳其理，行止猶在兩難，躊躇未定。且當時營中，無有准備，兵士閒坐談笑，或伸脚熟睡，或撫手酣歌。是時，夜方四更，陰雲四[49]合，天色朦朧，賢俊正坐帳中思想。忽聞營外，號令鼎沸，賢俊失措大驚[50]，令人探之，方知南將義林、奮武，親舉步兵爭擊于右，楊智亦率水兵夾攻于左。回報賢俊。賢俊生平性本怯懦，聽知報來，兵勢若此，忽然驚倒，口鳴苦苦連聲，手足不能舉止。時有屬將岩武抱賢俊上馬，棄軍望京都急走。方至救營，喘息未定。忽遇崇國公、崇岳公率大兵自京都而來。賢俊大喜，謂幸有朝兵救應，無有提防，急走入中軍呈報。且崇郡在京都，已受了清王旨意，乃其一見，即喝刀斧手拏下。賢俊大驚跪下，從頭哭訴曰：「我因兵微將寡，難於拒敵，以致敗衂，乞恕其罪。」崇公大怒，罵曰：「汝為臣不忠，賣主求榮，通謀南鎮，有何言哉？」遂令監守調回京都，王前解納。賢俊但口叫[51]無罪。又謂：「南主勢大，臣力寡難支，倘有自外誣言，乞其明照，庶臣得隨王上盡率雄兵突擊，以報前讐，臣之願也。」清王聽言，回想前日，看得書中之意，勃然大怒。叱曰：「吾素知汝本心，何必抵賴？」喝令武士推出斬首，劇屍示衆。武士得令，推出賢俊于軒門之外，依令施行，賢俊之命，須臾亡矣。原來前日，北河布政因拾得昭武反間書，馳稟。清王觀見書中語意時，勃然大怒，髮鬚盡倒，拳席大罵曰：「俊賊畜孽之徒，忘恩背義，反覆多端。前年厥罪如山，我既饒之，不忍加法，待之不薄。今又萌心擾亂，與南鎮仁郡相通，欲其害我。況往日已聽北河人之言，未詳虛實；今果如此，又何容哉！」遂差崇國公鄭橋、崇岳公鄭棯等，統領雄兵五千，直入北河布政，梟克塒之首，劇屍示衆。致二將遵令出兵，望布政地頭而來。當提兵就處，見賢俊之來，忽成疑意，以致捉解。時清都王正當大怒，喝令斬之。及其半餉（晌）心定，竟覺誤中南主之計，乃悔懊不已，謂朝臣曰：「吾一時少算，中了南人瞞我之謀，是我無明智也。」自此默然不題。是時，南主仁公許細作人往京都探聽，返回拜稟，具道賢俊如此。南主聽稟大笑曰：「我自昭武[52]暫施小計，而彼自相屠戮，何患京都無能取乎？」遂重賞昭武，陞爲監戰職，翊贊國事。王又令設宴厚待諸將，犒[53]勞三軍。

後人有詩笑賢俊侯阮克堣曰：

鐃他賢俊是愚人，蚯蚓安能敵鳳群。
樑棟曾思扶社稷，封疆忽見動風塵。
半生事[54]付飄風葉，幾載名從落水濱。
今古許多奸黨輩，恢恢天網莫逃身。

時南主上王初登王位，勵精求治，恤衆好生，人皆安樂。欲振先王事業，以自設計攻破賢俊以後，朝中諸事，多被宋氏孽婦譖言。王母因事急怒，朝臣人人側目，不敢啓齒。黎庶或有抝誣某事，王卽斬之，棄屍于市，不許查問。百姓駭然，日夜恐怯驚怖，不敢與人高聲大語。甚至政事，亦不聽理。每欲[55]高廣臺榭，以備閒遊，常下令各縣民，上林所作木條各[56]項，立限調納，違者卽斬。於是順化大小人民，各自上山斫木，兄去弟回，不分日夜，求其納脫，自知免罪。又令工匠詣[57]邊造之，俾得如意。忽有報與內贊雲軒侯名貢範聽知此事。雲軒以爲上王[58]逸豫如此，若其不諫，則非臣子之道，遂入朝稟於王曰：「臣聞王上修造南樓，取爲高聳[59]，未知造此何爲？」王曰：「我日居深宮之內，天下士農工商，或勤或惰，未得週知，故藉此以登高，便遠照矣。又如細作奸徒，或夜間乘釁竊發某事，料必見之，這亦防備一法耳。」雲軒聽言，冷笑稟曰：

「不然，夫帝王是天所定，須用賢揀德爲城，則民間樂於耕田鑿井，親上死長，用之攻戰，戰無不克；用之固守，守無不堅，何必勞作高堂，而足爲備禦哉？倘王上以今日得鎭一隅之地，其心以爲快滿，則一任王上爲之，若思聖祖神宗之基業，艱難開創，當與同心協力，開拓境土，興伯王之業，上扶皇帝，下撫黎民，則此高臺廣室，未可爲也。且天既生帝王者，上順天道，下悅民[60]心，德布通遐，恩霑四海。如帝堯爲君之日，所爲宮殿，茅茨不剪，樸角不斲[61]，廣施仁恩，諸侯四夷，咸慕威德，何常營造雕甍繡閣者乎？況今北朝鄭氏，上挾天子，下制公卿，睥睨意欲收還南土，爲規模一統。而王上恝然不以爲意，倘彼乘釁大舉而來，如之奈何？又王上或謂作此以示威四方，則自古四方之人，不聞以有高樓而心驚，亦不聞以有高堂而歸附。況動興土木之工，財力耗竭所係。若人財力耗竭，邊方一有倉卒事變，臣[62]請一切罷之，社稷幸甚。臣言愚訥，深望聖裁。」上王聞雲軒稟言，面有愠色，謂曰：「是皆衆人所進，非予心之所欲爲也。」王卽令罷之。人皆喜曰：「王上從諫如轉丸，吾無憂矣。」

却說陽和辛巳七年三月，北朝畿內，天常降風災、火災、水災，旬疊至，人民家室，靡有孑遺，衣不蔽身，飯無充腹，饑寒窮苦，自古災祥，未有甚於此時者也。時清都王見天下人民，受其災害，乃差官設壇禳禱，稍稍變安。且清都王心常深恨往年旣被南朝反間之謀，君臣自相[63]屠戮，玆又見國內饑餓，更被疫癘之慘，兵民死倂太半，遂不謀動兵，潛然以待。九月，天下禾穀復登，人民始免饑饉。

再說是年五月，南朝順化、廣南二處，亦遭天旱，禾穀焦枯，生花盡絕，斗米值至一陌。市無賣米，家乏積穀，黎民百姓，饑死道路殆半。或有刑殺囚人，棄屍于市，饑者輙爭取其肉，烹煑食之，以求活命。是亦天運所使，豈人力有能制哉！王齋戒叩天懇禱，數月之後，陽復陰生，再覩風調雨順，禾穀田疇進旺，家給人足，萬民復獲康寧。

陽和壬午八年，南主上王繼位治國以來，兵彊國富，家給人足，但恨北界清王[64]。

【校勘記】

❶「九」，乙本作「四」。

❷「視」，乙本作「侍」。

❸「詩曰」二字下有「依國字」，下則為喃字詩，

詩曰：

棹羅落橛羅楖，　昇腨安閑鄧達雯。
幔緄疏江垠蝐蛛，箳椵謹到嬌蝻蝺。
鉗⿰巴三餂⿰尚道蔓共餙，適罕務於酩吏茶。
闖事色外莊約女，約碎能諫主能瞔。

今已經原作者譯為漢詩。

❹「會契」，乙本作「契會」。

❺「同」，乙本作「直」。

❻「坐」，乙本作「臥」。

❼「皓月」原作「浩月」，據乙本改。

❽「棹」原作「掉」，據文義改。

9 「竚」字諸本作「⿰立寧」，據文義改。
10 「須」，乙本作「妨」。
11 「號令」，乙本作「令號」。
12 「益」原作「並」，據乙本改。
13 「王上」，乙本作「上王」。「家」，乙本作「豪」。
14 「臣」，乙本作「廷」。
15 「問果」，乙本作「果問」。
16 「志」，乙本作「政」。
17 「良」，乙本作「王」。
18 「黎庶」，乙本作「黎舍庶」。
19 「與」，乙本作「共」。
20 「兵」，乙本作「衆」。
21 「都」，乙本作「王」。
22 「備」，乙本作「被」。
23 「池」，乙本作「墀」。
24 「獲安」，乙本作「安獲」。
25 「問安」，乙本作「安問」。
26 「夕」，乙本作「旦」。
27 「祡祿」，乙本作「祡祿衛」。

㉘「錦帛」，原作「錦泉」，據乙本改。
㉙「世」，乙本作「代」。
㉚「大臣」二字據乙本補。
㉛「臣」原作「王」，據乙本改。
㉜「已」，乙本作「似」。
㉝「基」，乙本作「舉」。
㉞「祥郡」，乙本作「郡公」。
㉟「太保仁郡」，乙本作「太郡保仁郡公」。
㊱「俱低」二字乙本無。
諸本此處並有缺字。
㊲「攻擊」，乙本作「受攻」。
㊳「乳」原作「亂」，據乙本改。
㊴「軍」，乙本作「兵」。
㊵「大怒」，乙本作「起怒」。
㊶「來往」，乙本作「往返」；「武士」乙本作「臣士」。
㊷「竄」原作「竄竄」，據乙本改。
㊸「第」原作「策」，據乙本改。
㊹「王」，乙本作「幸」，底本同，後改作「王」。
㊺「此」，乙本作「是」。

47 「則甘」，乙本作「則以甘心」。

48 「士」，乙本作「将」。

49 「四」原作「同」，據乙本改。

50 數本原作「忽聞營外，賢俊失措大驚，營中號令鼎沸。」據文義改。

51 「呌」，乙本作「哺」。

52 「昭武」，乙本作「顯武」。

53 「犒勞」，乙本缺「犒」字，底本旁加。

54 「事」，乙本作「吏」。

55 「每欲」，乙本作「欲每」。

56 「各」，乙本作「等」。

57 「詣」，乙本作「謁」，底本同，後旁改。

58 「上王」，乙本作「王上」。

59 「聳」，乙本作「聲」，底本原同，後旁改。

60 「民」，乙本作「人」。

61 「斵」，乙本作「斷」。

62 「臣」，乙本作「榭臣」。

63 「自相」，乙本作「相自」。

64 案此卷諸本至此缺文。

越南開國志傳　卷之四

吏部尙書該簿兼副斷事阮榜中承撰

按南朝賢王自戊子年登位，發兵破三校，取棣營，殺進翰，驅東郡，據守義安、藍江，收得七八縣州，英雄歸附，無可勝計。至庚子年，撤大兵，反回南鎭，總六年間，南北軍民，多是鞅掌。諒是天數已定，機未可乘，豈可歸之人力乎？

詩曰：

開創雖云運未逢，六年交臂顯英雄。
德如舜帝當年盛，跡似周家待日隆。
鍾氣已徵豐❶沛外，祥光猶伏斗牛中。
一朝若得雲雷動，相見高飛九五龍。

却說盛德乙未三年正月，南朝賢王自聞布政營鎭守扶陽報信：北將進翰擾邊，懷恨不已，乃召集文武諸將商議。或論發兵攻之，或論未可動衆，紛紜不定。賢王默然，數日不設朝，每獨坐宮中，尋思擇人北伐，但未知爲誰。是夜疲倦，隱几而臥，忽然忘却熟睡。見一人鬚眉❷盡白，身著紅袍，頭帶文冠，手持片紙，從南方來，飄飄如四皓之狀，立于其側，語曰：「將軍欲興兵討除僭亂，某有片紙，將軍詳看，必擇得人，何必憂慮若此？」賢王接紙看之，見絕句一律云：

先結人心順，後施德化昭；
枝葉堪摧折❸，根本也難搖。

王看罷，問曰：「你是何人？特將文詞戲我？」其人默然不語，但點頭曰：「好！好！」而已。王大怒曰：「必是妖魅之徒，敢來戲侮我耶？」即拔劍在手，大喝一聲，忽然醒來，方知是夢，時東樓聞已點三。起來索紙筆謄寫詩句，見❹之，前思後想，直至天明，方解其意，以為：「吾本以擇人為念，是以思之，而神❺許片紙，亦謂看此得人。如詩句「先結人心順」，必「順」者其名也；「後施德化昭」，「昭」者亦其名❻。但朝中武則順義智勇俱全，眞將才也；如文職昭武，是名將之子孫，頗有謀略，非等閑可比，那二人吾知之久矣。今神人以此荐我，我必無疑。至如後二句，未解其意，須待他日驗知。三月，召文職昭武入帳密議，遂差布政營探知消息，與看山川道路進退出入，又密說與順義曉知如此。文職昭武奉命指日起程。

註曰：

文職昭武，乃清華人，同南主鄉里參將朝文之子。生在京都，至六歲，始入南朝從父。方少時❼，為人聰明識量，德著溫良，言語如流，詞章敏捷，百家諸子，三教九流，皆能暗誦。但心能傲上，而不忍下。隨師講習于學校，常❽行詭計，觸使友人兩相爭鬪詈罵，昭武坐視，撫掌而笑。再與孩兒共戲，自稱為「大將軍。❾」率孫兒等衆，分為隊伍，布陣排兵，設奇立正，置伏出遊。常常列陣戰鬪，以此為樂。其父朝文知之，暗喜曰：「此子非凡人也，後日必為棟樑偉器。」心甚愛之。至十六歲，仕王朝，任為文職，但其性行未純，仍許回從父教訓。至上王朝，再許為文職，已而許為監戰。戊子年，賢王陞為該奇兼記錄，管守布政營，其意欲取京❿都，潛造北邊器具，被人所訴，召回降職。因述忠臣烈女傳一篇，齎進於王，王赦之，再許仍舊文職侯爵。自此以後，倘有國家大事，常召入商議，陳謀獻策，人皆欽服，王亦稱意。因此，時差探聽邊疆，以圖進發攻擊。後數十年，官至掌營統率留屯道。

復說時文職昭武奉命出朝，星夜馳至留屯道，就順義帳中相見畢，坐定，乃附耳低言曰：「王上密意如此。」順義聽知，大喜曰：「天運已應，人心已協，則機會可爲也。」昭武乃辭順義，直至布政營地頭，先觀看山川地⑪勢，後探問地形⑫虛實。更投鎭守扶陽營來。扶陽遠接入帳，坐定，陳說進翰常常差軍擾邊始末詳細。昭武返回入朝，拜稟曰：「臣承王旨，往往探邊境情。由於往歲進翰擅差茂隆率軍渡過河界，潛謀設伏，捉我巡軍，被守將知機先豫伏，撓捉不得，返回北界。至今年二月，進翰許細作探知⑬，布政鎭守扶陽，爲人其性燥暴驕傲，進翰論曰：『彼扶陽性情如此，若我差軍往捉彼巡軍⑭於白日，彼必發大兵與我交戰，勝負難分，莫如潛謀暗捉。』遂於是月日酉時，差洮江、祿才，署衞嚴橋，從下道渡江，就捉巡軍。自安島至順姑、碐⑮砲、蒲溪、清河等處，並無走透一人，以至扶陽不知音信。至四更，又差參督明朗、署衞嚴忠，過上道捉巡軍，自巡崙至隸第。其隸第巡軍知變，先已走回，報與鎭守扶陽賊兵如此，扶陽聽知大怒，急發兵接戰，進至牧養巡東。遇高莊小民一人告曰：『北寇⑯已捉下道各處，自清河至安島盡絕，今上道賊兵已撤從下⑰道，明公勿可進兵出隸第，宜從海涸巡而下，攻破賊兵，免彼入城，難於攻擊⑱。』扶陽聽說，重賞小民，分一支兵攻下海涸巡，自率大兵回營謹守，以防截後。時北寇兵直至隸第，巡守南將朝才、文祿，幷新志二隊設伏。北朝明朗署衞嚴忠衝入捉巡，被南將朝才、文祿拒戰片時，兩兵混戰。朝才、文祿寡兵難敵，走回牧養巡，拋棄器械，賊兵收獲，將回北界，是皆進翰之計也。」賢王聽稟，勃然大怒曰：「宦豎小輩，焉敢如此，吾率大兵滅之，梟其首級，免於蝸井誇彊，縱兵擾境！」昭武稟曰：「望聖上息威，宜緩緩定計除之，勿其太急。」王聽稟沉吟半晌，退朝。至四月上旬，令吏部該簿花峰、侯傳與文職昭武公，同與諸將定計拿捉進翰，謀成重賞。文職昭武呈該簿花峰曰：「乞稟過聖上，令傳文武宰相大臣，每朝一員暮一員，各自陳謀，勿許同論。古云：『謀不可衆，衆則漏泄。』是謂遠慮也。」該簿花峰入朝稟知文職昭武進言如此，賢王許之，諸將文武獻謀：或謂發兵攻破拿捉；或謂[19]潛謀刺客殺之，紛紜未定。王乃召文職昭武入內，問曰：「今我欲設計捉進翰，以消前恨，委卿畫定，可得何謀？」文職昭武拜稟曰：「臣才疎學少，竊料如今聖意欲捉進翰，可詐揚言差兵過布政北河，攻破茂蜂，以報捉我巡軍之事。進翰聞之，以為南兵攻破茂蜂而已，無犯梂營之處，必自將兵救應，則梂營空虛無有准備。我差一枝兵直至梂營，破之，捉進翰易如反掌，何必議乎？仰聖德擇之。」賢王聽罷大笑曰：「卿之陳謀，正合我意。今鄭氏用進翰為藩臣，坐鎮梂營，為我邊患，不譬瘡疥之疾，若不調以藥石，則成身[20]之憂。卿宜盡心依計而行，以副我委任之意。」文職昭武頓首奉命，稟曰：「進翰雖是豎子，頗有智謀，他人不能瞞過彼也。今鄭氏既以為邊臣，亦其重任，聖上若欲萬全取勝，捉進翰須用密捉。獲進翰，乞許臣修作長育庫，暗貯其糧餉，再設火號，自日麗以至思客海口。又差戰船列伏于各海門外，聲言有外國奸艚，浮于海外，常刼奪良民商船，故為此防守[21]，有制禦之策。至如南河布政州民，不論男婦老幼，亦宜傳下俱就修作長育庫，不許一人留於本州。又暗傳各處沿江，宜巡遊謹密，係布政南邊民，勿可容許一人越過北界，進翰知之，必難破矣。如此三日畢，臣密傳與廣平、布政并屯守兵，各道諸將，整備軍需，以防破敵。如分遣事完，臣差人馳稟，聖上料差正營隨候接應，則捉進翰如反掌耳，有何難哉？」賢王聽罷，大喜曰：「卿之良謀，予意已曉。但捉進翰，或急勢歟？或緩勢歟？卿且逆料，略聞其意。」文職昭武稟曰：「兵法云：『兵貴神速，利在急戰。』不可緩也，且進翰譬如猛虎居山㉒，妖蛇出穴已。聖上擇有才之將，敢戰之兵，分爲三道，水步並進。一齊到處，列爲犄角之勢，分其正奇之兵，揚東擊西，出此入彼，則進翰雖有智謀，臣料不能及斷。如此乃調虎出林，引蛇入穴之計，進翰安能逃乎？」賢王又問文職昭武曰：「我兵若渡過大瀘江，已隔河也，何謂『列爲犄角之勢？』卿可陳之。」文職昭武稟曰：「鄭氏用進翰坐鎮梂營，號爲左鎭軍營，統步兵一萬，管守正道，自櫳梳至北邊江滕市處，茂蜂爲先鋒，明朗、朝才㉓又爲左右接應，列營在美菑、櫳梳地面。右都督參將東郡公號爲右鎭軍營，水軍五千，管守下道，自海口海門至沲海門。簡忠爲先鋒，列營在海口海門津次，是北軍各爲犄角之勢也。如今我兵水步若過瀘江，北邊水兵處，沿江畔圖次分泊，其步兵分爲三道：左上上道當奮力直破茂蜂在櫳梳北邊上道；右下道據沲海門爲游兵，出橫山禦下道簡忠兵，防彼截後。存我正道兵駐大瀘江，與水軍相接，早時攻逐茂蜂到櫳梳，晚時再收兵還大瀘江，同水軍相衞，勿可與茂蜂交戰，則進翰聞知，必謂我兵以捉茂蜂爲意。若捉不得，返回南界，豈知有睥睨梂營乎？如此過後日丑時，步兵左枝上道，進攻茂蜂於櫳梳。右枝下道水兵，據沲海門。步兵進出㉔橫山，爲游兵之勢。正道步兵接從上道，兵貴神速，越過橫山，破東郡，長驅直至梂營，捉進翰如探囊取物。此用犄角之勢，而破犄角之法，兵家之妙算也。」賢王聽罷，點頭稱善，再問文職昭武曰：「何謂『調虎出林？』」文職昭武稟曰：「進翰本分所管守禦，自梂營至櫳哄。如我先鋒兵至櫳哄，茂蜂必差至梂營報信，乞兵救援，進翰聽知，豈敢坐視，必將兵還㉕來相應，若進翰兵已入櫳哄，梂營必是空虛，我兵唾手自得，是謂『調虎出林』之計也㉖。」賢王再問昭武曰：「何謂『引蛇入穴？』卿再陳之。」昭武稟曰：「北軍下道東郡管水軍㉗，自海口海門至沌海口。先鋒將簡忠守橫山陸路櫳哄，以禦我兵攔出。如簡忠守橫山，兵數自五百人以下，無有重兵，我上道兵攻茂蜂於櫳哄，宜緩緩戰，勿可急攻。彼我相持，爲疑兵之勢。待下道兵急戰，長驅東郡至橫山正道。我兵馬突出接應，隨後急戰，則進翰兵已離營，東郡走入櫳梳，談笑可得，是謂『引蛇入穴』之計也。顧㉘臣才疎學少，謀淺敢陳，望聖上揀之。談及謀臣智士，可否施行。」賢王聞罷大喜，謂昭武曰：「卿論此謀，有鬼神不測之機，造化無窮之術，雖漢之張良、明之伯溫，亦可比也。苟能運籌帷幄，不過亦如此也，何必問他人乎？自今邊疆重事，一以委卿，與順義卿可。盡心竭力，速就留屯，與順義依如議論，調度施行，我當隨後發兵應接。」遂封順義爲節制，文職昭武爲督戰，領兵進行。時人有詠昭武曰：

言語滔滔似水流，高談善論定機謀；
帳中籌算知成敗，里外詳推識劣優；
莫說虔州歌賞菊，休誇渭水笑垂鈎；
明良自有明良佐，回首棣營一旦休。

却說文職昭武奉命出朝，直至留屯，同節制順義密言聖旨如此如此。是月十三日，順義、昭武傳各海門置火號臺，及押布政營男婦老幼，不分時刻，就長育庫修作。又密傳南河大灑江水步各處謹守，係布政營民男女大小，勿許一人過河，違令者斬。至十四日未時，督戰昭武密傳廣平營鎮守義林，差人選取渠洞海等社，鈎船一百隻，准備載廣平步軍并器械聽令。又傳廣平水營戰船二十隻㉙，整點軍需戰具足備，停在日麗海門，待有號令，水步並進。至十五日酉時，發兵越海，直至大灑江江界。十六日子時，鎮守義林領廣平步兵突出，列在沌海門，禦北下道兵。其廣平水軍戰船二十隻，泊在清河南岸舊營。步軍過北界，防有後接布政道步，又密傳布政鎮守扶陽，差人選取安梟、順姑、里寧等社，鈎船八十隻，渡本營兵。待十六日子時，從順姑海門，推船越出大瀘江，與廣平水兵安排一處，以待舊營，幷正道兵並到，四更一齊開船渡河，至北邊江泊船登岸，以便聽令。分遣諸將，皆號令停當㉚，待至四更，水步各自過北界，同就帳中聽候調遣。時北軍巡游聽知，飛報茂隆，茂隆大怒曰：「南將若到，我必擒之。」乃自潛然分兵，待有南兵突來交戰，不報與進翰知道。復說是日節制順義，督戰昭武陞帳會集諸將，傳令分兵，差布政鎮守扶陽領本營兵突入芙蒥、櫳梳，襲破茂隆。差舊營鎮守大勝領本營兵直至滕市，攻破明朗，接應布政兵。節制順義、督戰昭武統壯健屯營兵在中和社，其留屯各奇，並屬從正營，以防接應各道。如正道鎮守扶陽兵攻破茂隆，若茂隆敗陣有走還櫳梳，宜緩緩追之，勿可太急，至晚時再撤兵回江邊，與水軍相應。諸將領計而退。却說鎮守大勝領兵攻破明朗，明朗大敗，爬山而走。鎮守大勝分兵先據其營，再望正道兵前來接應。鎮守扶陽領正道兵突至茂隆營，撞遇茂隆，兩軍交戰數十合，未分勝負。適大勝兵至，兩軍夾攻，茂隆大敗，望櫳梳逃走藏隱。鎮守扶陽麾兵趕上，直至黃昏，二將收兵，返回江邊駐札。且說是月十四日，進翰在棣營閑坐賞花，忽有土山社尙卿擢郡入㉛營相見。進翰請入，分賓主坐定，談論古今㉜，至値明月時候，忽見南角上有烏雲一朵，形甚尖銳，穿入月中，月色勃然暗淡。尙卿擢郡仰面看之，見有不祥之兆，心下疑惑，因問進翰曰：「左都督今朝將有行何事，故備辨禮物若此？」進翰答曰：「吾於本月十七日，有嚴君臨終之日。關山遠隔，公幹在身，但父子之情，心頭實難放下，因暫辨些小小盤饌，至日舉行，庶伸孝思。」尙卿擢郡謂曰：「此日正賊兵臨城，左都督當有大厄，何得伸孝思耶？」進翰聞言大怒，厲聲曰：「果如子言，賊何從來？」尙卿曰：「從南方至矣。」進翰喝曰：「那横山如長城截路，苟有再生項羽，亦未能拔倒以過，況南賊乎？倘南賊人有兩翼，一齊飛越而來，吾當盡砍爲肉泥，不許一人走漏，有何懼哉？」尙卿擢郡曰：「老夫爲左都督言之，聽與不聽㉝，任從都督心上，老夫何干？但老夫疲弱，乞賜馬一匹，早得返回，免遭兵火之厄。」進翰微微冷笑，許之，尙卿擢郡慌忙著履，上馬辭去。進翰顧謂從傍人曰：「俗儒之輩，不過飾辭竊寵，瞞詐㉞匹夫，何曾有箇籌略者哉？今縱此言，尋即乞馬馳去，何其怯懦太甚？」韓蘇曰：「驗彼是言，思之似乎有理，相府宜仔細審之。古云：『狂夫之言，聖人擇焉。』」進翰大笑，搖頭連謂：「勿聽、勿聽。」至十六㉟日鷄鳴時，進翰當令隨從手下排將禮物登盤，未有行禮，忽見小卒飛報，南兵越江破三校㊱營，茂郡大敗，棄兵望櫳梳急走，乞左府急提大兵救援，免其有誤。進翰大驚，不及傳報，急出㊲現在軍士，馳就櫳梳接應。

再說南兵於十六日，大破茂隆於三校㊳，反撤兵回江畔。時酉末戌初，節制順義升帳，諸將文武會㊴，謂諸將曰：「聖上令我等率兵伐僭，今兵已過界，現破二營，北軍亦挫銳，今公等將用何策，捉得進翰？則彼等膽落，願聞其說。」文官記錄盛會曰：「兵法曰『以實擊虛則勝，以虛擊實則敗。』」節制順義問曰：「何謂『以實擊虛則勝？』」盛會曰：「夫兵者，以廣量數法爲先。於昨日我兵破茂隆於櫳梳㊵，逐明朗於滕市，進翰聽㊶知，必發大兵守橫山幷海口門，我兵已難過。莫若差下道水兵出海口，襲彼後背，據沿海民家，放火爲號，使賊徒望見煙火，謂我已取了地方，則心腸㊷自裂，尋箇便路奔走，何暇算得守橫山乎？若彼不守橫山，則我兵乘此突過，譬如疾風吹敗葉，急雨打殘花。大軍直指㊸棣營，進翰可得，此『以㊹實擊虛之法』也。」節制順義聽罷，言曰：「此計雖妙，但其太急，恐失民心。」再問督戰昭武曰：「聖上令旨若何？公宜略述一遍，俾諸公得曉從令。」督戰昭武曰：「呈聖上令旨㊺，傳㊻與貴兄，宜節制水步諸營將㊼士，分扒調遣，戰鬪攻擊，隨機應變，盡在元帥，任其所制，是言密傳聖旨㊽。如諸將或有違者，啓奏王庭，依律不恕。」節制順義聽罷望拜，謂諸將曰：「內則王令，外則將令，玆我與諸公並食君祿，當同心以報君恩，勿可恃才能，執其所見。故違軍令者[49]，即按以軍法，不恕。」諸將皆應聲曰：「奉節制將令。」於十六日申時，節制順義即下令：「先差下道正營兵掌奇春山爲先鋒，廣平營鎭守義林爲第二隊，該奇威禮爲第三隊，該奇茂花爲第四隊，該奇義祿爲第五隊，節制順義率壯捷營爲正隊，遵依圖次而行。又令該奇朝儀爲左衞陣，該奇扶才爲右衞陣，前銳奇屬督戰昭武爲後合[50]接應，各各依傳准備。今夜三更造飯，四更初刻聞砲聲即行，限日平明直至梂營攻破，拿捉進輸。務獲，勿容走脫，是爲首功。再差上道兵布政營鎭守扶陽爲先鋒，舊營鎭守大勝接應進兵櫳梳，徐徐攻破茂隆，不可有急。至午時二將可努力大戰，捉守茂隆，倘或彼走脫，即當引兵沖接下道兵，截捉進輸[51]解納，不得違令。」諸將領命回營，准備聽令。時天色清朗，四更忽至，節制傳發砲號三聲，諸將各依圖次進兵，但見：

兵威凜烈，劍戟凝霜，鉦鼓動青天，旌旗森綠地，象馬滿山塞野，戰船溢海滿[52]江，波上似龍行，山頭若火焰。

復說下道先鋒將掌奇春山，十七日寅時，率兵直至橫山，沖擊東郡。此時東郡無有准備，南兵洶湧而至，如雷轟一發，不及掩耳，衆兵驚惶走散，東竄西逃。東郡單身急走，投落川下社去了。掌奇春山捉獲雄象二隻，器械銃彈，不可勝計。驅兵直至梂營。時鎭守梂營左都督進輸，自率大兵入櫳哄救茂隆，營中惟委小將秦沛、紀紹二人在此。見小卒自石盤滾走而來，報謂南兵於下道已破東郡，勢必直至梂營，不免圍住，報罷，南兵至，已圍了營外。秦沛、紀紹聞知大驚，急率兵百人，伏在內城平林廟處以待。是時，先鋒掌奇春山見空營，無人保守，以爲唾手可得，遂催兵突入，直至平林廟處，忽見林中一軍突出，乃是秦沛、紀紹二人揮兵鏖戰，秦沛十餘人。

掌奇春山見秦沛勇悍，急退兵石盤溪，據溪拒戰，兩軍相鬪，約二十合，忽見西南角上，塵頭蔽日，金鼓喧天，一軍似蜂擁而來，乃是節制順義大兵接至助戰。勢如地震山搖。秦沛大驚，措手不及，為亂軍所斬。紀紹假作軍人，越溪走脫。節制順義、掌奇春山會兵屯于椂營，招降士卒，遂據椂營。於是三軍突入進翰家中，見酒肉盛陳最多，三軍相爭飲食殆盡。後人有詩贊曰：

凜凜威風達彼蒼，長驅甲士掃邊疆；
金戈揮似龍蟠海，鐵馬馳如虎踴崗；
早發雷轟狐兎怯，急興電掣虺蛇藏；
雄師一奮狼煙息，名播中華孰敢當。

再說未明，上道兵先鋒將鎮守扶陽，同接應鎮守大勝，督戰昭武諸將等，催兵破茂隆、進翰於櫳哄。但督戰昭武先已預算，乃引本部兵出腰愈山，伏在深林處要路以待。其鎮守扶陽、鎮守大勝，出兵急攻茂隆、進翰在櫳哄上，那南兵人人彊壯，個個英雄，無不以一當百。北軍茂隆失勢，膽裂心慌，莫敢抵敵，遂望山中急走。但山勢壁立，無處可投，乃棄甲來降，節制順義納之。進翰大敗，引敗兵走至檢弩，部下從象後者倣存二三百人，皆身被重傷，手無寸鐵，號哭[53]之聲，道路不絕。遶橫山嶺後而走，至白石崗，將過腰愈嶺[54]，見無南兵踪跡，進翰仰面大笑，謂衆者曰：「倘南將有智謀者，先伏[55]一枝兵埋伏，截我歸路，則我等並皆休矣。」言未絕，忽山坡中突出一員大將，鶴體龍鬚，麟眉鳳目，甚其雄勇，似湧泉而急至，揮兵衝擊。進翰看見大驚，問曰：「南將是誰？乞通名姓。」應曰：「我南朝督戰昭武是也。」進翰怒曰：「南兵辱我太甚，大丈夫寧死於戰場，以馬革裹屍，是其願也。」即催兵交戰，銃如雷動，彈似星飛。此時督戰昭武所騎雄象，象怯退出，督戰昭武慌忙下象步行，催兵急戰，彼我相持，未分勝負。督戰昭武快望進翰射銃一發，早中進翰左臂，翻身落下，本隊衆軍救免，逃入山中藏56隱。督戰昭武差軍追尋拿捉，不知去向。時日已申牌，忽見節制順義令傳各道諸將會兵57，放火焚燒東郡二營，煙火熛天，家房化爲平野。焚營畢，各道兵皆至檢弩。其上道先鋒58鎭守扶陽、鎭守大勝，呈節制順義曰：「某等願引兵拿進翰，以絕後患。」節制順義曰：「進翰敗走，力盡勢窮，譬如遊釜之魚，落坑之犬，何足道哉！但玆日已黃昏，山川路途59，衆並未曉，莫如分兵列寨，暫歇一宵，待明尋問土人，探知消息，捉之亦可。」諸將曰：「奉節制將令。」皆自歇息。至十八日平明，督戰昭武引兵至落川下社，掌奇春山兵至棣營，鎭守扶陽兵至椅櫛，鎭守大勝兵至山脚路，各奇隊兵隨後接應。捉問土民，皆言不見，諸將各引兵同進至兩邊江。鎭守大勝，差人尋訪60社民，問進翰消息，適有小民告曰：「臣聞往日左都督進翰被南兵攻逐，大敗逃走，隱在民家。招集殘兵，收拾器械，謀圖攻奪南兵，以報前仇。」裨將榮陽阻曰：『今我軍已逃南竄北，戰將皆隱嶺藏岩，其器械藥彈糧食既無，而象馬銃船旌旗又盡，況左府身帶重傷，勢難與彼相持。莫若退屯寨甕表奏朝廷，乞差兵救援，以圖收復。仰望左府移居靜處，訪求良藥調治，待有痊可，選將練兵，報復未爲晚也。且玆南兵將雄軍壯，氣銳難當，若與爭鋒，戰之則敗，望左將詳察之。』進翰聽罷61，兩手拳席，大怒，仰天大叫曰：『皇天不佑，致使昭武辱困進翰若此，翰誓與昭武不共戴天之讐。』說罷又怒，其瘡愈痛，叫聲不絕，榮陽復勸，乃止。是夜五更，進翰退兵還[illegible]城市處屯札，訪求良藥，寫表申奏，乞差兵救應。」探人聽知民說如此，回呈鎭守大勝，詳其本末。鎭守大勝卽差人將捷書報致，節制順義看畢，喜曰：「進翰死在旦夕。」說罷，乃差將臣吏文舍齎捷書呈報督戰昭武知會。督戰昭武仔細看畢，謂諸將曰：「我等一舉成功，中都唾手可得，何況進翰，而無獲乎？」遂差將臣吏綏武呈來節制順義曰：「都督昭武62乞進兵列在永橋、永賴等社地面，先者逆其進輸歸路，後者招諭[63]北邊豪傑歸降，防有錄用。」節制聽畢，令綏武速回呈與督戰昭武曰：「如此是兵家之大要，甚合我意。但諸將等奉命出行，未有申文奏捷，我請督戰暫回，與諸將公同修作禀文，差人申奏聖上曉知，庶免我等專輒。」綏武奉命返回呈報，督戰昭武，即日來節制昭[64]順義帳中，與諸將公同寫禀文，差人星夜馳禀進上。賢王接禀觀之，禀曰：

奉差平定北寇諸將文武等啓洞。

聖上明照，臣奉王命發兵，水步並進，突過大靈江北界。會同遣將調兵，於本月十六日早時，上道先鋒扶陽、大勝破茂隆於櫳哄，長驅直至櫳梲，茂隆現[65]已降服。十七日下道將義林、春山越過横山，驅東郡而奪梂營，逐北軍進於檢弩。正道節制順、督戰昭斬秦沛於石磐，追進輸於腰愈。兩軍相鬪，頃刻之間，督戰昭一射，進輸被跡。彼軍救免，潛隱逃亡。節制順率兵大戰，而北軍膽裂心寒，將兵怯懼，皆遯于岩山，失措驚惶，莫能立脚。走回駐堝城市，招兵集將，欲以報仇，因糧食不敷，器械全乏，進輸差人表奏天子，啓達清王，內乞差兵救援。況鄭氏以進輸為勁將，賴鎮藩籬，臣等蒙聖上之洪福，兵出有名，一舉而卷席兇徒，再戰而長驅偽黨，臣料進輸如魚已入罟中，早晚必成擒之。謹進啓章，仰蒙聖覽，臣諸將等百拜上啓。

賢王覽啓畢，大喜，綽髯謂諸將曰：「我得順義、昭武，破鄭必矣，眞虎將才也。」諸將皆不無喝采，拜賀稱揚。賢王令差將臣吏文嚴，遞賞物頒賜諸將，及犒勞三軍，并密旨就北界傳與節制順、督戰昭聽令。旨曰：

令諸將等，前經奉命破捉進輸，是卿等皆有勤王竭力之心，故能一舉成功，予實殊思喜慰之過。予今上賴皇天庇佑，祖宗[66]扶持，下恃諸英雄，三軍勇鋭，君臣協力，上下同心。我欲席卷中都，長驅北偽，滅鄭氏之頑僭，扶黎室於傾危，量此進輸是[67]兒女，且進輸本鄭家之心腹，決不可容。兵法云：『先斬其枝葉，後除其本根。』使北軍不敢正視我軍之鋭氣，前者令中都心寒，後者令四鎮膽裂，是南朝[68]之英雄也。諸將宜恪遵令旨，協力奉行，俾副予心之望。

諸將等聽令，望拜受命，各自奮志，欲復中都，削清海宇，立萬世之功名也。王再密傳與督戰昭武曰：「夫攻擊征伐，我委于卿，惟卿陳謀，捉茂蜂，破進輸，驅東郡，取梂營，直眞[69]妙算，我心稱矣。但進輸敗兵失勢，隱于民家，或此處民夫，見進輸尚在，則難於收服人心。急宜設謀，捕捉剿滅兇徒，絶跡招誘兵民來降，是爲上策。如有論謀定計，同節制順義，相與協心，不可疎虞，切須謹守。如昭武或以撫集義安處將士兵民，收得幾何，寫簿差人調納，全宜存恤人心，以樂歸向。卿宜思之，副予所委。」督戰看見，望拜受命，感恩不已，即修寫義安新降將士、兵民簿籍，及進啓文，交與文嚴回稟。文嚴領取，星夜馳回入朝進稟，王折視其文，稟曰：

臣昭武稽首百拜上稟：

聖德明照，玆臣見金言，委任大事，臣愧才疎學淺，少智寡謀，誤其聖用，頗臣上蒙聖德知遇之恩，下賴諸將同心之力，以致進輸被其毒手，兵敗身傷，慌逃亂竄，伏跡潛踪。今聖量欲其剿滅，況進輸雖閹官之人，是智能之將，鄭氏以為彊勁。方今聖上意欲恢復中都，削平四鎮，必須收集英雄，招撫豪傑，不可緩也，臣乞作諭言：招進輸來降，以助南兵一臂之力，可謂虎狼而生翼也。彼若堅心不二，後可從反間之計，使彼君臣自相屠戮，不待我張弓揮劍之勞。如有招集得布政、義安、奇華、石河等縣將士兵民來降者，乞聖德旨許官者仍其舊職，兵者給賜錢糧，民者免於賦役，如此則北朝將士，日以附致，處百姓降伏服。臣乞選兵，立為隊伍，置將管之，以備差撥，此以秦攻秦之法也。望聖上詳察焉，今稟。

賢王聽罷，大喜，急差文景傳令，與節制順、督戰昭依此而行，早回報稟。二將奉命，即寫諭書。差祿鮮藏入懷中，潛出葛氏，訪尋親弟名朝朗，報說此事。其朝朗是進翰部將，接取諭書，入呈進翰曰：「南主聞左府之名[70]，愛如珠玉，令諸將遞密書敬呈左府，欲諭來降，任爲大將，委作棟樑，是其眞心也。南朝諸將差祿鮮遞書敬就，現候在門外，望左府自裁。去就若何，說與祿鮮知會，回報南朝諸將曉知，自來迎接。」進翰接書開看，書曰：

南朝元帥順郡公、督戰昭武侯諸將等，敬書于

左都督副將尊公麾下：蓋聞天地有陰有陽，有陰陽則有消有長；日月有升有降，有升降則有盈有虛。竊見左都督志蘊經綸，心藏韜略，上篤匡扶王室，以顯大才；下思賑救生民，以敷實惠。夫鄭氏凌君罔上，蠹國戕民，外名為黎臣，內[71]實為黎賊。上挾天子，下刼[72]公卿，猜忌英雄豪傑，廢黜將相名臣，人各耳聞目覩，豈有虛説者哉？況在都督能識時達理，衆並以英雄稱之。茲而背暗向明，都督誠非難料，且吾等常聞『良禽擇木而棲，賢臣擇主而事』，古之英雄豪傑，皆有此也，豈吾等敢以非理而相逼乎？當今南主明公，德敷遐邇，恩普群方，屈己以求賢，傾身而待士，志扶帝室，心憫黎民，聞都督之才能，慕都督之名望。如都督今日肯傾心向服，不但嫌疑盡釋，其於功名富貴，亦必共之。倘或都督執迷不悟，身雖目前權貴，不免世人之貽笑，以其臣莽，編之靑史，千古污名。又恐一旦崑崗[73]玉石俱焚，靈芝與腐草不分，瑞鳳與雌鷄同窩，望都督詳察之，幸甚。今書。

進翰將書翻看數次，忽睜目大怒曰：「吾事鄭王，相愛甚重，富貴已極，其恩不淺，豈今日再圖二心，妄求富貴，而忘大義乎？且吾嘗聞『忠臣不事二君，烈女不更二夫，』今南人敢以亂書投我，使我爲不忠之人乎？」說罷，喚小卒急捉祿鮮，調回王府斬首，以消吾恨。裨將朝蘇阻曰：「自古兩國相爭，不殺來使，況祿鮮乃彼役使之人，一箇小卒，殺之何益？不如逐回，以彰其德。」進翰聞朝蘇之言，其怒消解，謂朝朗曰：「爾速與祿鮮速回，說與南人，吾願生爲鄭臣，死爲鄭鬼，豈效小人之輩，朝夕二心，而圖爵祿乎？吾寧死決不降矣。」時人聞知，有吟詩一律云：

閫外人臣奉命行，九重恩重一身輕。
忠臣既説無雙事，烈女曾言不二更。
莫謂徐公無染濁(74)，且言虞氏有留清。
閑觀自古漢唐世，閫宦如君得幾名。

於是朝朗出說與祿鮮：「進郡堅心如此，兄急早回，免遭其禍。」祿鮮聽罷，急逃回，將進翰所言，從頭說過一遍。節制順義、督戰昭武聽言大怒，昭武乃與節制順義曰：「狂夫小輩，宦監鄙夫，敢出驕傲此言，留之恐爲後患，須用間諜計圖之，以消其恨。」節制順曰：「然，公早行之。」二將雖怒，再稱曰：「彼眞忠義之人，世無及也。」於二十四日，卽令屬令史名文芳領金銀幷間諜，從暗路潛至中都，尋問親弟名文祥。先呈與親父都督禮郡詳細，齎金銀與間書呈與戶部尙書左都督崇郡公，報知進翰之過，將計殺之，以絕後患。且都督禮郡及都督崇郡，是貪饕之輩，諂佞之徒，原與進翰有隙，因此賂賜財物以謀之。於是文芳領計，從其間道，不日夜至中都。尋得親弟名文祥，先訴弟兄遠隔之情，後陳說奉差之事，說過一遍，二人同入親父都督禮郡府中。文芳哭拜，訴其父子久別之由，受失其朝省暮看之罪。再呈南朝諸將差遞敬禮物，又訴以密意如此。都督禮郡聽罷大喜，即同文芳、文祥來呈戶部尚書左都督崇郡府中。文芳望拜，呈以南方諸將愛慕尊顏之德，日常稱揚，特差賀金銀，先爲敬禮，以表寸忱。又上密書遞進。崇郡大喜，收納[75]進禮，接受密書，移坐密室，折書看之。書曰：

南朝節制虎威大將軍順郡公、參謀督戰昭武侯諸將等，拜書于

北朝戶部尚書左都督麾下：蓋聞有天地，有民物，民物得所而天下和。曰朝廷，曰公卿，公卿得人而朝廷正。古今不爽，經典猶存。竊見貴官真廟堂偉器，是樑棟宏才，理審愛國憂君，務在除奸去叛。況玆進輸乃閹宦之鄙夫，任為大將，管鎮藩籬，理宜盡忠報國，何出狂妄[76]之態，獨招禍亂。再恃而自矜，視朝廷如無物。譬如井中蝸子，豈知蒼天之大歟？曩於戊子年，潛以鼠謀雀計，今特以進輸三罪陳于前，庶憑鑒諒！使部嘉捐身而入內界，侵犯壘捍，南主差一將之雄，威揚貔虎，早發雷轟電掣，部嘉縮頸寒心，使之片甲不回，以致火焚水溺，如此無所慙愧，其罪一也。至於甲午年，又差茂隆潛過南界，盜捉僧尼婦女童子，割馘帶回，詭奏謂破敵，自誇其功。如果有破敵，是為將之任，可也，況其僧尼婦女童子，實無戰鬪，有何罪焉？而差軍妄殺，以為己功，是上慢君王，下[77]欺朝廷，其罪二也。逮于今年，自先啓釁，差茂隆潛兵過界，盜捉巡軍，自誇勇悍。古者為將，有如此乎？而[78]進輸敢有自專，妄行小謀，而不圖大事，以致南北爭鋒，百姓軍民枉死，其罪三也。玆南主仁慈大量，不忍赤子之無辜，擬捉進輸，再憐生[79]民之塗炭。南朝諸將等，見進輸是雌鷄之唱亂，茍欲容而法難容，欲恕而律不恕，再三禀乞，出兵有名，一舉而卷席棣營，再戰而進輸敗績。隱幽藏避，力盡勢窮，使茂隆先已來降，而進輸後求歸命，願為內應，以為進見之功。南朝諸將怒曰：「先招禍亂，亦在此人，後

乞歸降，皆在此輩，是忘義背君之匹夫，用之何益？」為此我等未納。彼已謀反中都，我等本欲乘機，居中取事，然為之者，又非丈夫也。特差文芳密報消息，但文芳是貴官之族屬，性有謹慎，定無漏泄。今進翰驕慢如此，唱亂如此，反心如此，其罪可謂滔天。況貴官乃朝廷之宰輔，社稷之棟樑，理宜遠慮，可無近憂，願公詳審之，則國家幸甚。今書。

左都督崇郡公大怒，問文芳曰：「此事果乎？」文芳呈曰：「這等事情，臣皆目覩，非有虛說也。」崇郡聽言，罵進翰曰：「狂夫小輩，唱亂背君，其罪比同山海，況前日辱吾太甚，時乎不報，更待何時？吾決稟知王上，拿來問罪，不可容也。」二十九日早時，左都督崇郡同都督禮郡入朝，伏奏皇帝，拜稟清王，陳奏進翰棄失棣營、橫山、布政各處，欲降南主[80]、及萌心反叛之罪。前後奏畢，清王勃然大怒，召朝廷文武公論。兵部少尉豪郡稟曰：「南兵侵界，其銳正彊，急宜先差勇將雄兵，入守義安，鎮禦賊衆，撫慰民心，免其驚怖。後差一將領兵，入捉進翰，調回朝廷問罪。遲則走脫，更生一敵，是兩全之計也。」吏部尚書雲臺出稟曰：「如差兵守禦，速宜議之，若捉進翰，不可急也。況進翰雖宦豎之流，亦有忠勤之志，旣通韜略，頗有英雄，眞才將也。或南兵畏懼，縱反間之計，使我君臣，自相誅戮，使彼居中取事，願王審察之，免中他人之計。」清王不聽，切齒大怒。夏五月，差太保溪郡、都督隴郡，率水步三萬，入守義安，以禦南兵。又差署衞禮祥引兵往捉進翰，調回朝廷問罪。却說署衞禮祥奉旨出朝，整裝上馬，望義安直往至厰江，途中撞著進翰來路。禮祥停鞭問曰：「公那裡去？吾今奉王旨在。」進翰曰：「王旨有何公幹？」禮祥曰：「王旨來捉左都督調回朝廷問罪。」進翰聞傳王旨，大驚，慌忙下馬受縛。沉思良久，以為前日鎮守義安，不能捍禦南兵，喪師失地，致差捉回治罪，初不知被人反問之意。及細問在京隨行來人，始知顛末，乃悔曰：「我若聽祿鮮之言，則免今日之禍矣。玆事已如此，當復奈何？」且瘡痛甚重，忍耐而行，晚至驛亭，遂告署衞禮祥曰：「我身被重瘡，痛不可忍，乞暫寓驛舍一宵，明日再行，未為晚也。」署衞禮祥聽說唯唯，乃傳軍暫投驛亭安歇。是夜進翰獨坐竹床，憂怒倍加，仰天嘆曰：「進翰身為宰相，任既最重，責亦甚大，今管守梂營，其城失而身尚存，非英雄也。苟勉彊隨人回京，何面目見天下之人乎？」因長嘆三聲曰：「皇天照否？鬼神明否？鄭王識否？嘆乎，時也！[81]命也，運也！」嘆罷，遂飲毒而死，壽五十四歲。時人有詩嘆惜曰：

忠義常懷志不移，堪嗟身事與時違；
石崗帶跡人堪嘆，驛舍吞仇世可悲；
昔日曉公哀未已，今朝翰將淚空垂；
驗知富貴三更夢，世上何須論是非。

明日署衞禮祥聽知，乃傳軍人暫且權葬[82]，以事速回拜稟。清王聞稟，悔曰：「吾中奸計，悔之何及！」乃深自惜之，許將[83]骸骨回貫殯葬，以表忠魂。

於是細作文芳聽知大喜，拜辭親父，與誘文祥來降。兄弟二人，星夜馳回，報與督戰始末如此。督戰聽罷，喜不自勝，撫掌大笑曰：「我心施計，除却進翰，勝殺北軍千萬，其中都指日可得。」即時差人呈報節制順義，知其進翰如此，如此。節制順義得信倍喜，乃拂袖言曰：「鄭家大運將終，羽翼既除，則一身如鳥折翼矣。」即與督戰昭武差將臣吏廣忠將文芳、文祥回朝拜稟。廣忠奉命[84]，星夜回至舊營，入朝望拜，稟知進翰始末之事。賢主聽稟大喜，笑曰：「順、昭施謀，無不應驗，眞當今我之伏龍鳳雛也，清都待時休矣。」遂令內差才奐、都禮齎賞物就義安，及傳遍竪招安[85]木牌，禁軍擄掠，以安民心。再重賞節制順義黃金三十兩，白銀一百兩，絹稅二十疋；督戰昭武黃金三十兩，白銀八十兩，絹税二十疋；私賞寶劍一柄，錦衣一領。其文武諸將，各皆重賞有差，與運扮[86]官糧錢，犒勞三軍畢，又賞文芳、文祥每人白銀二十兩，以表功勞。才奠、都禮領旨早至義安，頒賜諸將賞物，各道望拜受。賞畢，才奠又傳節制順、督戰昭曰：「王旨傳二公下立木牌，招集將佐百姓來降，禁其兵夫擄掠，以樂民心，以安歸向。」又傳急定計率兵進取中都，聖上發兵尾後接應，勿得牽誤。如國家大事，皆委于二公，相與料量。二將受命，卽日傳立木牌，招安將士兵民，其牌曰：

奉差節制諸營虎威大將軍順郡公、參謀督戰昭武侯，為招安牌，禁布政、義安二處，奇華、石河等縣，各社民，并將兵等知會事，由彼跋扈臣鄭氏，萌心纂奪，累許彊兵侵擾邊境，良民被其荼毒。曾已移詞諷諫，舊惡不悛，朝內文武諸臣，肅將伐叛，剿除賊黨。天戈所指，風火隨興，雷霆之威，到處恐怖，莫不縮頭寒心，移東就北，或逃居平原草野；或深隱窮谷深山，日往月來，未知所止。茲承令諭，俾得咸知，爾等宜胥相遍報，相率來降，民者樂其生涯，官者仍其舊職，以體好生之德，以昭廣納之情。又茲向後，諸奇隊船等，及附近員人，無得攪擾，擄掠民財，脅奸民女[87]，燒毀家園，刼奪六畜，再取生花等物，違者許見知員人提捉的身，并贓物，引就營門解納，按以軍憲。

須至招安牌禁者，自招安牌一下，義安處官民看見，皆怨清王，欲降南主。時有參督明朗密請署衞朝蘇議曰：「我聞南主英武有餘，仁恩廣布，諸將協力，百姓歸心，眞當今之眞主也。其如鄭主，上則欺慢天子，下則凌殺公卿，天禍人災，殆無虛日，莫非天運將終乎？今我等若久從之，不免後世之貽笑，古云：『不明去就，非是丈夫。』」朝蘇曰：「參督之言是也。」遂決志南降，乃招集義安處署衞秀龍、威布、嚴俊、橋都、添崇、該隊纘武、潛雲、宏雲、禮全、顯忠，書記洪嶺、少海，隊次寧祿、朝華、朝雄、都禮等，並將家屬妻小，及象馬器械士卒，就節制寨中納欵。節制順出帳迎接，設宴厚待，諭曰：「公等能識時達理，背暗向明，並是英雄豪傑也。」參督明朗起身稱：「小將等久聞南主寬仁厚德，恤衆愛民，乃當世之明主，本欲歸降久矣，但去向無由。再聞節制之名，如雷灌耳，玆因乘時，得覩尊顏，是三生之有幸也。」宴罷，各宿帳中。至後日，節制順始選降兵，立爲奇隊，降將分屬各營隊。修寫新降簿籍，差將[88]吏文舍遞回稟進。王看見新降簿，將兵及吏民甚衆，大喜，急差才奠賚銀帛重賞諸將，及頒許新降等，以慰歸降[89]之情。又密傳節制順、督戰昭曰：「閫之內在予所制，閫之外，二卿早當分撥調遣，以取中都，顯君[90]等之名，副予心之願。」節制順、督戰昭聽令，望拜受命。於是節制順升帳會集諸將文武議事，忽見社人名演祿來降，呈曰：「臣在中都，聽知清王聞進翰失師喪地，差太保溪郡公爲元帥，吏部左侍郎文濯伯爲參謀，領兵二萬，收復梂營。再差內監都督同知隴郡領戰船五十隻，守奇羅海門，防禦南兵，致臣特來訴報。」節制順聞言，問諸將曰：「賊兵如此，我當分兵列陣以待，若賊初到，我軍急攻，一鼓可擒也。」督戰昭武曰：「此賊奪戰之法，今賊勢大，難以爭鋒，兵法云：『知已知彼，百戰百勝。』『多廟算者，是貴乎兵』，況賊兵倍，我以少拒多，必難取勝，不如設計取之，可獲全功。」節制順問曰：「計將安出？」督戰昭曰：「今我兵暫撤回南界，屯札清河地面，示其以弱，密差一勇將領步兵并雄象設伏在櫳梳，差一將領水兵屯海門以待。如溪郡引兵直至梂營，見我兵已回南邊，彼自矜誇，以爲我怯，必彼自恃雄勇，無有准備，我因此乘其懈怠，我發兵襲破，則溪郡成擒矣。若隴郡外軍在奇羅海門，聽知溪郡兵敗，自將走矣，我水兵乘勢追襲之，則獲全勝，此一舉兩全之計。」節制順聞之，大喜曰：「此計甚妙，我宜依此密諭各將而行，遂令該奇雄威侯領兵三千，雄象三十隻，伏在櫳梳深處以待。又差掌奇雲龍侯領戰船二十隻，伏在沌海門密處，聽令急攻，勿得有誤。其大兵撤回靈江邊清河屯札，以防攻擊，仍許細作人名演祿、文賢探聽賊情虛實，早回南邊報說，不題。

却說北將太保溪郡領兵直至棶營，見南兵已回南界，但留空營，溪郡且疑且喜，乃召隴郡參謀文濯諸將文武會同議事。溪郡問曰：「南主差順義、昭武領兵破左府進翰，已復棶營幷各處，何故又棄地返回南界，無有留兵守禦，不知意思如何？或聞我兵大來，潛謀設伏；或懼衆寡不敵，先計逃回。兵法實虛，且難逆料，公等宜盡底蘊，論料如何，俾得濟其兵務。」參謀吏部左侍郎文濯對曰：「曩者左府進翰坐鎭棶營，多番輕敵，觸起戰爭，百姓驚惶，人民愁苦，以致兵敗身亡，方今聖德差元帥率兵收復棶營，大兵未至，而南兵先已自回，非是怯弱之意。且南兵武有順義、文有昭武，是皆勇智[91]之將，三軍乘勝，銳氣方張，今棄棶營，某恐其中必誘敵之計。況元帥坐鎭棶營，臣論有三不利之事，如待事之後，不免如左府進翰之故事矣。」溪郡大驚，問曰：「何謂『三不利』，願參謀詳說之。」文濯答曰：「今布政奇華縣，兵民已降南主，倘南兵進攻，奇華民則爲內應，腹背受敵，元帥何以制之？一[92]不利也。況棶營水步懸隔，無有接應，難以憑依[93]，攻擊既難，進退不易，是二不利也。棶營地勢逼狹，進退不便，如南兵象乘勢突過橫山，長驅直進，我兵難制，是三不利也。不如還兵屯落川下社，防有不虞，是爲上策。且此處前有大河廣濶之地，易於戰鬪，水步相接，應變隨機，是兵家大法也。此某之淺論如此，望元帥自裁，免中南朝之計。」太保溪郡聽文濯之言，點頭曰：「卿言有理。」遂傳令回兵，就落川社屯札，論謀定計，以禦南兵。

細作人文賢聽知其如此，回報節制順義、督戰昭武聽知，二將聽言，深恨曰：「文濯小輩，焉敢[94]識我良謀，以致溪賊藏避！」其心半信半疑，又差細作再探聽得實，經一月間，未知消息如何。至七月，忽見有布政北河委蘭社人名和武在中都來降，報說始末。如演祿、文賢所言，又呈曰：「溪郡屯在落川下社，差軍約五六百人，巡游梂營，朝往暮回，以爲聲勢。突入森屯頭等社，巢穴民家，掠取禾穀、生花、鷄、猪、牛犢等物，奪回落川下社，分許軍士，無有屯兵梂營。」督戰昭武聽知[95]，遂詣節制順義帳中，報說此事。二將論曰：「溪郡奉命保守梂營，而棄布政、奇華之民，回兵屯在落川下社，又奪取民間財物，一則兵絕其糧，二則將無鬭志，攻守之間，自有定議，但今聖上未曉緣由，合寫啓文，差人回稟。」不日已至舊營，入朝拜稟，其啓文曰：

奉征臣順義昭武等具啓上稟

聖上御覽：方今溪郡領大軍入守梂營，志在揚威耀武，已經月餘，未曾一戰，屯據落川，分兵固守，不敢正視我兵，惟日日脅掠彼民財物，一則兵疲而饑渴，二則將怯而心寒，茲見人心，已知天意，早晚必撤兵回，爲保全之計。若彼退軍時，臣等發兵從後襲擊，席卷長驅，務至中都，以擒鄭氏。乞聖上急差勇將雄兵隨後接應，差水軍屯住靈江，每發大礮，一則示我聲勢，一則恐彼兵將。又臣論賊兵雖多，而無鬭志；賊將[96]雖廣，而少勇謀，古者曹兵百萬，猶敗東吳；與赤壁三千，猶拒諸葛，何論多寡而憂賊黨乎？臣等少謀淺智，望聖上神機妙算，臣等頓百拜。謹啓。

賢王覽啓畢，大喜，遂差將吏臣秉略就清河密傳與節制順、督戰昭曰：「此謀最善，甚合吾意。節制宜公同諸將，分撥調遣，或彼退兵，宜乘機急攻，勿得懈怠，長驅直進，不許賊兵反顧，吾當親率大兵，隨後接應，收取中都，擒滅鄭氏。溪郡身下瘡疥[97]之疾，勿許久居此處，將士離心，更難再舉。」二將奉[98]聖旨望拜受命，卽日升帳，會集諸將。分遣正道鎭守扶陽爲正先鋒，該奇純德爲左先鋒，該奇奎勝爲右先鋒，該奇延祿、盛會爲左右衞陣，節制順、督戰昭爲中隊，掌奇朝康領雄象三百隻，并正營隨後接應，聽令發兵，直破太保溪郡在落川下社[99]，加上道忠義將茂隆領布政、北河兵四隊，廣平兵五隊進左枝，掌奇春山、該奇扶才、文官貢覽進右枝，鎭守大勝隨後接應，聽令同發兵破廸郡在落川上社。分遣已定，節制[100]謂諸將曰：「我等食君厚祿，報國重恩，宜遵圖次，直破賊徒。兵貴神速，長驅溪郡、廸郡，捲席中都，竹帛名垂，只在今日，違令者軍法難容，成功者必當重賞！」諸將皆歛手曰：「奉節制將令！」各歸本寨，看點器械，准備聽令進發。兵將[101]皆歡心喜志，磨拳擦掌，志在進取中都，擒滅鄭氏，譬如盆內捉魚，坑中捕鹿，何有難哉？忽有永馨社民就哭訴與督戰昭曰：「太保溪郡是兇暴之徒，縱軍戕暴百姓家園，擄掠民間財物，收回入己。人人隱匿山林，個個逃亡河海[102]，父南子北，夫東妻西，愁苦已甚，賊兵猶據民家，仰乞尊公早發天兵，救民性命，是天地之大德也。」督戰昭聽罷，心甚憫焉。賜以錢帛，遂差人就禀節制順曰：「翌日有永馨社民報說溪郡害民如此如此，定是匹夫之輩。望節制今日急密傳[103]三軍各道，人則含枚，馬皆勒口，酉時發兵，早時直至梂營，急破賊兵，拯民塗炭，使溪郡無能聞知，自然走矣。」節制順聽罷大喜，遂差人回報督戰昭曰：「依計而行。」節制順急密傳諸將各道，於本日酉時，依圖次發兵，直破溪、廸二營，生擒彼衆，解納王庭。諸將奉令，火速發兵。先說先鋒[104]扶陽、雄威等率兵直至沌海門，驅軍急戰，賊兵聞知大驚，急走回落川下社，報與溪郡，聞知駭然，未及整兵，忽見南兵已到落川營外。溪郡驚心散魄，將兵不及相顧，但縱橫亂走，尋路奔逃，被南兵大殺一陣，屍橫遍野，血流成渠。溪郡棄象步走，逃入林中，潛出梂戶回永營去了，我兵大破溪郡營。

再說上道鎭守大勝、掌奇春山、該奇扶才、忠義、茂郡，聽知下道已破溪郡，即驅兵直破才郡、廸郡、義林、豪策等營。此時才郡等聽知溪郡皆棄營而走，不敢回顧，南兵上道茂郡等已破其營，長驅才郡、廸郡、義豪等，皆走回永營去了。縱棄象馬藥彈器械、兵民上下二道所獲不可勝計。於是南兵共會兵於落川下社，至申時，節制順義差該奇扶才、扶林、朝義、督戰昭武領兵直至奇羅海門，攻破隴郡水軍。兩軍相鬬，大戰片時，隴郡大敗，遂率戰船走回永營逃避。節制順義鳴金收軍回寨，會集諸將，論定功績。一面差人回朝奏捷，一面分兵，列寨在落川社，以防攻擊。時人有詩贊云：

旗幟飄揚殺氣漫，威風凛凛渡金關；
雄如霹靂驚狐兎，勇似狂風怯鳳鸞；
蓋世英雄名將列，閫權整肅鐵兵壇；
乾坤管守如翻掌，方識深機運動難。

却說溪郡走至永營，查點兵數，折其太半，心中憂悶。忽聞隴郡水師大敗走回，二人相抱而泣曰：「我等奉朝廷之命，以挫南兵，不期互被南兵所破，耗兵損將，辱莫大焉，何面目見朝廷乎？」說罷又哭。參謀文濯厲聲言曰：「二將軍相哭以破南兵乎？夫勝敗兵家之常，何故爲此婦人之態耶？如不選集兵馬以防，報[105]差人奏啓朝廷，乞差兵救援，以復前讐、雪恥辱，哭之何益？」溪郡聞言長嘆，謂文濯曰：「我等職居宰相，統領雄兵，欲除逆寇，以救民生，玆被南兵所破，其辱已甚，何求生哉，不如一死而已。」文濯曰：「元帥如此，是負朝廷委任，非英雄之志。」溪郡聞言，遂修表差人回稟清王，乞差兵救援，清王得表，始知溪郡兵敗，遂召集文武諸將議論。當郡稟曰：「溪郡是無謀之輩，以致敗亡，臣乞領軍長驅直進，擒順、昭納於麾下，以展英雄。」清王大喜，遂命左都督當郡爲元帥，賴郡、都署衞祥忠統領步兵一萬五千，屯在天祿縣明良社，內監恒郡、漢郡，署衞寧祿領兵[106]屯在平浪山，再都督同知隴郡領水師三十隻，屯在驅獨江，爲犄角之勢。又撥各縣鄉兵屯于本縣，以各自守，即日發行，不日至天祿地面，公同設謀破敵，不題。

且說南朝細作人文祥在京師[107]探訪消息，於十二月返回落川下社，呈節制順義、督戰昭武曰：「清王差當郡、隴郡領兵報讐，如此如此。」二將聽言[108]，會集諸將議謀，忽有細作報說當郡、隴郡恨奇華民歸降南主，差署衞寧祿、祥忠二將，領石河、天祿二縣鄉兵，入捉奇華人民男女老少無遺，調回中都處罪。節制順義聽報大怒曰：「當賊小輩，殺害良民，理宜剿滅。」遂令傳諸將會同雲葛市，分兵設伏，以捉祥忠、寧祿。差該奇留延爲正先鋒，該奇添榮爲副先鋒，該奇雄威爲左右衞陣，諸將隨後接應。各將奉令，率兵望石河而至。且說先鋒將留延途中早遇賊將署衞寧祿，留延推兵急攻，賊將寧祿大敗，走出廣勸社。留延急追，捉獲雄象一隻，并器械銃彈。署衞寧祿走香積山，覷望留延兵少，無有應接[109]。署衞寧祿大怒，回兵弩戰。留延寡兵難敵，走回梂椮處。署衞寧祿又收獲雄象并器械，以爲得勝，心中大喜，率兵返回，無有預備。忽遇南將該奇添榮伏兵在廣勸社密處，待署衞寧祿兵回過半，添榮於中突出，勢如雷震，不及掩耳。寧祿兵驚失措[110]，西逃南竄，各自求生。署衞寧祿棄甲，假作軍人竄逃[111]，走回永營，喘息未定。署衞祥忠聽知，亦先自走。我將添榮又捉獲雄象及[112]器械，調就節制順義帳中獻納，以爲首功。節制順義重賞添榮，設宴慶賀，傳令諸將各道回兵梂營屯札，養兵蓄銳，定計進取中都。諸將奉令，撤兵回梂營，分營列寨以待。時北軍當郡、隴郡聽知署衞寧祿、祥忠兵敗，心中大驚。當郡曰：「人言足智多謀，英雄勇略，三軍銳壯，將士同心，果然無虛說矣。我若與彼爭橫，戰之則敗，莫如分兵固守，以觀時變，乘其懈怠，發兵攻之，可得萬全，是爲上策。」隴郡曰：「元帥之言是也。」遂傳各道分兵築壘，爲固守之計，彼此相持，已經數月，南北無有攻擊，各自寧息。

且說南朝督戰昭武忽得一計，密差細作人名文祥、儒黃、快德，領金銀幷曉諭辭，從暗路往四鎭說客招降，爲共攻鄭氏之計。三人奉命上路，潛至山南、快州招諭，各名將皆傾心向服，願應義舉兵。三人大喜曰：「我等分路而行，不可緩也。」於是快德上高平，文祥往海陽，儒黃就山南，同用曉諭。先說快德至高平，謁見盛王，幷莫將朝名將等，快德稟曰：「南主仁慈大量，德著群方，鄭氏奸凶，戕民蠹國，意欲結交王地，匡輔黎君，特差臣等往報消息。乞王上早發雄勇之兵，以分鄭家之勢，是兩鎭皆和好矣，望王上留意自裁。」盛德王聞之，喜曰：「我本欲興兵滅鄭，以報前讐，原孤掌難鳴，隻身難動，玆得南主之信，今豈敢不從？乞南兵過潭江北界，我發鎭兵擊之，首尾交攻，腹背受敵，鄭氏必可亡矣。歸語南主，須可速行，不可遲緩。」快德望拜返回。再說文祥歷到海陽，入見奮郡，文祥呈曰：「南朝督戰，節制二官，聞將軍之名，如雷灌耳，想必鄭氏以將軍爲右臂，日居廟堂之上，籌畫國家大事，孜孜旦夕，望得面談，是其幸也。豈期置將軍於東土，是棄珠[113]玉而取磚石，尙何爲耶？」奮郡聞言恨曰：「今鄭氏倚其權柄，凌蔑君上，荼毒蒼生，以致民多怨叛。我聞南主英雄蓋世，識量過人，賢士歸心，黎民仰德。又聞節制、督戰二官，智勇兼全，恩威並著。我意本欲來降久矣，但恨其無路可以相通，坐待時機，以圖大事，今幸子已來此，亦得鱗鴻之便矣。」文祥呈曰：「將軍有眞心如此，乞遍報各名將與本處豪傑，或問道詣在軍前効用，或在糾合義士，待大軍到處，乘時而動，剿彼鄭家，匡扶黎室，功亦不小。」奮郡暗喜，文祥因呈曰：「倘本鎭諸稅，托以期限，勿許社人輸納京都，此亦絕糧之計，不戰可破矣。」奮郡聽知喜曰：「是我本心，爾速回呈與節制、督戰二位長官，早發雄兵，越過潭江，長驅而進。我當興兵衝擊，使彼前後受敵，則鄭氏成擒矣。」文祥拜謝出營，返回南界。復說儒黃徑到山西，途中早遇記錄胡，同入驛亭。施禮畢，呈記錄胡曰：「督戰[114]致敬貴官會曉，往歲之言，心存記否？玆南兵已據大河南邊，分營屯札，但望貴官一番相會面談，庶明肺腑。」記錄胡聽言大喜，訪儒黃曰：「我之主意，已多時也，今督戰貴官意下若何？」儒黃曰：「督戰官望貴官諭說[115]山西，明理識時者，早興本處義兵，協心相助，先除鄭黨，共享太平。」記錄胡曰：「謹遵命。」遂作信書，付儒黃遞進節制順義、督戰昭武，再謂儒黃曰：「爾回呈與二位貴官[116]，今鄭王凌僭皇上，脅辱士夫，天人共怒，乞早發雄兵過界，我當招諭四方豪傑，同起兵民，以擒逆黨。先者光其帝室，後者顯其英雄，是我平生之所[117]願也。」儒黃受書，拜謝回南朝，正是：一使說辭搖鼓舌，四方俱起戰爭心。

却說盛德丙申四年二月，細作文祥、儒黃、快德等，探知四鎮返回，入帳呈督戰昭曰：「四鎮皆已傾心向服，准備興兵，以防攻擊。」督戰昭聽罷大喜。儒黃於帳中取記錄胡密書呈上。督戰昭接書開[118]看，書曰：

愚老草萊人范有禮拜書于

大將軍麾下靈光照審。古云：「丈夫處世，遇知己之主，言聽計從，是魚水之緣，」於今可望。玆因乘閒樂道，權為說客，遠方事遇不期，適見使臨當路，為道數說言肺腑，如知千載因緣。意欲馳驅[119]梅驛勸胡歸宋，理同吊伐，承柳音誘北歸[120]南。所深虞者，使行無信，他恐有疑，敢煩使者再回，款曲代陳於蟻悃，幸賴將軍高料，懇懃願透於龍顏，乞使復來，與愚老同行北地。順天所命，贊聖朝[121]業創南天，永立功名，奠安黎室，誠心謹致，恭請勿疑。今書。

督戰昭武看罷，大喜，重賞三人畢，遂詣節制順義營中。節制順義出接入帳，坐定，督戰昭言曰：「於前年弟差文祥等往四鎮說陳利害，誘以協力同心，興兵滅鄭。四鎮皆悅然領命，皆願奮發兵威，歸心向服。山西處記錄胡有密書遞進在此。」節制順問文祥等曰：「爾到四鎭觀虛實，果有眞心樂用，竭力興兵，匡扶王室，拯救生民，或眞心、或詐語耶？」文祥呈曰：「臣等潛過四鎭，陳說此事，人人皆咬牙切齒，深恨清王。言曰：『若得南兵越過潭江北岸，長驅而進，則東處奪稅不納，以絕其糧，高平北處興平屯據城團，以分其勢，山西處願爲內應，以奪其城，山南處乞爲先鋒，以挫其銳。』皆眞心，非詐語也。」節制順聽文祥所言，大喜，謂督戰昭曰：「公用此謀，有鬼神不測之機，諸葛、子房，亦不居其右也。」督戰昭起身謝曰：「皆是聖主之洪福，天意之使然，四鎭傾心，群方向服，百靈擁護，以致如此，弟有何能？玆人心已順，是謂天與人歸，兵法曰：『成於果決，敗於猶豫。』願節制早定大計[122]，發兵長驅當郡，直取中都，以成大業。古云：『天與弗取，反受其殃。』望節制[123]詳審之。」節制順曰：「督戰之言最善。」遂升帳會集諸將，公同棣營，分列圖次，聽令發兵。正道差鎭守扶陽、記錄盛會爲先鋒，節制順爲中隊，掌奇朝康領正營兵隨後接應，進兵至恒浪山壘破[124]恒郡、漢郡。及署衞寧祿、榮陽、弼忠在彬舍社，加上道歸義將該奇留延爲先鋒，該奇添榮、登瀛、祿壽[125]、右都督茂隆爲左右衞陣，鎭守大勝爲中軍，衞尉純爲接應，進至溟江破賴郡、署衞祥忠營，再轉兵會同正道兵，破恒浪壘。其下道該奇延略領其原兵爲先鋒，該奇扶才、記錄貢覽爲中隊，督戰爲合後，進兵櫳哄，直至彬舍壘，起煙火爲號，以襲後背，恒郡、漢郡及署衞寧祿、榮陽、弼忠等營。分遣已定，節制順曰：「我等享國家之厚祿，奉王命之委專，竹帛垂名，流芳萬古。乞諸將同心協力，除鄭孽以匡王室，奮勇施威，滅當賊以救黎民，是[126]英雄之志也。」諸將皆拱手諾曰：「謹奉節制將令。」各歸本寨，准備發兵。於本月初二日酉時，各道皆依圖次進發。

先說下道督戰昭酉時進兵，先鋒將延略兵至櫳哄，遇巡軍分兵拒戰，我軍大喊一聲，急射，賊巡軍大敗，走入林中，射得一老嫗，死於林門。延略回報督戰昭，督戰昭曰：「我兵初發，轉行陰道，殺得大陰老精，若陰消則陽長矣，是我軍大勝成功之兆。」急差軍[127]直進，至於林中，時已四更，路途幽險，前有深溪，屈曲難行。督戰昭傳令屯兵暫歇，以待平明，便其進發。督戰少寐於象亭上，忽聞空中一聲大叫曰：「南兵速進，有我在此，不可遲延。」督戰聞聲醒起，遂拜謝天地，急傳令進兵，過林中至腰斂牆。時日已平明，忽遇隴郡水軍率兵上步，兩軍[128]相遇在腰斂牆。先鋒將延略急攻一陣，隴郡兵敗，走入據滕底社。列軍拒戰，兩陣相對，大戰，自卯至巳，銃如雷動，彈若星飛，彼我相持，未分勝負。督戰昭大怒，仰天禱祝，乞依前言，遂進[129]兵冲陣，視如風吹電掣。署衞祥忠措手不及，斬于陣前，隴郡大驚，心慌失措，敗走回驅獨江，棄船越江而走，隱入苗芽五庫社藏避，逃回永營。我軍長驅直進，時正午牌。督戰昭傳令回兵，發煙火爲聲勢，以待正兵。

再說正道兵節制順義率兵直至溟江攻當郡，上道兵鎭守大勝，引兵突至恒朗山，戰漢郡、恒郡等。北將當郡聽知，急率諸將分兵拒戰。兩軍大戰，銃發若雷轟不絕，彈飛如雪點不分，征鼓動青天，旌旗森緑地，南北相持，未分勝負。北將漢郡驅兵突戰，被南將登贏截路斬之，北軍敗走。忽有小卒飛報當郡曰：「南將昭武已破隴郡於驅獨江，焚其輜重，煙火當燃。」當郡大驚，回頭看見火燄冲天，煙灰蔽日。又小卒飛報曰：「南將昭武已破恒郡、漢郡，署衞寧祿、榮陽、弼忠等，棄壘走入天像寺，越彬舍社逃隱，不知去向。」當郡聽報駭然，心中不定，頗見南邊將雄兵銳，料知難敵，遂棄壘先回永營去了。是時北軍無將，東竄西逃，自相殺戮，這一陣屍橫遍野，血流成渠，號哭之聲，聞於遐邇，拋棄象馬，銃彈器械，衣甲戰具，南兵獲之，不可勝數。節制順傳令諸將三軍，皆會於彬舍壘。作宴慶會論功畢，遂收兵在會葛市屯札，修作啓文幷軍功簿，差將臣吏文顯調回王庭進納。賢王開見表[130]文，大喜，令差將臣吏才美金銀錢帛，就雲葛市重賞節制順、督戰昭、文武諸將等有差。及犒勞三軍畢，傳王言曰：「聖上金言，謂君臣之緣，如父子之道，一刻無忘，我視諸將如手足，諸將則盡其心腹[131]。茲已至寶山，莫歸空手，諸將等同心協力，翊贊王家，以創南天之業，以除北地之頑，俾青史留名，是謂南越之英雄也。」諸將等聽金言，皆望拜受命，款待王使，各自整兵准備，以防進取中都。

却說北寇當郡、隴郡大敗，走至永營，收集殘兵敗將。查點將佐兵士，折其太半，被跡者甚衆，沒了漢郡、署衞祥忠。當郡急差人尋問，果二將死於陣中。當郡大驚，嘆曰：「我往日在王前誇言，毀辱溪郡，自稱兵出功成，豈期茲被折兵損將，罪莫大焉，敢身詣王前，視朝廷之面目乎？不如逃入哀牢，招聚雄兵，報復仇讐，以贖此罪。」隴郡曰：「不然，一勝一負，兵家之常，勿以勝爲喜，勿以負爲憂。元帥急差人表奏玉庭請罪，後乞救兵，是兩全之計也。若逃入哀牢，是爲臣背君之罪，使後世貽笑。」當郡聽隴郡之言，遂修啓，差人回朝拜稟清王，及受罪敗兵之事，後乞救兵。清王聞言[132]大怒，問朝臣曰：「當郡匹夫，誇唇鼓舌，茲被南兵所敗，折軍損將，其罪難容，朝廷如[133]何處置？」文官都督同知尙卿預[134]郡出拜稟曰：「當郡之罪，又何論焉？但贏輸是其常事，昔漢高祖七十二敗，一勝而致於王，項羽常勝，一敗而亡軀喪命。乞旨急差勇將雄兵，鎭禦南賊，以安民心，復弁[135]許當郡再立成功，以贖前罪，則當郡感恩，雖肝腦塗地，亦不忘也。」清王聽尙卿預郡稟奏，其怒乃解，問諸將曰：「誰敢禦敵南兵，以挫彼之銳氣，免其凌侮我軍？」諸將稟曰：「臣等觀太保寧郡智勇足備，當受重權，若用何人，非親將不可任也。」清王乃許太保寧郡爲大元帥，都督同知尙卿預郡參謀，統領諸將水步四萬，進屯石河縣，正兵列在丹制社，步兵列在青曝、大奈二社，水兵屯在南界丹崖海門，禦敵南兵，以安黎庶。太保寧郡奉命[135]，率兵直至石河縣永營，分兵列寨屯札，准備攻擊。當郡、隴郡詣帳請罪，太保寧郡曰：「王旨免二卿之罪，再許立功，協心努力，以報前讐，以贖前[137]過。」二將聞言歡喜，拜謝回營，教練兵士，以防攻擊，時人有以唐詩一律代吟之曰：

萬古交馳一片塵，思量名利熱於身；
長疑好事皆虛[138]事，却恐閑人是貴人；
老逐少來終不放，每隨榮後定須勻；
勸君莫[139]謾誇頭角，夢裡贏輸總未真。

却說南朝節制順義見北軍潛然無有攻擊，差兵分禦固守，為久遠之計，於三月二十三日，乃請督戰議論。督戰昭曰：「北軍連敗，不敢交攻，清王必加兵守禦，以待我兵日久疲勞，料其絕糧，必發攻擊[140]，是謂以逸待勞之計。弟有一計，擒清王如探囊取物，保無虞矣。」二將議論之間，忽報山西處記錄胡差貢班從暗地潛就南營謁見。二將慌忙下階，接請貢班入帳，坐定，問曰：「先生遠來，必有[141]好報。」貢班曰：「往日尊顏有密傳記錄胡曉諭，交結四鎮英雄豪傑，興兵攻鄭氏，向服南主。記錄胡奉命，歷遊四鎮，謀說如此，衆皆樂聽，具有准備，待南兵直進，一齊響應，腹背交攻，以收萬全之勝，是衆人之願也。但前日高平處盛德王已差八員大將，率兵進攻東都，兵至團城，清王差太[142]保溪郡、戶科都給事中興造子等，統領郡公十二員，雄兵一萬，進攻高平，被高平兵急攻，太保溪郡大敗，走回至滄江，高平兵屯在團城，以待南兵進發，則高平率兵直破京都，以擒清王、西定王[143]，獻納南主，以為進見。」言訖，因取出記錄胡書，呈上。二將接書同看，書曰：

山西處愚士記錄胡拜書于

貴將麾下：竊聞古言「天生豪傑，必相成其大功。」今見貴將天假雄才，世資武略，且將相調和，士卒豫附，不為間言所惑，不為讒說所搖，真蓋世之英雄也。愚聞其聲，喜而不寐，願與貴將為異姓之至親，效同功之大義，親愛已成，其功可得，不必多言。所望貴將法高祖大度，聽陳平六計：一行間於彼，以疑其心；二結好於他，以成其計；三網羅豪傑，以共其功，則大業可成，易如反掌。時之已至，勢之已至，運之已至，今請勿疑。謹書。

節制順、督戰昭看書大喜，問貢班曰：「北鎮已興兵如此，三鎮若何？」貢班曰：「三鎮亦皆同心向服。」談論之間，忽見探人名文諭遊三鎮返回，拜見。二將問曰：「三鎮動靜如何？」文諭呈曰：「東鎮奮郡已傳本處係諸稅奪留不納，西南處二鎮皆已[144]准備興兵，待我[145]過潭江，共發雄兵，為前後策應，以衞我軍。」二將聞呈大喜，重賞文諭，遂請諸將相見，置宴款待貢班。宴罷，貢班辭回，二將意欲款留數日，貢班曰：「成功之後，千載同歡，何必數日乎？」二將聞言，遂不彊留，因起送上程，謂曰：「先生此去，我等遙敬胡先生會曉，雖地隔千里，皆如面談，願記前言，幸勿有忘，是君子之友也。」貢班拜謝返回西鎮。二將得信，喜不自勝，遂令傳各道訓練士卒，准備船艘，以防進發。至五月上旬，有清華人名朝岩在京入降，呈節制順曰：「前日清都王聞當郡、隴郡等兵敗恒浪山，遂召諸將士議論。差太保寧郡統領水步兵四萬，屯在石河縣，其步[146]屯在青曝、大奈、丹制等社，水軍列在南界、丹崖二海門，分為犄角之勢，以禦南兵。」節制順聽朝岩之言，遂差人請督戰昭就營門入帳中坐定，議論此事若何。督戰昭曰：「先差人領啓，回稟王庭，後會諸將，分道發兵破敵，有何議論？」二將會同修啓，差屬人文智領表[147]，星夜回朝拜稟。於是節制順會諸將在那庫社，分隸圖次：步兵正道兵鎮守扶陽看戰之職，富岩為先鋒；

節制順爲正隊，鎮守大勝隨後接應，以初十日寅時兵至大奈地頭，破當郡上道壘。下道歸義登贏、壽祿二將爲先鋒，接才、留延二將爲左右備陣，茂隆爲中隊，掌奇朝康、視戰春臺，領正營兵，隨後接應，進兵至青曝社，破當郡下道壘。水師該奇弘榮領戰船十五隻爲先鋒，鎮守楊智，視戰文職純，領戰船二十五隻爲正隊，明日早時，率水師[148]突至南界海門，以攻椿郡。督戰昭武，視戰文職覺，領步兵二千，雄象三十隻，丑時先至南界山設伏，射椿郡水師，相助護我戰船，直入海門。參將雲龍統領[149]水兵三十隻爲先鋒，鎮守義林，視戰廣川領水軍三十隻，隨後接應，進攻丹崖、會統二海門。分撥已定，節制順傳曰：「諸各道等，宜遵令，依次進發，若違令者，軍法難容。」諸將皆奉命，時五月十一日寅刻，各道整點兵馬進發，但見[150]：

兵威凛烈，劍戟輝煌，鉦鼓動青天，旌旗森綠地。人人彊壯，個個英雄，均是赴敵收功，搴旗斬將之志氣也。

且說水軍鎮守楊智於十日酉時發船，督戰昭戌時率步兵并雄象至樂道、南界山設伏。樂道社小民見此飛報椿郡。椿郡急差人就呈元帥太保寧郡如此。寧郡急差李郡領戰船二十隻接應椿郡，射斷南界山，再依棹內直射海門，勿許南船近埠。李郡得令，急率水師，會同椿郡職戰。南將督戰昭武在南界山，望見李郡戰船對岸，差軍急射。兩軍大戰，約三四合，忽見鎮守楊智戰船列在海門外，椿郡差軍急射，射南船難進海門。督戰昭武分兵列在海門邊，展旗爲號，指椿船[151]對射。自卯至巳，鎮守楊智在海外，看見岸上白旗紅心，知是督戰[152]兵，水師大喊，聲似雷轟，驅船突進。我步兵望北船急射，殺得北軍屍落滿江，北軍失勢，李郡、椿郡水軍棄船登岸逃隱。南船突出[153]南界海門，如龍飛電掣。椿郡措手不及，被生擒陣前，獲戰船三十六隻，器械輜重，不可勝數。李郡單身走脫，逃回呈報寧郡。寧郡速差駙馬[154]程率戰船四十隻接攻。兩軍相遇大戰，銃聲如雷，忽南風火起，煙氣旋遶北軍，正如昏夜。北軍大驚，棄船上岸而走，兵不隨將，將不顧兵，皆慌忙逃隱，我兵獲戰船七十六隻於南界海口[155]。駙馬程走脫，飛報寧郡曰：「南兵[156]雄勇，銳氣難當。」寧郡聞知大驚，遂退兵入據渡恬壘。督戰引兵突至，分軍圍壘，攻擊甚急。寧郡失勢，遠望無有應兵，沉思半晌，以爲足智多謀：南軍精銳[157]彊壯，我兵孤弱，譬如一勺之水，難敵[158]千車之火，不如早降，以圖後計。思罷，欲率衆來降，忽遇港水潮落，南兵鎭守楊智將戰船退回南界海門屯札，督戰步軍見此，正欲撤兵同回相[159]衞。於是北軍小卒探見如此，飛報太保寧郡曰：「南軍水步已退，列在南界海門，不知用何計策？」寧郡大喜，不及招兵，拋棄藥彈[160]器械，走回大奈壘據與當郡。十二日早時，鎭守楊智、督戰昭武水步兵俱進，過天祿潭江，水軍列在江畔，步軍進從正道。

再說正道節制順義、先鋒將扶陽領兵直至大奈社當郡上道壘，推兵攻擊甚急。當郡分兵固守，攻之不下，彼我相持，未分勝負。其上道兵掌奇朝康、視戰春臺引兵至青曝社，亦同夾攻。水軍副將義林、參將雲龍、視戰廣川率水軍直至丹崖海門，攻才郡大破之。此時北將當郡、寧郡議曰：「南兵恃彊，欺我太甚，且彼何人我何人，敢有猖獗乃爾！」說罷，大怒，二將急率大兵突出，共決死戰。南將朝康、扶陽寡兵難敵，大敗走回棣營。拋棄藥彈器械，爲北軍所獲。寧郡、當郡卒至三弄社，敗兵小卒飛報節制順，陳說朝康、扶陽兵敗，已走不知去向。節制順聽知，急差布政營文職弘信密傳諸將各道在潭江曉知：「往日寧郡、當郡[161]逐我上道朝康、扶陽，兵至三弄社，料寧郡等懼我有兵在此，必撤兵還。我等當分兵設伏，斷彼之後，截彼歸路，則寧郡、當郡可成擒矣。」遂差水軍參謀雲龍爲前隊，列船在浮石渡，鎭守義林爲中隊，列船自三岐潮。鎭守楊智[162]爲後隊，列船自安越上江。准備整肅，係望賊兵過南岸，急推兵發射，以應步兵。該奇弘信領戰船十隻，伏在溟橋港，以防截後。督戰率步兵象[163]，伏在南岸密處[164]，以圖截擊寧郡。分撥已定，各自點兵，依圖次以待。

十四日早時，督戰昭引步兵進到南岸社，列在深山廟處設伏，差人探其消息。忽哨馬回報[165]：「往日太保寧郡，回兵山脚，路至山泥社，差人看我兵屯在何處。探人呈寧郡曰：『督戰昭伏兵在南岸廟，諸將各道分列在潭江。』太保寧郡差當郡領三千兵列在土山社棣槺，截我正道，謀襲我後軍。」又一小卒飛報曰：「太保寧郡兵回至拔擢社。」督戰昭聽罷，遂請視戰貢覽會議，督戰昭曰：「寧、當二賊，將朝廷大兵，今彼衆我寡，何以制之？」貢覽曰：「智者勝力，寡者勝衆，示弱取彊，示怯取勇，兵家之法也。」督戰昭撫掌大笑曰：「視戰之言甚是，我當用示弱取彊之計，使彼不能善其後。」遂密傳該奇弘信將戰船截回浮石藏伏，北軍望見，再作他議。我[166]兵過溟橋列在朋胡社榕樹處爲虛兵，使水軍遙望見我兵舟回南界岸社，以榕樹處有白旗一面飄颺，急進，水軍至溟橋望榕樹弩力急射，以爲首功，勿得有誤。該奇弘信受命依此而行。又差該隊都信、視戰貢覽領兵列在南岸社上浮墟，如見賊兵，宜發射一合，佯敗走回南岸。後分兵埋伏，偃旗息鼓，聽令發兵，急攻，是謂以寡勝衆，違者有罪。各將奉命准備，督戰昭引兵列在朋湖社榕樹處，高坐歡[167]彈，飲酒爲樂，後人有詩贊曰：

日照光輝星共諸，君臣門會有誰如？
休言管樂才多捷，且說孫吳智有餘；
滿腹英雄藏世務，一腔韜略盡天書；
南陽已定三分策，晚見安車出草廬。

却說寧郡、當郡率兵回至棣槺，差人探南兵消息。回呈曰：「南軍諸將等屯在潭江埠，獨督戰兵駐在南岸社朋湖榕樹處。」寧郡問曰：「汝觀昭武兵出多少？」呈曰：「臣料兵少，數自六七百人以下，無有重兵。」寧郡聽罷，撫掌大笑曰：「昭武孤兵，譬如涸魚已入網內，吾無憂矣。」令傳三軍拾其醋菜作膾食，先差給裕、廣良、漕岩、演壽、橐陽五郡公，并署衞十二員，領兵一萬，雄象五隻，速就南岸上浮墟急戰，我當引正兵[168]進至下市過棣營為後襲，以捉昭武。」許三軍食膾飲酒為樂，諸將奉令引兵進發。細作人早報與督戰昭如此，督戰昭喜曰：「寧賊中我計也。」傳諸將依令愼謹[169]而行，勿許寧賊走脫。諸將遵命，列兵以待，忽西南角上北軍給裕、廣良、漕岩、演壽、橐陽等出[170]兵突至南岸，與南兵該隊都信大戰一陣。都信詐敗，走回南岸後潛伏。督戰聽其銃聲，急率兵返回溴橋南邊，走入南岸社，但留白旗在朋湖社[171]榕樹處，那旗葉卽迎風飄颺。時水師參將雲龍望見，差水軍急射。北兵欲退，北將漕岩志在功名，遂驅兵直進，忽遇該隊都信伏兵突出大戰，漕岩問曰：「南將是誰？急通姓名[172]，早早投降，免其誅戮。」該隊信怒曰：「我是南朝大將，汝是匹夫小輩，敢問我名乎？」說罷取漕岩。漕岩未及交鋒，被都信快手早射中漕岩象倒死。演壽看見，急驅象突至助戰，以救漕岩，反被都信射死，橫屍象上。給裕、廣良、橐陽等兵在隔江，望二將俱已被死於陣中，急率兵走回從寧郡，正遇大兵進至朋湖榕樹處，銃發似雷，彈飛如雨，賊兵死者甚衆。寧郡急退兵至下市屯札，時北軍先鋒將豪郡、朝花先回兵至安越上江，忽南軍戰船三十隻，急攻獲之，調回永營獻納。於是南將督昭武傳令驅兵直進，以擒寧郡。三軍得令，各自爭先，兵行三十餘里，望寧郡兵已遠。視戰貢覽阻曰：「我兵已[173]入重地，頗山川形勢未詳，況其港淺，水軍撤退已遠，無有接應，如寧郡誘敵之計，設伏雄兵，前後夾攻，我是孤兵，何以制敵？不如退與水軍相接，擇其利地，列寨屯兵，設謀破敵，未為晚也。兵法曰：『利地則據，害地則去。』是謂兩全之計，可保成功也。」督戰昭聽言，乃傳令退兵回浮石渡，揚聲言曰：「急傳戰船三百隻，渡步軍過潭江北邊，直進過腰甕，以截寧郡[174]回路。」十六日早時，傳該奇沛剛、該奇朝義率兵過驅江，回與水軍相接。北將寧郡探知南兵過江截腰甕歸路，大驚，召諸將謂曰：「腰甕是吾等咽喉之路，昭武奪得，我等先絕其糧，後無去回，何以制之？」遂引兵回永營屯札，分兵守禦。寧郡會集諸將，寫表，差人回朝奏稟。內以勝南兵朝康、扶陽一陣而奏，其自敗，並無說及。清王聽見寧郡、當郡等攻南將朝康、扶陽得勝，以爲大功，下旨差人就永營封太保寧郡爲欽差節制水步諸營，兼行下鎮守義安道副都將太尉寧國公；都督同知當郡，准其前罪，陞爲太保職；豪郡陞爲右都督；諸將文武皆陞職品有差。寧郡等受敕望拜謝恩畢，款待王使，使人星夜回朝。

再說南朝節制順義聽言鎮守大勝列兵在大奈橋大戰，兩軍相持，忽聽哨馬飛報曰：「我先鋒將朝康、鎮守扶陽，被寧郡、當郡所逐至三弄社。寧郡欲反截我後軍[175]，其朝康、扶陽已走回梂營，拋棄船隻器械彈藥[176]等物，以致賊軍所獲。」節制順聞知先鋒兵敗，今四鎮亦未見動兵，況玆彼兵衆我兵寡，山川廣濶，何以制之？莫若撤兵回梂營屯札，據其險處，再圖別舉，諸公審論若何？」諸將皆應聲曰：「節制之論最善。」節制順乃差參將雲龍統水軍斷後，以接督戰昭武。遂令傳諸將各道，緩緩引兵退回梂營，勿許賊兵知覺。是時督戰昭武追寧郡至下市，聞有令傳，乃回。至古淡社，見一小民呈曰：「當郡引三千兵，列在櫳哄，以待南兵，今日晚時已進渡剛處。」督戰昭聽罷，乃差人就會統海門，呈參將雲龍：「急差人就奇羅海門呈節制順義，亦宜差步兵接戰，參將雲龍率戰船伏渡剛助射，以爲聲勢，便我進兵。若遇當郡驅兵大戰，以擒當郡，望參將急差，勿其猶豫。」差人呈報。原參將雲龍素與督戰昭武不和，謂差人曰：「汝呈督戰昭官詳知，今節制有令召我水軍急回，不敢少留，況征伐乃國家大事，聖上高遠，令在節制，安敢有違？今日四更，我泊南界海門，以待督戰官[177]速引兵追及水軍，勿可遲緩。倘若至渡剛處，或遇賊兵，發銃為號，我引水軍登步接戰，北賊必敗。」差人領命回呈督戰昭如此。督戰昭武已知其意，默然不言[178]。至十七日，遂令傳退兵回會統海門，與水軍並行，并取長舵載所獲北軍器械，出南界門以回梂營，中心但恨不能卽擒當郡[179]以絕後患。時人有詩吟曰：

英雄赫赫顯鷹揚，倚劍長驅振遠方；
曾把金戈揮北塞，復持銕[180]鉞渡西江；
堪嗟世事人心短，何患山川路徑長；
假使目前匡志合，京都相將孰能當？

再說南朝賢王車駕御在北河布政扶路殿，聽知節制順進兵出潭江征逐北寇，乃召諸將文武入行在，謂曰：「今順、昭等已發兵征進，我當統大兵，御駕隨後接應，卿等當准備發行。」諸將等望拜奉命。於五月十一日辰時，王統大兵望潭江進發，但見：

左右兵威整肅，前後鎧甲崢嶸，劍戟霜嚴萬隊，旌旗日麗雙行，金鉦聲聞地動，鼓角響震雷轟，南兵彊哉矯，北寇却心驚。

十二日早時，兵至櫳梳茆墟，忽見一人途中慌忙急走，望大兵直入軍中稟拜[181]曰：「上道掌奇朝康、鎭守扶陽兵敗，已走回那庫社，生死未知。賊兵已追至，櫳南[182]有大路通至櫳梳後背，乞聖上急回，免中賊計。」且稟且哭。賢王視之，乃木榑社人舍差名富。王問曰：「昭武兵在何處？」舍差富稟奏：「臣聞被賊詐敗，誘至朋湖社，自此絕信，存亡不知。」王聞言大驚，又問：「郡義[183]并諸將等兵在何處？」富稟曰：「節制與鎭守大勝現屯[184]在大奈橋拒敵。」王又問曰：「汝料順義拒戰勝負若何？」稟曰：「賊徒十倍，又寧郡乘勝之兵，早追朝康、扶陽已遠，臣料賊兵分道返回，必襲我兵[185]之後。節制順與[186]諸將，臣恐難其取勝。望聖上早回，賊兵已近。」王聽稟大怒，拔劍在手，厲聲言曰：「寧郡小輩，螳螂焉能拒轍！」遂令諸將分兵列陣以待。「賊兵若至，我當大戰一陣，直到中都，以擒清、西二賊，俾知南越之英雄也。」諸將諫曰：「寧郡乃乳臭之徒，聖上與彼交攻，是謂取珠玉而擊磚石，殺鷄焉用牛刀？倘清都、西定身臨到此，聖上與之對敵，是稱手也。且舍差富稟中有理，臣等望聖上回車，差雄將數員，列兵以待，賊至大戰，捉寧郡以獻王前，何勞聖躬禦敵？」於是守簿東朝稟曰：「不可撤兵，宜列陣以待，臣願同諸將領兵拒敵，以捉寧郡，解納御前，免彼謂我之怯[187]。」王再潛思曰：「舍差富今稟如此，若不暫且回兵，倘有疎失，如之奈何？」踟躕[188]良久。東朝再稟曰：「方今節制未見啓文，況舍差富或半途聽人虛說，亦未可信，望聖上明量。」王聽罷，猶豫未決，舍富又大哭稟曰：「請聖上速從諸將諫言，早早還兵，勿從守簿之言，必有誤事。」王聽言傳令撤兵返回，乃差將臣吏才智、文景，速就探其消息虛實，急回拜稟。又舍差欣傳與節制順并諸將：「尋督戰昭武接回。若棄昭武有失，則諸將勿來見我。」再差舍勝急急尋得昭武何處，傳有令傳召回廣平安宅府聽候，勿可牽延。差人望拜，迅[189]卽奪路而行。王乃退兵回南河布政以待探信，數日間，忽見才智、文景探回稟曰：「節制順義、鎭守、大勝幷諸將戰賊兵於大奈橋，賊兵固守不敢正視，督戰昭武，鎭守楊智、義林、參將雲龍兵破[190]南界及會統海門，追寧郡至下市而還。其扶陽戰於上道壘，爲其不備，賊兵奪戰，以致敗走。節制順與諸將皆議此處前有大河，後無山林，廣濶之地，頗我寡彼衆，朝廷大兵未接，四鎭之兵，尚未舉動，難以取勝，故撤兵回棣營屯札，定計出征。今寧郡等已走回永營去了。」賢王聞才智、文景稟言，勃然大怒，乃悔曰：「我一時聞狂夫之言，致有失機會。」遂令劊子手斬舍富，梟首示衆，率兵回廣平安宅府御營屯札。是時舍勝至棣營忽遇督戰昭兵還，乃傳有王令召，督戰昭武奉命星夜馳[191]回。正是：王使不辭鞍馬困，良臣朝謁御龍前。

却說賢王兵至安宅府，探知諸將等回在梂營，督戰昭武未有音信，憂慮倍加，食不甘[192]味，寢不成寐，日則出門而望，夜則秉燭以待，禱祝天地鬼神，望空中密懇。忽見內史入稟曰：「督戰已回，候在府外。」王聽稟大喜，差人出接。昭武入御營，拜伏于地。王下陛[193]堂謂曰：「我得見昭武之面，如見得中都一般。」督戰昭武叩頭拜謝曰：「臣賴聖德之高明，憑仗鬼神之庇佑，自[194]臨虎穴，永保無虞。」王大笑，賜坐於側，問曰：「十二日晚，時昭兵屯在何處？」昭武稟曰：「此日辰時，臣等兵在南界海門，接鎮守楊智水軍過天祿港，與鎮守義林、參將雲龍水軍相會，破會統海門，擒椿郡，直至潭江。與諸將會論，以破永營。節制順義傳令正道兵據大奈橋，急戰寧郡，下道兵在潭江，及攻當郡上道兵，直待朝廷大兵，隨後接應。以其兵貴神速，長驅直至中都，又何難哉？不期彼[195]朝康、扶陽用兵，無有節制[196]，以致敗衂。是日臣先已率步兵，與水軍參將雲龍，鎮守義林、楊智，該奇弘信，水步相接，進過浮石渡至梂溟港，臣兵列在南岸社朋湖榕樹處，爲誘敵之計。寧郡差人探知臣在此處，寧郡大笑，以爲得勝，急差裕郡等率兵一萬圍攻，臣一則上賴聖德之威靈，下仗三軍之銳氣，臣作揚弱取彊，反客爲主[197]之計。賊兵不識，突至伏處，被該隊伏兵攻之，斬得澧岩、演壽[198]二將於陣前，賊兵大潰逃走，我兵收得象馬銃彈器械，不可勝計。寧郡兵至朋湖，被該隊弘信水兵急攻。寧賊兵敗走回永營，臣追至卞市，欲率兵冲破永營，以擒寧賊，因見節制順令傳回兵，但元帥之令，不敢不從，致使失其機會如此，臣甚惜焉。設使往日諸將依此而行，則時[199]聖上已御中都，何有慮矣。但時也、運也而已，安可奈乎？」王聽昭武稟陳，拳席惜曰：「使我早聽昭武之言，則今日之舉，江山已一統矣。但於此日，我兵進過櫹梳，途中忽遇狂夫舍富所稟，謂朝康、扶陽[200]兵敗之事，我問各道與昭屯何處？狂舍言昭武不知何在？各道[201]兵難敵，料必敗矣，諫我急退，免被賊兵襲後。我乃撤兵還至南河布政，始知實信，遂斬舍富，況令已回兵，難於停住，是天意也。遂率兵回至廣平，已三四日，探知諸將兵已回梂營，但不見昭，我心駭然，望昭之信，如旱而望雲霓，坐臥不安，飲食不下，淚嘗不乾，惟恐昭之有失而已。玆見昭回，不勝之喜，實快予之望也。但當日昭隨水軍已遠，如昭有密信報來，我知的實，則我驅兵接應，機會已成，免諸將三軍之勞苦。且我兵在義安處，已經二年，每戰必克，每攻必取，則四鎭已聞其名，鄭氏已驚其銳，玆我兵已至如此，四鎭無動，昭論若何？」督戰昭拜稟曰：「臣才疎學淺，寡智少謀，恭聽金言，敢陳愚意。先者賴皇天明佑，後者憑宗祖扶持，自諸將率兵，侵略義安，收得七八州縣，英雄豪傑，士卒兵民，降服甚衆。當日兵據潭江，諒已辛苦，舊新將士，皆謂：『聖上明比漢高，德同唐太，能傾心而待士，屈己以求賢，視赤子如珍珠，觀黎民如寶玉，眞當世之明主也。』故皆樂其歸，皆歡其附，以爲擇得其君，皆同心協力，盡其臣道，無有他情。但自此之後，降者常常窺見我將相號令不嚴，容縱兵夫擄掠。又見我兵用人重舊而輕新，有功無記，有罪無懲，外雖不言，中心有怠，以致如此。且天下者非一人之天下，乃天下之天下也。古云：『立賢無方。』自今深仰聖上，休論四鎭，莫論同郡，當擇有才者委任。或某員才能出衆，增祿使其將兵；某員不善治軍，給祿許歸養老。功賞罪懲，號令嚴明，人人莫不樂用，是任人之正道也。至如軍士有勇敢者，隨才擢用，授以職爵，使能親上死長，是亦用兵之大計也。倘能依此，則深山窮谷，白叟黃童，聞之自然歸附，才者無隱，智者無藏，是謂縱智餌以釣鰲魚，推窗門而攬明月，如此何患乎大敵不摧，天下不一？且我動兵以來，已經二載，雖殺彼勇敢[202]之兵，不知幾千，獲彼戰船，外一百餘，然鄭氏之猖獗憑凌未滅。四鎭苟有耳聞，奈未目覩，以致踟躕觀望，未敢萌心。古云：『易成於運會，難得於時機。』又曰：

『成於果決，敗於猶豫。』伏望聖上奮乾剛之威斷，廓日月之融光，以用人爲急務，滅逆爲先圖，勿可忽進忽退，乍去乍來，使四鎮之人，見之情消心解，事難成矣。倘或聖上以玆年正當聖命，未可興兵，當從民心之所欲，築壘安居[203]，以協民心。民心協，則天意亦順，築壘之功，彼民所造。如壘完畢，令差水軍列于海門，以爲聲勢，使四鎮[204]聞知，自然四方蜂起。如四方蜂起，鄭氏豈可坐觀，亦必發兵征之。其發兵征之，又恐我兵乘虛襲擊；彼若分兵禦我，又疑四鎮交攻。兩勢相分，腹背受敵，當此兩難之勢，我兵乘時舉事，直進中都，鄭氏此時，雖有再生諸葛，重出伯溫，難免其敗也。時之已至，莫可坐觀，臣之愚言，仰望聖上咨於有智者，可否施行，是國家之大福也。」賢王聽罷，喜謂昭武曰：「卿陳此謀，甚合予意。予本召卿回朝，問以虛實詳細，以決我心，今卿既陳等事，我依此謀，何必更圖他慮？自今國家大事，皆委于卿。卿急再出[205]兵，同與順合[206]諸將議論而行，先者保基圖之長治，以創南天；後者結四鎮以同心，去除北僞，規模一統，威振諸邦。扶黎室昇平，轉乾坤再造，君可爲，臣可爲，俱享尊榮之福，是南越英雄之事業也。如有密信某事，急差人馳報，早詳規料。」昭武聽王言，望拜受命。王說罷，遂取寶劍一柄，黃金二十兩，蜀錦二疋，絹稅二十疋賞之。督戰昭武拜謝，辭曰：「臣奉命率兵討賊，但愧未有寸功，焉敢受其賞物？乞聖上留之，以賞軍士。」王謂曰：「是其薄物，許盤纏之費，非賞物也，卿莫可辭。」昭武乃受，拜謝出朝，星夜馳至棣營，與節制順義陳說聖上如此。節制順義謂督戰昭曰：「我等感聖上之恩，欲成大業，督戰宜差人探問四鎮之情，今日何如，以圖他計。」督戰昭武曰：「然。」遂辭回營，撰寫密書，差文祥、儒黃、世良潛往京都，尋記錄胡消息。文祥等領書與信物，潛夜直至山南，途中忽遇記錄胡遊行四鎮，即請回家款待。文祥遂遞密書幷信物，記錄胡接書開看，書曰[207]：

北鎮[208]記錄先生臺下及豪等照知：

蓋聞氣數有盈有虛，陰陽輪轉而莫測；國家有衰有盛，天地循環[209]而無言。古以驗今，終而復始。思昔黎太祖高皇帝，應半千而啓運，平吳恢復乾坤，赫一怒以安民，創國永垂苗裔。為治得其正，惟功其最隆。列聖相繼相承，比周事業。家國[210]既張既舉，奠越基圖，後因國運中微，致使奸臣上僭。所幸皇天挺生先靖，赤心報國[211]。忿莽徒篡弒奸萌，仗義扶黎，效汾陽克復功蓋，一唱而九州豪傑向應，一呼而四海英雄翕隨；嘗膽臥薪，投膠撫士。中興指日，皇家將再植之機[212]，天道難推，國綂遇猶屯之日。卒使鄭氏猖獗奸萌，乘此機而成業，安此位而遂奸，志蘊操驕，心潛卓逆。故二先公詳推勢運，知否泰有期，洞究時宜，算興亡不爽，潛名抱道，修德求賢，見天未厭奸，隱忍據褒中而處己，奈時猶長惡，韜光居岐地以隨機。己有盟言，可乘報國。竊聞清王惡己浮於先父，昏又過於前愆，妄大妄尊，借名借號，自廢自立，至慢[213]至驕，上下乖倫，履冠逆倒。以年度日，九重無高枕之安；脫虎就蛇，百姓有倒懸之苦。竊念予乃功臣苗裔，帝室藩籬，夙夜一心，懇懇篤勤王之志，憫憐百姓，孜孜圖拯救之期。匡扶之策最難，恐一謀未濟，天下之事至重，慮獨力難成，喜有高隱先生，當世之豪，是識時之傑，厭觀虐政，潛借奸兇，奮翊扶匡王之心，招結九州俊義；蘊勤國救民之志，旁求四海英雄，有孔孟高風，抱孫吳大略。高賢如此，喜譽弗勝，命小使遞真言、開誠心、佈公道。敢煩先生展扶顛之力，徧報南北將才，布拯溺之仁，蒐來東西豪傑，會盟津之旅，同牧野之征，扶黎室之重興，轉乾坤之再造。如此則功垂竹帛，名勒鼎鍾，尚先生有志懇懃，願定王公責冑，名將豪傑等，指日定期，同心舉事。速速報來，依如約內，山高海濶，地久天長，名垂不朽。書不盡言，願其明鑒，謹達。

記錄胡看罷大喜，兩手加額曰：「感恩南主，寵愛甚厚，雖肝腦塗地，旦夕無忘。況兼貴將誠心報國，如老夫豈敢不盡駑駘之力乎！」遂請各名將同就觀看密書，受其信物畢。各望南下拜受命，皆約同前日之言，皆願爲左提右挈，前征後襲，以成大功。記錄胡乃遣男子名秀鳳，將密書并信物，徧報各處。留文祥等暫居數日，以待消息，回南朝拜稟。文祥等從之，乃就驛亭安歇以待。後人有詩曰：

也知天意達人心，水面東流西北森；
一使不辭談語苦，四方虎嘯又龍吟。

却說中都西定王因留大明國人吳九良，不許回國，天朝聖旨差廣東督戰楊宗領戰艚一百艘，駐在潭洪，索取吳九良還國。督戰楊宗一日傳東道奮郡、北道朝紀爲先鋒嚮道，問西定王之罪：「何故敢謾[214]上國皇帝，脇吳九良，不有遺還？」又牒傳西定曰：「係許九良還國，恕其前咎。若不許還，打破城池，老幼不免誅滅。」西定聞知，急召群臣議論，忽報東道奮郡、北道朝紀皆嚮道作反。西定王大驚，且怒曰：「南兵擾境，現據潭江未退，廣東督戰統兵又駐潭洪，本國高平奪稅不納。東北二道，再起反心，是天意欲何爲也？」急差勝義府瓊岩統戰船五十隻，禦廣東督將，再差穎郡出[215]水師二十隻，進攻奮郡、朝紀。二將奉令發兵出行[216]，先發[217]穎郡進兵至三岐江、棣花處，遇奮郡、朝紀會兵，率膠船二百隻，圍攻穎郡。穎郡大敗，棄船登岸，走回膠海門。西定王聞知大怒曰：「奮郡匹夫，背叛朝廷，難容孽黨。」遂思一計以捉奮郡。因於東處該知弘信生得二女子，有閉月羞花之貌，沉魚落雁之容，步似邯鄲，笑如西子，前時奮郡欲娶爲側室，該知弘信心下不諧，乃將二女進入西定王府爲侍女，奮郡恨之，乃囚弘信，因此西定王差人潛至弘信家密說如此如此。次日傳旨明示該知弘信同奮郡陰謀作亂，貶職還民，乃逐二女回弘信家。此日該知弘信看見二女回家，喜不自勝，遂將二女入進奮郡。奮郡大喜，納之，問弘信曰：「二貴女何故得回？」該知弘信曰：「尊公自興兵破穎郡以來，西定王又差軍追捉二女，謂臣等同謀作亂，大怒，欲殺二女。二女以金銀借人引路，夜時越牆逃回，西定王又差軍[218]捉二女。走到臣家，父子相見，雖不勝之喜，然恐西定王兵來，爲此遞進與尊公爲侍小，後或事成，得享富貴，遂其望也。」奮郡聞說大笑，遂赦弘信罪，擢入中軍，許爲該隊，視如心腹。自此以後，旦夕與二女飲酒作樂，常同弘信定謀，以取中都。時西定王差人探知得實，回稟如此如此。西定王大喜曰：「奮賊在吾掌中也，有何慮哉？」遂差太保豪郡統水兵三十隻就東處以擒奮郡。兵至棣花，傳令曰：「奮郡小輩，何故詐稱上朝敕旨，謀作逆叛，奪取季稅？今東處能覺乖違，含草受罪，饒其性命，若拒敵者，大兵到處，唯類無遺。」奮郡聽知大怒曰：「彼是男兒，我是豪傑，何敢誇言以欺吾乎！」遂率膠船一百隻，正欲出攻，該隊弘信急阻曰：「不可不可。頗玆冬候，風波湧發，我船卑小，難以爭鋒。不如尊公駐兵在臣家險處，設兵埋伏，待豪郡兵深入重地，發兵擊之，一人難脫，豪郡必爲[219]我擒。率乘勝之兵，進取中都，如反掌矣。」奮郡聞言大喜，撫弘信背曰：「卿之此謀，有神出鬼沒，人莫之測，眞今世之孔明，是天以卿賜我也。」遂率[220]兵就弘信家屯札。方入門內，弘信先[221]伏兵圍住，生擒奮郡，縛於階下，奮郡驚覺，大罵弘信曰：「小輩匹夫，何故潛謀反我？」弘信罵曰：「汝反朝廷，天無容汝，何我[222]反哉！」遂引就豪郡營中，同就京師獻納。西定王以該知弘信有功，擢爲都督同知弘信公，管知東處。弘信謝恩出朝，返回本鎮，京北朝紀前已回兵去了，其大明督將楊宗兵駐潭洪，未知消息。秀鳳探知回報，記錄聽言，放聲大哭曰：「哀哉奮郡，痛哉奮郡，可惜英雄死於非命，是失我一臂之力。」遂謂文祥等曰：

「玆已失機會，再約他期。我等暫回山西，復向中都畿內，投[223]結將士。如得其機，須[224]寫各簿，調回南朝獻納，以表其情，你可看我號令詳細，拜稟聖上，得知遠方[225]之盡心也。」原其前日記錄胡曾入西定王府，爲諸公教授，講習文學[226]，說談兵法，無所不通，西定王甚敬愛之。其左府瓊、右府碧是記錄胡義婿，西定王親愛二人如心腹，旦夕常居左右[227]，談論無移[228]。記錄胡乃暗結二人，及丹鳳、慈廉二縣各豪傑，並畿內三十六庯坊軍士，獲雄將十二員，精兵五千餘。咸據兵法練習，日潛而夜動，夕合而晝分，動止有法，進退有規，皆願爲內[229]應。尊記錄胡爲軍師，聽其分撥。又暗傳曰：「係每月朔望日，設立賑濟法壇，詐爲功德，以會議論。在三位廟，或在白馬廟，或在祖師寺，每場豎[230]立大幢幡一株，以黃絹爲幡，拽上招集英雄，四方咸來信供。同密意者，移坐密處談論，皆望南主長驅直過潭江北界，興兵響應，密約停當。」記錄胡乃謂文祥等曰：「我暫施號令一呼百應之計，你等詳看得，回朝拜稟聖德洞知。」文祥唯唯應諾，記錄胡乃密傳畿內三十六庯坊，係有屋有家財貨等物，宜埋藏下土，但留空室。我入王府，放火箭爲號，若有火箭高飛，各自焚家，皆向火起，若如違令，軍法難容。於是三十六庯坊，皆遵軍師密令，各埋財貨，准備舉火，待令而行，原記錄胡能造行火箭之法，甚巧，西定王常使焚放爲樂[231]，時西定王召記錄胡入府，令放火箭爲樂。記錄胡奉命，步出庭前，手持箭部，放三星一竿，飛上青雲，形如三龍相鬪，再往反騰空數次。放五星箭一竿，飛上直至蒼穹，色同五鳳舞靈霄，盤旋飛遶。西定王看見，撫掌大笑曰：「甚巧、甚巧。」賞酒一鍾。記錄胡又放七星箭一竿，飛上亂分無數橫出，落在外庯，火焚屋上。是夜三十六庯坊，人人看見，個個皆舉火[232]焚家從之。此時四庯門火燄標天，煙飛蔽地，黑夜空光，如同白日，草下拾得細針。三十六坊男女老幼，皆撫掌咸笑。西定王大驚，急差守將[233]庯門官提領海率四庯軍救火。是時風從火起，火助風威，救之不能滅。於是記錄胡回謂文祥等曰：「你觀號令應變如此，回南朝王庭拜稟明白。」遂密傳各會同連名記簿，獲勇將三十餘員，精兵二萬五千餘，納與記錄胡。遂寫啓文幷應義簿，交與文祥等調回南朝進納。又記錄胡男子名秀鳳，同詣南朝爲質。未知秀鳳入南朝報信若何？且看下回分解。

【校勘記】

❶「豊」甲、乙本作「嘉」。
❷「眉」，甲、乙本作「髮」。
❸「折」，甲、乙本作「落」。
❹「見」甲、乙本作「看」。
❺甲、乙本「神」下有「人」。
❻甲本「名」下有「也」。
❼「時」，甲、乙本作「辰」，下同。
❽「常」字底本作「堂」，據甲本改。
❾「軍」，甲、乙本無。
❿「京」字底、乙本作「市」，據甲本改。
⓫「地」，甲、乙本作「形」。
⓬「地形」，甲、乙本作「賊情」。
⓭「知」上甲本多「探」。又「細作探知」諸本作「細探作知」，據文義改。
⓮「軍」字底、乙本無，據甲本補。

⑮「破」字底、乙本作「矽」，據甲本改。
⑯甲、乙本「寇」下有「兵」字。
⑰乙本作「下從」。
⑱「攻擊」甲、乙本作「追剿」。
⑲「謂」字原作「謀」，據甲、乙本改。
⑳甲本「身」下有「內」。
㉑甲、乙本無「守」，底本旁加。
㉒「居山」甲、乙本作「山居」。
㉓「才」甲、乙本作「鮮」。
㉔「步兵進出」原作「進兵出」，據甲、乙本改。
㉕甲本作「往」。
㉖甲本無「也」字。
㉗「軍」，甲、乙本作「兵」。
㉘「顧」，甲、乙本作「頗」，底本原同，後旁改。
㉙甲作「艘」。
㉚乙本無「當」，原本旁加。
㉛「入」，甲、乙本作「到」。
㉜甲、乙本作「今古」。
㉝甲本作「聽不」。

34 「詐」字甲本作「悮」，乙本作「撰」。
35 「六」字底本作「七」，據甲、乙本正。
36 「校」，甲、乙本作「號」，底本原同，後旁改。
37 甲本作「率」。
38 「校」，甲、乙本作「號」，底本原同，後旁改。
39 乙本無「會」，甲作「道會」。
40 「椃」，甲本作「哄」。
41 乙本無「聽」。
42 甲本作「腹」。
43 甲本作「擣」。
44 乙本無「以」。
45 「旨」甲、乙本作「言」。
46 乙本無「傳」。
47 「将」字底、乙本無，據甲本增。
48 「旨」甲、乙本作「令」。
49 「者」字據甲、乙本增。
50 甲本作「為後合」，乙本作「合為後」。
51 甲本作「輸進」。
52 「滿」，甲、乙本作「洋」。

53 「哭」，甲、乙本作「泣」。
54 「嶺」，甲、乙本作「山」。
55 「伏」，甲、乙本作「設」。
56 「藏」原作「逃」，據甲、乙本改正。
57 「兵」字底本、乙本無，據甲本補。
58 「鋒」字甲、乙本作「銃」。
59 「途」字底、乙本作「遠」，據甲本改。
60 「訪」，甲、乙本作「誇」。
61 「罷」，甲、乙本作「説」。
62 甲本無「都」，又甲、乙本無「武」。又「武」字下甲本多「戰」字。
63 「諭」，甲、乙本作「誘」。
64 「來」字底、乙本無，據甲本補。又甲、乙本無「昭」。
65 「現」，甲、乙本作「顯」。
66 甲本作「宗祖」。
67 甲本多「其」。
68 甲、乙本作「越」。
69 甲本作「真甚」。
70 「之名」二字底本無，據甲、乙本增。
71 「內」字底本、甲本作「外」，據乙本改。

72 「刼」，甲本作「夾」，乙本作「挾」。

73 「崗」字甲、乙本作「崙」。

74 「濁」字甲、乙本作「渴」，底本原同，後在原字上改正。

75 「納」字甲本作「投」。

76 「妄」字甲、乙本作「女」。

77 甲、乙本無「下」。

78 「乎」字甲本作「也」；「其」字底本、乙本作「而」，據甲本改。

79 「生」字甲、乙本作「黎」。

80 「主」字甲、乙本作「王」。

81 自「因長嘆三聲」下至此，底本、乙本無，據甲本補。

82 「暫且權葬」甲、乙本作「權且暫葬」。

83 甲本作「該」。

84 「命」字甲、乙本作「令」。

85 甲本作「來」。

86 「扮」字甲、乙本作「放」。

87 「女」原作「生」，據甲、乙本改。

88 甲、乙本多「臣」。

89 「降」字甲、乙本作「來」。

90 「君」字甲、乙本作「公」。

91 「勇智」，甲、乙本作「智勇」。
92 甲、乙本「一」字上多「是」字。
93 「憑依」甲本作「依憑」，乙本漫漶。
94 「敢」字甲、乙本作「能」。
95 甲、乙本「知」字下有「方信」。
96 「将」字底、乙本作「智」，據甲本改。
97 「瘡疥」甲、乙本作「疥瘡」。
98 「奉」字甲本作「看了」。
99 甲、乙本無「社」字，底本旁加。
100 「制」字下甲、乙本有「順」。
101 「兵将」甲、乙本作「将兵」。
102 甲本作「海河」。
103 甲、乙本無「傳」。
104 甲本「鋒」字下有「将」。
105 「報」字下甲本多「復」字。
106 「兵」字下甲、乙本多「一萬」。
107 「師」字甲、乙本作「都」。
108 「言」字甲、乙本作「知」。
109 「接」字甲、乙本作「援」。

110 「驚」字下甲、乙本有「惶」字，「措」字甲本作「散」。
111 「竄逃」甲、乙本作「逃竄」。
112 「及」字甲、乙本作「幷」。
113 「珠」字原作「硃」，據甲、乙本改。
114 甲、乙本多「官」。
115 「諭說」甲、乙本作「說諭」。
116 「尒」字甲、乙本作「你」。又「官」字下甲、乙本多「炤知」。
117 甲本無「所」。
118 「閑」字甲、乙本作「同」。
119 「馳驅」甲、乙作「驅馳」。
120 「歸」字甲、乙本作「屓」。
121 甲本無「聖朝」，又「朝」字下甲、乙本多「族」字。
122 「早」字上甲、乙本多「順」，又「大」字甲、乙本無。
123 甲、乙本多「制」字。
124 「壘破」甲、乙本作「破壘」，底本原同，後鈎乙。
125 「祿壽」甲、乙本作「壽祿」。
126 甲本作「此」。
127 甲本作「兵」。
128 「軍」字甲、乙本作「兵」。

129 乙本作「率」，甲本作「追」。
130 「表」字甲、乙本作「啓」。
131 「心腹」甲、乙本作「腹心」。
132 「言」字甲、乙本作「知」。
133 「如」字乙、底本無，據甲本補。
134 甲本作「與」。
135 甲本作「准」。
136 甲本多「興師」二字。
137 「前」字甲、乙本作「舊」。
138 「虛」字乙本作「塵」，底本原同，後旁改。
139 「莫」字甲、乙本作「且」。
140 「擊」字甲、乙本作「戰」。
141 「遠來必有」乙、底本作「必有遠來」，據甲本改。
142 「太」字甲本作「少」。
143 「定」字下甲、乙本無「王」，底本旁加。
144 甲本無「已」。
145 甲本「過」上有「越」。
146 甲、乙本「步」下有「兵」。
147 「表」字甲、乙本作「啓」。

148 「師」字甲本作「兵」。

149 甲、乙本無「領」。

150 「但見」二字底本無，據甲、乙本補。

151 「椿船」二字甲本作「横」，乙本作「横船」。

152 甲、乙本「兵」上有「昭」字。

153 「出」字甲、乙本作「入」。

154 「馬」字據甲、乙本補。

155 「口」字甲本作「門」。

156 「兵」字甲、乙本作「軍」。

157 「精銳」甲、乙本作「銳精」。

158 「敵」字甲本作「救」。

159 「相」字甲、乙作「將」。

160 甲本作「彈藥」。

161 甲、乙本作「當郡、寧郡」。

162 「智」字甲、乙本作「萬」。

163 甲本「象」下有「兵」。

164 「處」字甲、乙本作「據」。

165 甲本「報」字下有「曰」字。

166 甲、乙本「我」下有「引」字。

167 「歡」字甲、乙本作「歌」。

168 甲本作「正引兵」。

169 「慎謹」甲、乙本作「謹慎」。

170 甲本作「率」。

171 甲、乙本無「社」。

172 「姓名」甲、乙本作「名姓」。

173 「已」下甲本有「深」。

174 「郡」字據甲、乙本補。

175 「反」字下甲本有「兵」；「軍」字甲、乙本作「兵」。

176 「彈藥」甲、乙本作「藥彈」。

177 「官」字甲本作「昭」。

178 「言」字甲、乙本作「語」。

179 「郡」字甲、乙本作「賊」。

180 「銕」字甲本作「黃」。

181 甲本作「拜禀」。

182 「櫳」字上甲、乙本有「但」。

183 「郡」字甲、乙本作「順」。

184 「乇」字乙、底本作「存」，據甲本改。

185 「兵」字據甲本補。

186 甲本無「與」字。

187 「法」字下乙本有「也」，甲本有「入」。

188 「蹰」字甲、乙本作「躊」。

189 甲本作「進」。

190 甲本作「破兵」。

191 甲本作「駛」。

192 「甘」字甲、乙本作「甜」。

193 甲本無「陛」。

194 「自」字甲、乙本作「身」。

195 「彼」原作「祓」，據甲本改。

196 「節制」甲、乙本作「制度」。

197 底作「反主為客」，據甲、乙本改。

198 「演壽」甲、乙本作「壽演」。

199 甲本「時」上有「斯」字。

200 甲、乙本作「扶陽、朝康」。

201 甲本「道」下有「寡」。

202 「勇敢」甲、乙本作「敢勇」。

203 「居」字甲本作「民」。

204 甲本作「方」。

205 甲本作「率」。
206 甲本作「及」。
207 「曰」甲、乙本作「云」。
208 「鎮」原作「錄」，據甲、乙本改。
209 「環」字原作「還」，據甲、乙本改。
210 甲本作「國家」。
211 「國」字甲、乙本作「帝」。
212 「機」字甲、乙本作「基」。
213 「慢」字乙、底本作「謾」，據甲本改。
214 「謾」字甲、乙本作「慢」。
215 甲本作「率」。
216 「發兵出行」甲、乙本作「率兵發行」。
217 「發」字甲、乙本作「率」。
218 「軍」字下甲本有「追」。
219 「為」字甲、乙本作「是」。
220 乙本作「出」。
221 「先」下甲本有「巳」。
222 甲本作「我何」。
223 「投」字甲本作「收」。

224 甲本作「修」。

225 「方」字甲、乙本作「臣」。

226 甲本作「章」。

227 乙本作「右左」。

228 「無移」二字據甲本補。

229 「內」字乙、底本無，據甲本補。

230 「豎」字原作「樹」，據甲、乙本改。

231 「樂」字乙本作「衞」，底本原同，後旁改作「樂」，與甲本同。

232 「火」字乙、底本無，據甲本補。

233 「將」字甲本作「四」。

越南開國志傳　卷之五

吏部尙書該簿兼副斷事阮榜中承撰

詩曰：

英雄名振冠華夷，社稷威靈仗護持。
沛邑祥貼龍獻瑞，嘉鄉禎應鳳來儀。
金湯勢壯無疆衍，玉帛庭森率土歸。
開創基成明盛世❶，紫雲藹藹擁皇畿。

却說盛德丁酉五年二月，南使文祥儒、黃世良等，同記錄胡男子秀鳳，星夜回到林營，拜見節制順、督戰昭，陳記錄胡前後如此，又呈密啟。二將開看，大喜，重賞差人，宴待秀鳳，誘以善言，重謝記錄先生，眞識時之英傑也。秀鳳拜謝，暗思以古言：「未知其君，先察其臣。」玆聞二將之言，則知南主之有人也。宴罷，遂差屬人名秀明，同文祥儒、黃世良、秀鳳入朝拜稟。秀明等奉命星夜回至廣平❷營，入朝望拜，上啟文並應義簿，其啟曰：

北方山人小臣記錄胡、范有禮及應義等，頓首百拜，謹啓稟於南方聖主殿下電照，臣等竊惟聖出聰明，方廣包❸容之量，臣思輔佐，虎將應義之旗，蟻悃冒投，龍顏仰達。竊念臣名慚聞世，務忝識時，久厭看無道之朝，自娛遯趣；一喜見當興之運❹，思効坤從。昨因客與南遊，適見信馳北曉，幸天應兆，從陸道、按地輿，兵出虎關，望聖德，南發烏洲；行天討，奠安鳳趾。臣見使遙頒明綍、聖過褒高隱先生，既諭以先皇創業，先主立功，驗昔時猶否遇，又曉以岐下韜光，蜀中屈己，於今日必泰來。溫存聖旨於一札之中，明見心思於萬里之外，臣意欲載馳驥足，伏謁龍顏，第虞事任身，內唱不容一懈。為密行遣子，遠來拜謁九重，庶下情上通，上意下達❺，臣請學從呂叟，業贊周王，日延賓客會家，與約協同心志，時展謀謨為國，奚辭奔走事功，俟有可乘之機❻，以圖進取之策。且北將人皆乳臭，久銜枚戰不敢交，而南兵勢似❼雷聲，一破竹攻之必取，聞郎騶內將雄勇，糾士卒外不合和，見主帥盟渡南來，威伸而風飛雷動，即賊黨望塵北走，強取如拉杇(朽)摧枯，指戈❽進至於南陽，得地利必擒鄭僞。招集二州之百姓，告九廟及謁諸神，係鉅鹿之粟財，分賜諸軍以備給餉，凡瑤瓊之宮、室，令付煙火，以慰徯顒。擇人守湯沐本根，馳檄播東西南北，四方皆引領仰望，一時共束手來降。見步兵雄象彌山，孰敢螳螂拒轍？望水師戰船溢海，誰敢蚌鷸爭功？厥綏士女之徒，咸篚玄黃之貢，普天之下共山呼，率土之濱皆水就。臣收中原之兵，望迎聖駕，進御龍城，共成大功，易如反掌，今請勿疑。臣等稽首百拜。謹稟。

聖王御看啟文並應義溥，大喜。秀明等又進天朝讖語，讖文曰：「雖有同姓，亦非苗裔。九九之數，非三則四。」王看罷，未曉情由，乃召秀明問之：「讖言之意，汝能識否？」秀明稟曰：「曩日大明客人遞至，督戰官有審問詳細，客人曾已分解。」王問曰：「讖云：『雖有同姓，亦非苗裔。』說的何理？」秀明稟曰：「客人解曰：『此二句原京都所說，當今聖德皇帝黎維胡，雖同黎姓，原非黎太祖苗裔。且黎太祖是瑞原縣藍山鄉，興義兵而成帝業，傳至永祚德隆皇帝，治平海內，百姓富饒。德隆皇帝位傳與陽和帝卽位，得十一年，縣中荒蕪，畿內❾屢生災異，處處火災疊應，宇屋無遺；年年洪水滔天，城牆頹壞❿，人民餓死，屍塞路程。帝知上不荅天意，下失望人心，乃降詔召鄭王入朝，群臣會議，帝曰：「朕今仁踈德淺，獲罪於天，以致黎民愁苦，朝廷等擇有德者立之，朕當讓位，以覩天下昇平。」鄭王及朝廷奉旨，遂迎黎維祐卽位，是爲福泰皇帝。〔治〕得七年，天下饑荒，再改元爲慶德皇帝。治得五年，再有水火災，常年疊起⓫，黎民困⓬窮，百姓饑荒，天下咸生怨志。原慶德皇帝東山縣布衞鄉，但自布衞上行至藍山過二日半，是謂「雖有同姓，亦非苗裔。」此二句者。』王再問曰：「後有二句『九九之數，非三則四。』又何理也？」秀明稟曰：「此二句，客人曰：『此南邦隱居逸士，廣見多聞，有包含天地之才能，不測鬼神之量，明其古往識今來，知清王興亡否泰之數，何必問哉？且清王今年八十一歲，是九九八十一之數也，算於玆年，不三月則四月，清王終命，是謂「九九之數，非三則四。」此二句也。』」王聽罷，大喜曰：「此高明達見之士，何幸相逢，共圖大事。」議罷，遂召秀鳳等入朝拜謁。秀鳳拜稟曰：「臣父記錄胡，共四鎭諸將等，仰聞聖主，德孚遐邇，思普群方，屈己以求賢，傾身而待士，人人一皆歡樂，謂得明君，咸望聖德威揚，蕩清四海，恢復中原，庶展英雄之力，副平生之願也。」賢王聞稟，從容謂秀鳳曰：「我聞胡先生是高明之士，能辨理識時，匡王除害，頗四鎭歸附之人，料當今之豪傑也。今隔千里，亦如面談，何時共得相會，慰此平生，以快予心之望也？況爾等路途危險⓭，爲我忘身，徑到王庭効順，予心倍喜，量其功大，何以答之？合當加官給祿，以表其功。但南北殊途，恐其泄漏⓮。」遂取黃金十兩，銀子三十兩，絹稅五疋，賞秀鳳等，以副趨向之心。秀鳳等出班拜謝。賢王再密謂曰：「爾等返回西鎭，〔爲〕我致意胡先生等，事宜同心協力，勿負前盟，如漢高遇張良，玄德逢諸葛。軍需整備，待春末夏初，四方咸起，我兵進至，汝等當東西夾擊，以分鄭家之勢，庶僭逆就除，輿圖混一，則胡先生之功，永垂竹帛，豈有小哉。」秀鳳等奉命望拜，辭出朝，返回西鎭。

賢主再召秀明密傳曰：「爾取黃金五十兩，銀子一百兩，調就兵塲，交與督戰昭武。傳昭武宜作密書，擇本屬密信數人，領取各物，同使人遞與記錄胡，謂這銀色，賞許記錄胡與諸豪傑等，以爲先見信物。再宜居此，密探衆情虛實，與去就舉止如何，速速返回稟報，勿可遲誤。」秀明奉令趨出朝，星夜乘驛馳至督戰營中，入帳具納金銀，呈說聖上令旨如此如此。督戰聽言，沉思良久，以爲：「今旣差世良、智川往行公幹，且二名原是廣南人，於前朝南北正猶相通。文祥父都督禮郡公，當爲北朝宰臣，生下文祥在中都。乙未年南北交政，疆場各別，南朝攻破進輸，差禮郡孫文芳，就中都說與禮郡，謀害進輸，以絕其患，致禮郡許文祥，隨文芳同往南朝應義爲臣，以通消息。那文祥、記錄胡曾有親信，常委就各鎭密探虛實。現今文祥有老母八十餘，孀寡在家，實爲冷汀孤苦。今文祥奉差遠行公務，其母調養無人，未免倚門顧望。仍修寫表文，再令文祥、世良、智川等，返回御營拜稟，庶蒙敓下小職，俾副伊等初心，勤勞⑮國事。」於是修寫表文，交與秀明，徑引文祥、世良、智川等，同回御營投拜，呈上表文。賢主覽表畢，乃諭文祥等曰：「爾等是我之腹心，素勤國事，我亦曾有記心，但念功成之日，優賞有加，未爲晚也。今督戰旣有表文稟白，我奚吝哉！」即敓許世良、智川二人爲隊長，文祥爲該合，與許三人精銀三十兩。文祥等拜受謝恩畢。王又給許文祥老母屯田三畝，並每月官糧二斛，以供孝養。文祥下階拜謝，稟曰：「臣感厚恩，願盡犬馬之勞，思報聖上天地包含之德，雖肝腦塗地，不敢顧也。」王再謂文祥等曰：「汝等今家情已斷，宜速就督戰，聽其指畫而行。」三人拜辭，返回棣營，就拜督戰，細述回朝、聖上聽允恩待一遍。督戰大喜，乃以密書並前日敓銀交與文祥等，再三叮囑如此。於是文祥等尋箇奪路，望中都山西直往。途中早遇記錄胡正當閒遊，結識豪傑在山西地頭，兩相交施禮畢，共叙始末情由，回呈進南主賞欣密書並銀色禮物與軍師，任其調遣，有功者賞。記錄胡聽言，喜動顏色，乃飛報諸豪傑，共就記錄胡居所，相與開看，遞來密書，其書云：

南主達書於記錄軍師胡先生，並金銀信物，同諸公會曉。

蓋聞：天有日月星辰，日月光而星辰耀；國有君臣父子，君臣明而父子良。方今先生及諸公等，是仁人君子，達理識時，取舍行藏，潛名抱道。竊聞鄭氏，上則欺凌帝室，下則殘虐生民，戕賊忠良，綱常紊亂，深山窮谷，白叟黃童，莫不含怨。曩聞先生及諸公等，恨鄭家之昏亂，置百姓於倒懸，意欲奮其忠義，滅鄭扶黎，武則有智信勇嚴，文則有⑯韜略經緯，思扶王室重興，擬救黎民水火，雖古之名臣傑士，有憂君愛國之心，亦不能出其右。自見密詞通報，內叙兵機籌畫，實出萬全，予心奚勝⑰喜慰。但我才疎德薄，不及周、漢之賢君，敢望呂、張之為輔，乃孜孜旦夕，望賢如渴，以求自輔，未得其人。今幸遇⑱先生，何譬涸魚得水？仍有薄禮，虎將致敬，煩公等鑒諒此心，相與協力，指日訂期共發，相助我師。倘事勢如何，早復來音，便料舉雄兵，卷席長驅，庶顯先世之功，掃清君側之惡，若言不棄，夫復何求。今書。

記錄胡及諸豪傑看了密書，並喜曰：「如此書中情緒，再三思之，是我等擇得明主也。」遂同領賞物，向南望拜。曰：「深感南主重待甚厚，雖粉骨碎屍⑲，恐未能補報。」遂摩拳擦掌，切齒咬牙，惟以滅鄭爲誓。說罷，辭謝記錄胡，各自返回，密練兵馬，潛爲積草屯糧，待時而動。

忽於四月十八日，鄭清王病卒，西定王繼位，居喪。記錄胡等聞知，大喜曰：「今國內有喪，時運已至，何有狐疑？」記錄胡謀撥東處文裕、北處朝岩、西處秀鳳、南處快德，四人潛夜討路，就南朝拜稟，道以鄭王如此，乞早發雄兵，盡過潭江，努力攻勦，便四鎮兵起，一時夾攻，生擒西定解納。賢王聽罷大喜，重賞四人，謂曰：「爾等早回，說與⑳記錄胡及諸豪傑，作速準備，勿負前言。早晚我亦提兵過江，首尾交攻，以成大業。」四人領命，一時回去。時人有詩吟曰：

江水滔滔萬古流，四方均與國同休。
西南春半超山岫，東北夏初越海洲。
一語依憑心最固，單身轉達世㉑無憂。
緣諧千載何曾識，直對三光永世留。

却說是年四月十八日，北朝鄭清王薨，黎皇親詣清王府中，素服設壇置祭，文武臣民，盡皆掛孝。話分兩頭：時南主賢王，以前日記錄胡有差人報說鄭王薨事，乃親率三軍，鑾駕至義安石河縣，駐兵雲葛營。節制順義同文武諸將，皆來拜駕畢，節制順義稟曰：「方今清王新逝，國內有喪，臣等料戰鬪之事㉒，勢必懈怠。而四鎮雄兵已備，人心已順，正天與人歸之時也。願聖上直過潭江，隨機攻勦，庶一舉直至中都，合四鎮兵，一齊早滅。所謂『天與弗取，反受其殃。』願聖上㉓思之決之，免致事機有失。」王聞稟，謂曰：「節制之言是也。但我前代與鄭氏有親親之義，於仕王聖祖賓天之日，清王差人遞禮弔賻。玆鄭家有喪，我再發兵攻擊，是無義也。古云：『乘人之危不武，利人之災不仁。』卿等宜曉知此意，暫且按兵，再圖後舉可也。」諸將聞王之言，拜稟曰：「聖上既有此心，誠堯、舜之仁，臣等敢不奉命？」於是賢王乃令人整備弔禮，差人直往京都，以答前恩。隨卽下令諸將，據潭江南邊，自山至海，依勢築壘，分屯設守，以防禦敵。王乃班師南還。自是南北休兵，各據疆界屯守。

再說西定王自繼位之後，常以太保寧國公素有勇略，人多推服。往年太保承清王旨，領兵鎮禦南軍，屯在安場營，招兵買馬，交結英雄，潛有不軌之心，定王疑之，乃密謀當郡詐旨，傳太保回朝守制。太保見此懷疑未定，遂召心腹人參督袷郡、署衞翊祥至密房商議。太保曰：「今王兄繼位，差召我回，我料此令召，有不祥之意。且王兄與我，原是骨肉，我曾窺得王兄，素無與我一毫友愛，今而速召，其中必有大故，非是良心。我欲謀圖保身，未知去向。我聞南朝阮主，聰明大度，識量過人，屈己求賢，下身待士，我欲降之，免罹此禍；或依召速回中都，隨其所遇，這二理汝等所主如何？早決一言，便憑料量。」袷郡、翊祥聞言愕然，呈曰：「太保此言，眞耶？假耶？」太保曰：「汝二人是我之心腹，相隨日久，豈不知我本心，反疑我耶？」袷郡、翊祥等曰：「臣子之道，一進一退，是否所關，今太保既出此言，諒非得已。以卑等竊料，縱事果至此，若回中都，譬如龍入湯鑊㉔，不如早投南主，再作別圖，卑等亦免池魚之禍。」太保聞言，尋思良久，謂袷郡、翊祥等曰：「據汝等之言，甚是有理，柰我有老母，煢獨在堂，夙夜無人定省，我若一去，旣爲不忠，又是失孝，未免天下以我爲禽獸耳。爲今之計，莫若汝等宜先往南界，以我事故道與節制、督戰二公詳審，如有相厚，差人接我一會，便投機語，俾後歸降。」於是袷郡、翊祥二人拜辭太保，並㉕將妻子及所管軍馬，徑詣南界，通報守將，引就節制營前拜伏。節制出帳迎接，具問來意，乃延入營中，各分賓主而坐，設宴款待。袷郡離席，起身告曰：「今太保親提重兵於外，西定王意有疑忌，雖云兄弟，勢不相容，太保所因日夜號哭不已㉖，每思保身之計，未適所從。久聞尊公有事君以人之量，欲決意一往，憑藉尊公，以爲棲身之所，但未審尊意廣納如何？特遣小人前來報叙，願尊公指示。」節制聽罷，卽差人就請督戰昭武就帳商議。督戰曰：「太保果有此心，節制公差人回朝拜稟，待聖上放下如何？我等欽遵規料。」節制曰：「然。」遂差將臣吏文川，以太保欲降事故，回朝拜稟。賢主聽稟，大喜，卽傳旨曰：「今袷郡、翊祥既是來降，令仍許其舊職，屬節制順調遣。如太保寧國公，乞迎來降，付督戰昭武料作心書，並差人料機迎接。」文川奉命望拜，返回節制營，陳說聖上令旨如此如此。二公奉命，遂修作密書付祫郡，擇委心腹人遞交太保審料。其書云：

南主達書於太保元帥府閣下：竊聞古往今來，天下國家之事，常有興亡治亂，都在天意㉗而已。況阮、鄭雖其異姓，義亦同宗，肆予應天順人，乘時舉事，扶黎室之重亨，救生民之塗炭。今太保既自遠圖，將投歸南徼，我爾義同親族，奚可盡言。且古者亦有箕子投周，謀存宗祀，免大患於火湯，留芳名於簡冊，得其忠孝兩全，是謂明哲。或㉘太保肯惠然來，亦是助予一臂，如成大業㉙富貴共之，事貴先機，幸勿遲疑有悔。今書。

太保寧國接書開看，恍然如夢，半晌方醒，潸然不覺下淚，憂悶倍加。正當憑几而坐，尋箇進退，忽聞營外人喊馬嘶，繼有一小卒走來飛報，謂：「朝廷有差太保富郡提兵來捉甯公，現已圍住。小卒竊聞來人報道：『捉甯公回朝，處以不來歸受制之罪。』」太保寧國聽知，放聲大哭曰：「吾悔不聽祫郡之言，致有今日之禍。」悔罷，已見富郡當先就捉，具傳旨意，於是太保寧國束身受縛，遂同富郡一齊望京回去。時節制順義差人投遞寧國書，當在館暫歇，待以回音。見寧郡(國)被捉調去如此，乃奪路馳回，報與節制。順義聞之，愀然不樂，嘆曰：「寧國英雄如此，吾恨不得一見，惜哉！」

話分兩頭。却說太保富郡押調寧國至京，引入王府服罪，西定王責之曰：「汝爲臣子，王父晏駕，不回守制，更托以身在疆場，妄萌異意，汝今於君臣父子，其義可乎？」寧國長跪俯首，亦㉚哭叫寃而已。定王叱之曰：「汝有何寃，將圖鼓舌？」遂令作木櫃納入，付下監禁。時寧國既在縲絏，西定王遂以其子富郡爲元帥，差往義安領寧國兵象屯守。富郡領命就處，召集都督豪巒、參督潤入帳中密議，曰：「公等職居宰輔，祿食鼎鍾，最宜盡心竭力，思報王上之恩。方今南朝順、昭小輩，興兵擾境，占據義安七八州縣，開壕築壘，謀爲長久之計，是欺朝廷之無人，況又輕我等太甚，我之所恨，深入骨髓，誓無兩立。公等當密傳諸道，選取强壯敢戰之士，限本月二十三日酉時，括取各漢民船，載其器械藥磾，約至二十四日寅牌，突過南華西上賊壘，破大勝營，連拔順、昭二屯，隨後接應。要在生擒順、昭二將解納，以奏膚功。」分撥已定，各將領命，並回本寨準備，以待至日動兵。時有北邊宜春縣福洲社人攀麟，聽知富郡商議分撥如此，自投節制軍門，報道：「北將都督富郡，今代領寧國兵權，屯守永營，有差署衞顯陽就泊河福洲，擇取伊洲民船八十隻，混沐蔓民船六十隻，內限六月二十三日船就永營泊沿潭江南岸㉛，分載藥磾、器械、軍需等物，與傳都督豪巒、都督同知潤郡等，約至二十四日寅時，人則含枚，馬則勒口，暗引兵越江，襲攻南華西壘，破上道鎭大勝屯。富郡後發大兵接應，以擒南兵。」節制順義聽攀麟報信，大怒曰：「富郡乳臭小兒，安敢妄逞螳臂拒吾轍乎？吾決擒之，梟首示衆，方消吾恨。」言罷，令人將攀麟就館安歇款待。乃差人請督戰昭武及諸將，同就帳中商議，節制順義謂督戰昭武曰：「富郡小輩，暗用詭計，將差兵襲我上道南華壘，公宜定計擒之。」督戰昭武大笑曰：「脫有西定自來捉之，譬如反掌，何況一小兒耳！烏足慮哉？節制順義差人飛報與鎭守大勝，預先準備，堆積柴草於近江畔之處。至二十三日酉時，引兵出壘，列於中路以待。倘見北兵突至，發兵拒敵，佯敗，忽走回壘。弟即差人放火爲號，若彼軍乘勝㉜趕來，大勝望見江邊㉝火起，急引兵弩力回戰。如北軍敗走，急追至江邊，期捉富郡，收拾器械，勿得有誤。是謂『縱餌釣魚』之計。再差鎭守扶楊引一枝兵，屯在南華西山埠處埋伏，若聞砲響，及見煙火，急引兵攔截攻破，以擒豪潤等輩。節制兄長同弟大兵，從水路接應，斷彼歸路，使彼片甲不回，不敢正視。」分撥已定，節制順義聽罷，大喜，撫掌笑曰：「督戰之計甚妙，正合我意。」乃令諸將等，各宜依計而行，若違令者，當受重罰㉞，遂差人密傳與鎮守大勝，如此如此。

再至二十四日寅時，北兵豪蠻、潤郡二將，引兵突過潭江，棄船上岸，偃旗息鼓，望南華西壘而行㉟。兵行未及數里，忽見前面㊱旌旗蔽日，金鼓喧天，攔住去路，乃是鎮守大勝之兵，列陣以待。北軍大兵不敢馳進，豪蠻大驚，催兵急戰，鎮守大勝佯敗，走回南華壘。豪蠻、潤郡乘勝追趕，南兵緩緩且走且望南江畔。忽見西北邊江火焰障天，黑㊲煙蔽地，鎮守大勝遂回兵努力大戰，銃聲如雷，彈急若飛。時南兵雄壯，一人敵萬，豪蠻大敗，回兵急走，人人曳兵棄甲，各自逃竄。走至半路，忽聞林中砲響，一軍突出，人人雄勇，個個威風。北軍見之，皆驚，視之，乃南將鎮守扶楊，揮軍大戰，豪蠻慌然，手足無措，棄軍急走，身無片甲。手乏兵戈，望北而走，正似犬逢虎逐，兔遇獐驅㊳。潤郡隱入山林逃脫，豪蠻見江岸上流有火，疑有伏兵，不敢投去，乃從下流尋箇便路，奔走到江邊，望見下流戰船無數，乘波逐浪而來，乃節制順義、督戰昭武水軍，當前截路。又聞揚聲曰：「軍中要捉豪蠻、潤郡解納，重賞加官。」豪蠻聞之心驚，足不成步，仰天嘆曰：「天乎！天乎！前有大河，後有追兵，逃竄無路，是天使我死於此地。」遂拔劍將刎㊴，左右急止之。忽見江岸上流有一軍乘船突至，大聲叫曰：「都督勿可造次，我軍已有接應。」豪蠻視之，乃回心大喜，即盡力一跳，倒於船內。見是元帥富郡提兵救援，皆自逃回永營去了。南兵追之不及，節制順義下令收軍回寨，請諸將公同修寫軍功簿，差人調回王庭奉納，拜稟如此。賢主聽稟大喜，綽髯笑曰：「順、昭用兵，可謂彷佛孫、吳。」遂差將臣吏兼略，齎金銀錦帛，就賞諸將及三軍，再賞攀麟爲該隊，以表厥功。諸將等望拜受賞物畢，兼略返回廣平御營去了。後人有詩吟曰，凌空長劍絕雲衢，遭際休期顯丈夫。
妙計閑施驚北黨，奇才遠播壯南陬。
扶揚兵出途方截，巒郡心寒[40]口疊呼。
只爲鄭家猶泰運，致令疆宇未能收。

却說時有北朝舊[41]吏部尚書左都督濯郡公，乃海陽安老縣土山社人，曾已歷事明康、安平、清都等王，行年八十有五，爲人頗通天文地理，曉知韜略，其諸史五經，皆能暗誦，卓有廉頗、李牧之才，晁錯、裴度之智，龍顏鶴骨，目秀眉清，飄飄然若四皓之風。閑居朝外，窺知鄭王繼位，政化多乖，殺帝戮[42]父，不納忠言，偏聽讒謗，屠戮有功，爵賞非人，衆皆失望。乃封還紫綬印跡，奉納王庭，乞歸鄉致仕，以養終年。西定王苦留。堅志不肯，遂勅許還鄉養老。尚卿拜謝出朝，回家閑坐，適有同進士湄溪子在京回鄉，遂請至草堂，坐定，問曰：「子聞南主現今兵屯何處？政令若何？」湄溪答曰：「目今南兵正在潭江之南，分屯設壘，防禦甚固，其如軍令甚是嚴肅，政事亦甚寬和。自收得義安之後，民間秋毫無犯，輕徭薄賦，役簡刑寬，傾心待士，屈己求賢，某料湯、武之仁，亦不過此，眞當世有爲之主也。況輔弼之臣，武則節制順義、陽智、扶楊、大勝、雄威、雲龍諸人，有關、張、馬、趙之勇；文則督戰昭武，有諸葛、劉基之才，至如衞純、貢和、貢賢、貢顯之徒，韜略既精，武文亦備，可能濟世，是謂君明臣良，魚水龍雲，千載相逢也。是小生耳聞目覩，豈敢有虛說哉！」尚卿聽言，喟然嘆曰：「若如子言，則鄭家指日休矣，可惜明康王之功，恐不能相傳於萬世[43]。」閑談畢，湄溪起席，拜別回家。是夜尚卿乘閒散步庭前，適見參星其首在北，尾直指於南方，間有青雲遮蔽，又有羅星照紫微垣，歲星犯氐宿位。追想謝言有云：「候兵百萬回家」之句，遂撫髀笑曰：「鄭家氣數未盡，南兵早晚必回，中都誠無虞矣！」

再說九月初旬，有北朝永營人勳祿、俚兼、俚寸等，潛過潭江南邊驅獨營，拜督戰昭，告以：「昨等名在北邊，有聽得北朝元帥富郡及諸部入帳中會議，以爲同昏壘地勢，乃勝岩屯守，且此壘最是低弱，今當適値秋末冬初之際，或有疾風驟雨，潦水漲溢，南兵昭武，本是才將，更曉氣數，倘準備未完，乘虛突過，勝岩何以制之？況一舉再行修築，恐動軍心，難於收復，致會部曲，問以備禦之計。廉郡、美郡見富郡所問若此，有乞富郡急差人密傳勝岩移屯在土山之下，分兵守其高埠橫港，足爲聲勢。或有潦水，南兵乘勢突過，則勝岩已有土山爲險，攻守頗易，可無患矣。待多盡春來，則據同昏保守，如此則高枕無憂，何勞疑惑。且北將所議若此，但未差行，故愚等特來報道。」督戰昭武聽言笑曰：「富郡小兒，安有深知遠見，料得吾心？吾於翌日已推算本月二十五日癸亥，乃軫星値日，必有暴風疾雨。況有黑雲蔽於北斗巨門之位，白雲掩於辰星㊹之宮，西北方自有大發風雨，潦水漲溢，我先具有準備，苟彼有知，亦已晚也。我當急差先取，免彼知泄，爾等且留營中，觀我先破同昏，富郡心寒，不施其計矣。」遂差人飛報節制順義，如此如此。節制順義乃傳該奇雄威，修整器械具備。待至二十五日，天有風雨，水滿潭江，急引兵突過，破同昏勝岩壘，我卽引兵接應。至二十四日寅時，忽見陰雲四合，雷雨滿天，飛砂走石，破壞屋宇。二十五日，同昏壘處，水深五六尺餘，勝岩大驚。聞壘外喊聲、砲響喧天，又見南兵乘船，逐波跨浪而來，乃是督戰昭武之兵，一齊越壘破入勝岩營中。勝岩正當督兵轉運軍需器具，見此心慌，不能措手，軍士亦無心戀戰。勝岩單身走上土山逃命。時同昏北兵沉溺死者無數，生者號泣之聲，驚動天地。

且說勝岩逃走，途中饑甚，四顧南兵，不有追趕，見屬下人，身帶火食，飛走㊺而來，勝岩喘息，坐下路上，令那屬人輙尋箇山要叢雜處，埋鍋造飯，將以療饑。但飯未及熟，忽見東南角上，塵頭大起，一彪兵馬，大兵驟至，旌旗蔽日，矢石如雨。勝岩大驚，登土山遙望，見是節制順義，該奇雄威之兵。勝岩魂不附體，加以饑甚，不能拒戰，慌忙如喪家之狗，直望㊻腰蹇奔走。南兵追之不及，拾得器械、藥彈、象、馬，不可勝數。節制順義即鳴鼓㊼收軍，返回潭江，傳許三軍安歇，南界諸將等，各自獻功。於是節制順義撫督戰昭武背言曰：「今日勝兵，乃知公調遣出人之力也，雖自古運籌帷幄之才，安能獨擅其美耶？」督戰昭武起身謝曰：「我等上藉皇天嘉祐，中蒙聖德洪福，下賴將士協心，致成今日之功，非昭所能獨也。」節制順義乃會諸將作宴慶賀，差人回朝奏捷。後人有詩贊曰：

戰艦飄飄渡急瀾，雄兵數萬越重關。
翻空波浪蛟龍起，括地風煙虎豹寒。
凜爾秋霜凝劍戟，爍然夏旅整衣冠。
料知相將能如此，家國何憂不奠安。

却說盛德戊戌六年，時值正月，南北兩邊，各自按兵不動，軍皆時常訓練，民者樂業耕農，輕簡徭役，百姓歡歌。六月上旬，南兵督戰昭武等，作譏貶鄭詞，差人密藏，就中都清華並各處，及粘在關市，或拋棄途中，俾見者讀之，或以馳報，亦爲謠言之什一㊽。其詞曰：

蓋聞：有天地、有民物，民物得所而天地和；曰朝廷、曰公卿，公卿得人而朝廷正。古今不爽，經籍猶存。竊見鄭氏官不擇賢，而公侯㊾品秩雜冗；政不務簡，而四方賦役慘煩。狡猾者以為忠臣，廉直者以為誹謗。迷財迷色，自樂自娛，浚百姓之膏脂，奪九重之權柄，付與閹門。猜忌豪傑英雄，廢黜勳勞將相。攻城略地，驅民而取彼錢財；邀福作威，枉法而用他刑罰。前年恩公勇駙馬，荼無辜而見戮；往歲左府才駙馬，廸出力而被刑。法不遵至正至公，仇是用偏廢偏斷。鳥未盡而良弓折，敵未破而謀臣亡。刳胎殺夭，麒麟不至於郊；破卵覆巢，鳳凰不翔其邑。出征將士，不思枕戈臥戟之勞；所至地方，不念害物殘民之慘。有功者賞，無逾弊紙一張；有賊出征，不費紅腐[50]一粒。給許黎家餘廩田不過一頃孤村；容充鄭氏膏紈，祿盡是萬民巨社。況又子午歲暴屍未葬，卯酉年白骨猶存。生事必事生，責人不責己。茲南主明公，上觀天道，知時至勿疑；下察民心，見民危則救。除奸去僭，翊運扶[51]王。扶黎室之重興，轉乾坤之再造。統貔虎之兵十萬，威行地震山摧；調鷹揚之將百員，謀設神出鬼沒。顧彼識時者，何不自謀乎？樂毅去燕，決投趙而能成大事業；伍員背楚，志從吳而大立功名。看此曉詞，北方諸將等，或識時達理，倒戈効順來降；或見勢知機，率衆向明倍暗。同心勦孽，竭力勤王。如此身則保全於功名，世則永傳於榮顯。若執迷隨奸僭者，何異臣曹事卓，難逃青史汚名；事逆背君，不免後世貽笑。一旦崑崗[52]火發，玉石俱焚，靈芝與腐草不分，瑞鳳與野鷄同棧。茲曉。

且說督戰昭武作詞畢，差人將詞，潛就京都與各鎭，依計粘棄。北朝人民拾得開看，或怒而毀之，或沉吟不語，或點頭謂其言有理，或投遞公卿看之，或置之而不答。自此人心各有携二，或議從中起事，或決遠來歸降。時西定王見人心搖動，加給兵權與都督麟郡，以防有變，然自此軍民潛往南界來降甚衆。

是歲二月，賢王大兵，久在義安，關山懸隔，糧餉轉運頗難，乃差文武官就義安處各縣民立選場，閱選壯軍民各項，照收官稅，以充軍餉。且義安民，前者未曾出納身稅，聞此新令，乃相私語曰：「我等仰享太平之業，免其租稅，獲其安居。玆再受稅，重過前年，倘或天賜南朝一統之後，吾等何以聊賴？不如早逃回中都，以觀時勢。」聞者馳報節制順義、督戰昭武，民心如此。督戰昭武聞之大驚，乃用詭言，密許心腹民，往各縣州閭里流言曰：「南朝典法，選定良民，如壯項軍壯者，則爲隊伍以防攻擊，有功者擢用爲官，無功者准饒滿代。但玆時暫收定稅，一以給發兵糧，一以編修簿籍，成功之後，查并再還，不干衆人恐懼。」義安民聽得此言，其心乃定。節制順義、督戰昭武，探知大喜。

至八月，賢王令旨傳係義安七八州縣北河布政，某有才力文學者，可爲知府、知縣，府縣提吏、通吏，與可爲該府、記府、書記、該總、將臣、社長等職。隨次許之，一則以備勘問詞訟，明他曲直，一則以備押收諸稅，兼按察捕捉盜賊，以杜奸萌。自是義安等縣，人人各具金銀，求權買職，或賜率兵，以從征討；或賜治民，以行[53]賞罰，人人喜得南主之擢用也。當日，南主又差文職[54]等員，就義安處，據見田土，隨勢立爲公田、私田，量徵租稅[55]，准發軍口。義安之民，照期應納。自是兵精糧足，不費千里餽糧之苦。於九月京北、海陽、山西等處人慶榮、朝岩、秀鳳，相率潛過南邊，詣節制營中，報：「玆年四月，臣等在中都，聽知西定王及群臣入殿，謂曰：『前年勝岩領兵屯守同昏壘，不能預備，以至南兵昭武襲破。朝廷議勝岩罪，以爲：人臣之道，受君重任[56]，提兵於外，必當相其地勢險夷[57]，立屯設守，防禦邊疆，免致賊兵侵擾，上以報君恩，下以安黎庶。乃輕率所委，視兵事爲兒戲，以至失地喪師，罪當梟首。』乃以事上稟，西定王反以勝岩是先朝之愛臣，不忍加以死罪，貶勒還民。仍差參督雲可代領勝岩兵衆，替守同昏壘。且雲可爲人，貪財躁暴，自到同昏之後，無意戎務，日夜只爲脅捉民間婦女爲樂，人多苦之。卑等深望尊公，早設神機，發兵除之，庶絕後患。」節制順義聽言，差人經引慶榮等，就驅獨營督戰昭武詳審。督戰昭武喜曰：「我已聞雲可領兵守同昏壘，且未得實，玆汝等來報已的，我無疑矣。」督戰昭武顧謂差人曰：「汝宜速回，達與節制公同諸將，整點兵馬、船隻，待本月十一日戊辰，是六龍之日，必有潦水，此可以乘機襲破同昏賊壘，捉雲可纏腰，以爲小樂。」差人奉命返回節制營中，以事道達節制，乃召諸道會議如此停當，令其準備以待。

光陰荏苒，適至初十日辰時，忽然雲雨驟至，木石俱拔。戌刻，潭江之水連天，波濤洶湧，同昏營壘，一時被水沉沒。雲可望見水勢滔滔滾滾，恐其賊兵乘水而來，不免勝岩之敗，作色差人尋船防上土山，以免水患。正憂慮間，豈期督戰昭武已身率本屬兵，奮力乘船而至，如萬馬爭奔，望雲可營直入，東衝西突，人喊砲響。雲可心慌，涉水獨上土山，尋路逃回永營去了。其所管之兵，並皆死散。督戰昭武推兵追之，而雲可逃走已遠，乃撤兵。回[58]至半路，撞著節制順義驅兵而來。督戰昭武以雲可敗走，從頭說起如此，節制順義與各將喜笑不已，曰：「北軍從玆膽落，不敢輕視我兵。」遂各引兵回營固守，以備後舉。

時雲可逃至永營，自縛入富郡帳中請罪。富郡大怒，責曰：「汝爲大將，朝廷命屯守此城，何不記勝岩前日之敗，牽延在此，再爲他因潦襲破，棄其軍士輜重，按以軍法，汝罪豈能逃乎？」雲可低頭無說。富郡差人解調雲可回京，欽候朝廷定奪。遂差都督晃郡領兵替守同昏壘，臨行戒之曰：「夫爲將者，謹哉！愼哉！若有疎虞，國法不恕。」晃郡受命，引兵就鎭，修整城池，日則提兵守禦，夜則秉燭觀書，以防南兵再襲，不題。

再說時南朝南鎭邊營，差人就廣平御營拜禀曰：「高綿國匽禛王萌心起僞，縱兵劫掠良民。」王聽知大怒，令差鎭邊營副將燕武，該隊春勝、明祿，參謀勾稽、文領，同率兵平定高綿。於九月初九日發兵，至二十日，到高綿地面，差細作入高綿城探看地勢虛實，回報，乃分兵圍住高綿城。大戰數陣，生擒匽禛王并將佐及酋長蠻獠，又取得象馬、器械、銃磾，調回解納。南主體好生之德，遂赦回國，高綿遂[59]平。

却說北兵自同昏雲可敗兵之後，南北各自疆界保守，按兵不動，不題。寒來暑往，兎走烏飛，已見：萬物潛踪多氣滿，百花吐蘂是春來。

再說盛德己亥七年，春正月初七日，忽見海陽處安陽縣清奇社人文諭，向節制順義、督戰昭武營中，自乞爲臣，具言前年卑就京都，見諸公卿朝士會談曰：「自前代端公，統管廣南、順化二處，未嘗動兵侵過北河地界。至玆南主勇公，自乙未年發兵，破進韓、驅東郡，直犯義安，取七八州縣，竊據潭江南邊築壘，自山至海，分屯設守，招諭英雄，施仁布德，人皆悅服，莫非天意使然？古云：『天與人歸，亂極反治。』鄭氏上不忠於君王，下不孝於祖宗，陵夷族屬，酖殺兄弟，甚至殘害其忠良，親信便嬖，以朝廷爲草莽，視赤子如昆蟲，早晚不免喪國亡家之禍。況有讖云：『九九乾坤已定，清明時節殘花。十到羊頭過馬，候兵百萬回家。』以讖言論之，二句之前，事已歷過；如『十到羊頭過馬，候兵百萬回家』，以此解之，『羊頭』、『過馬』，是未年動兵，午年過界，如『候兵百萬回家』，是南主勇公庚申歲也。以此驗之，必有兵貴神速，席卷長驅，直至中都，恢復版章，成王伯之業，自可知矣。我等當深自藏晦，以待時機，一旦大兵有至，計將就計，要在先圖，庶顯賢臣擇主，兎他笑我不識時之輩也。」言畢，節度[60]及楊智、雄威、雲龍、盛會、春臺等聽知，皆大喜曰：「天心如此，又何憂哉！我等可差人拜禀王庭，乞聖旨發兵直進，一鼓卷席中都，滅鄭扶黎，快吾願也。」會議之間，忽見小卒入帳報曰：「有中都文官遠來降服，正候門外。」節制順義聞言，遂命歸義將給(袷)郡出郭迎接，延入帳中。參拜畢，許坐於側。節制順義問曰：「公等在京都來，不知官居何職？姓甚名誰？可一一明白自通，庶吾得曉。」文諭即起身向前，逐一呈過：「坐上者是石河縣白池社司天監掌司業斷顯伯；第二者石河縣運春社占候春官襄良子；第三者天祿縣天祿社同穫村四員同進士斷眞子；第四者貢士耕；第五者貢士王田；第六者貢士班；第七者羅山縣平胡社備士護兵祚龍(隆)子等位，是皆義安處人也。」節制順義起身拱手稱賀曰：「列位英才，能識時務，背暗向明，共扶黎室，雖前萬里北南，今是一家兄弟，何可礙乎。但願公等既千里而來，當盡展生平之力，翊扶明主，成王霸業，如樂毅之輔燕王，則富貴勳名，奚可量也。」斷顯等皆拜謝曰：「卑等皆是村野腐儒，才疎學淺，安敢上比自古之賢人乎！但今中都諸朝士等，聞知南主德充于(61)己，恩布邇遐，推轂以求賢，握髮而待士，日夜懷望，欲見龍顏，以副君臣相遇之際，特遣卑等先謁尊公，庶知何日進兵？緩急如何？以明去向。」節制順義曰：「夫動兵之事，進退有期，安敢以言語閒談，宣泄兵機大要，使耳屬於垣，則千里之外，爲之柰何？」斷顯等再有言曰：「卑等淺料，當今天順人歸，時運已至，願早訂興兵直進。卑等報朝士及四方英傑，聚集兵馬器械，南攻北擊，成其內外交締之勢，亦期登接至尊(62)，如范質、陳玄之故事。」節制順義、督戰昭武及諸步將，聽言大喜，順義謂斷顯等曰：「公等姑且寬心，待吾商議。」遂令設宴厚待盡歡，斷顯等遂就(63)驛亭安歇，諸將亦各歸本寨，惟督戰昭武猶自在坐。節制順義謂督戰昭武曰：「彼等之言，眞假若何，未敢盡信。且古有云：『世事信莫不信(64)，人情疑則可疑。』督戰昭武曰：「彼等之言，料亦有理，望節制勿疑，急修啟差人回朝拜稟。」節制順義從之，昭武遂繕作啟文，其啟曰：

奉命行征臣文武諸道啓洞聖德明覽：方茲中都賢士，司天監掌司業斷顯伯及諸文官等員，具有道達，謂北朝與諸官會議，意欲遣回向服，以顯功名。假回省祖義安，時(65)來報信。為聞衛朝聖旨，何期舉衆出兵？便遍報豪傑準備，與兵動衆，願為內應，以助我兵擒西定，詣王庭獻納，以表懷慕，副羣英之願也。致臣等具啓稟白以聞。今啓。

賢王覽之，喜謂曰：「爾等且回，說與順、昭公同參論，且閫之外，都在將令，隨機應變，何計恢復中都，盼目可得，不必再問。古何人哉！今何人哉！擇日定期，都付二公議料。何時舉事，我必提大兵隨後接應。」差人聽令拜回，呈與節制順、督戰昭，聖上令旨如此如此。二公奉令，議設謀計，明約定限，再傳各道諸將等，訓練士卒，整飭軍需，預下停當。於是掌司業斷顯、占候襄良，應義爲臣，各名貢士及祚隆，返回京都報信。不題。

却說北朝有進士洪領子，在京都回海陽處省親，尙卿、擢郡聞知，遂請到家，對坐，談話國家興亡治亂之事。擢郡問進士洪領曰：「南主舉兵侵界，自此以來，斯時政令若何？老日在陋巷之中，難詳本末，子既在京而來，必知原委，姑煩一一道之得詳。」洪領曰：「自乙未、丙申、丁酉三年，南兵常轉運本境糧餉，給發三軍。此後以其路途遠，旱則高山，水則海濶，轉運不繼，間有權宜，分補義安各縣民稅例，以供均給。又某聞南朝擇義安識者，許爲府縣，分立衙門，勘行詞訟等事。某竊料之，是古今經常之理，有立國者，亦不逾此。」尙卿頷之，良久曰：「若如子之所言，鄭氏基圖，不必憂矣，以天意人事觀之，來年可見南兵回矣。」言罷大笑。洪領再問曰：「尙卿此笑，有何主意？」尙卿曰：「以子之言，我淺意臆度之如此，故笑耳！又何怪乎？」洪領再三請教，尙卿默然不答。後人有詩贊曰：

心藏韜略冠當時，一世留芳萬世知。
幕府早能評進退，衡門先已識興衰。
驗來富貴浮萍去，却笑功名轉眼移。
道以徇身閒歲月，醉生懶說世時非。

是歲正月十一日，司天監掌司業斷顯伯、朱有才，述作敵策樞機三條，遞節制順義，督戰昭武看過畢，差首合智遞入王朝進賢王，策曰：

蓋聞：軍國急務，不越乎天文、地理、人倫三才而已，故孟子曰：「天時不如地利，地利不如人和。」其言至今益驗。其一論天時。天時，日月、干支、孤虛、旺相之屬也。謹案：春秋左傳曰：「歲星所在，其國有福，可以伐人，人不可致伐。」試以邊事驗之，稽於七政。當下元甲子永祚七年，歲星纏在鶉首未度，至乙卯永祚九年，歲星纏在壽星辰度，是年北方舉兵來侵南郡，而彼衆自挫鋭，南方自此勢强，此一驗也。又歷至戊子福泰六年，歲星復纏在南方，彼暗不知，惟狂妄念，再差狡竪部嘉之徒，驅群[66]羊而鬪猛虎。是年北軍大敗，此時南方威振南天，此二驗也。又歷至乙未年，歲星纏在兑位，而進帥、東帥，不識天時，不通機度，反以螳螂之臂，守欒洪鈞之轍，本自取敗亡，舉皆狼狽，自此而還。溪寧狡童，殆若摧枯，乘此而取潭江南河全壤，易如拾芥，此三驗也。至於乙亥年，歲星又纏在寅位，沒於申度，莊誦綱目曰：「參虛得歲心，有其真人起於地分，其天象昭昭可驗也。」今仰觀天象，上年五月朔日有食之，蝕既盡，晝晦。茲年當清明之節，以春令之煖，而行冬令之寒，天意可知。稽諸洪範曰：「天久陰不雨，臣下必有謀上之心者。」此四驗也。且逆推粵自莫氏篡國之時，昇龍城已見讖文十六字，云：「莫氏乘龍，阜元垂統。□星落地，午日當天。」上八字已驗，下八字未驗，其既往之跡，可考其徵；其將來之事，尚宜潛究。今方又有為百計長，至於「九九乾坤已定，清明時節殘花。」應句，天助人助，不可宣泄。噫！否極泰來，亂極生治，今正其時也。若夫茲年己亥月賊在北，以合神而推，賊星臨年命，彼將必擒，正是經綸些好時節，上下可為之時。然天時不如地利，其二論地利。地利謂城高、溝深，險阻之固也。常披地輿圖觀之，見義安大幹行龍，自癸洲而下，轉至布政，再轉至奇華、石河，而至天祿，突起洪嶺，結為火地，一曰極樂地，坐癸向丁，真興王之定也。水可通二海門之咽喉，步可容十萬衆之象馬，請諸營住此，分為長蛇之軍，又管以羅山為左角，以宜春為右角，以驅獨為先鋒，乘機候時，彼衆自潰。又見香山一幹龍，八首紫微，結為一地，坐酉向卯，青龍則安排於千仞，白虎則連水於萬流，帶銷七曜三星水交會明堂，九十有九山為案外，真興王之勝地，用武之陸城。禾穀豐饒，水車便利，諸大軍據此，分為八陣之圖，張為犄角之勢。北面受敵，在坎門，以清巃為左奇兵；在乾門，以羅山為右奇兵；在艮門，左奇在於西南，應於今年，歲德所在，宜攻出攻。右奇在於東北，應於今年，歲星所衝，宜守堅守。或攻或守，隨用隨宜，譬如常山之蛇，擊其首則尾應，擊其尾則首應，擊其中則首尾相應。亦猶牡小之牛，觸其左則右角鬬，觸其右則左角鬬，觸其頂則左右俱鬬。如此，不過期年，彼衆疲矣。行軍之樞機，開國之關鍵，此必爭之地，機不可失也。然地利不如人和，其三論人和。謂君臣、上下、人民之和也。想其天星永眷黎朝，偶[67]遭莫氏簒弒，碩果不蝕，元氣復春，曩實賴昭勳公，五載再造皇圖，重恢黎社。厄雖遭讒於鄭，兇祥已兆，南方已旺，茲實賴天生聖主，仰仗天討雄威，欽差良將銳師，專制閫外[68]勝地，直指渠魁殄滅。每期黎運重興，欲寬天下之憂，起中外之治，宜收人望耳。人望在正君臣大義，請舉我義旌之名，進討彼弑君之罪。正治皇帝、弘定皇帝、福泰皇帝三君，皆由鄭氏戕酖，況當君皇帝，被其脅制，人臣[69]之所共怒，臣子之所欲誅。請法春秋，君親無將，將者必誅，誓衆併戴天之誓，指日植中天之業。昔者項羽使人密弑義帝於江中，而漢王納董公遮說，數羽十罪，興師致討，猶能興[70]四百年大業。況今鄭氏簒弒黎朝，通天之罪，衆所共知，可不興師致討乎？昔者紂王雖有罪惡，未有弒君，武王從太公進說，數紂十罪，舉兵伐之，以興八百年之洪圖。況今鄭氏弒君之罪，浮於殷、紂，可不舉兵而勦滅乎？孔子在魯聞陳恒弒君，沐浴請討，共誅亂臣賊子之罪，炳炳在春秋之經。繼今請法經春秋，嚴誅鄭氏，可乎之望在是。「理才」二字最大，則既用世將之子孫，及從義之向化，其可為該奇、該隊。又設選場，揀取壯健，用為兵，招用武之選，以舒士氣。至於科舉之選，謂才[71]請倣古制，設立鄉試策制等科，以急收文士。既得其人，布於衆職。有武略也，使為總兵之官；有公廉者，使為州縣之職，不置多官，以擾衆民。使其勘斷諸詞訟，以伸民枉，而人心常向化矣。人望在君，曰「寬」、「和」二事最急。其公田處皆有請均給，公田上及直下照依人名，禁其權豪，不得兼併，私田賜修寫簿籍，隨家之多少，明其富有，毋得隱滅。私則收十分稅一，如此則人心悅而農利裕[72]，穀粟多而糧不絕。兵民舉皆愛慕，天地自然應和，休徵隨至。乘天時之善，人為之；乘地利之隆，人為之，可攻以取，可守以固。於以興致治之期，於以安天下之計。恢復皇圖於百載，永扶黎業於萬年。愚也，三才精微之察，豈敢云能；三生香火之緣，覺知有幸，深望聖主賢臣，留意治平之策。臣等敢具以聞。

賢主覽樞機策畢，令內朝文武[73]公同看，解可否若何，文官稟曰：「此是正學眞宗，多聞廣見，必有經濟之才，望聖德擢用，以振儒風，以培國脈。」王遂封斷顯爲參政監護軍，屬王府應候；襄良爲占候官，文選爲首合，屬督戰營，應務調遣。三人拜謝受命，各自到營中參贊軍務。

二月十二日，北將少保富郡令進士俊德述寫隙書，遞過浮石渡，交巡軍調回，呈與節制順義、督戰昭武開看。書曰：

欽差節制鄭帥府致書於表族阮令公會曉：夫天人一理，能窮理則分安。頃者令公易惑細言，自開邊釁，人民財穀耗費，兵連怨結。凡交爭互戰之際，雌雄强弱，不辨分明矣。況生靈困於兵役，肝腦塗地，良可悲夫。今令公唱為此舉，原係收括境土，拯救萬民而已，豈期日以侵凌呑併為念。加以襲封妄大，不顧先王納款獻誠，以小事大之意。且堂陛尊卑，各分所在，天理之所當然，人道之所不越，令公而已知之。況窮理愈精，安分愈固，令公豈不知乎？為今之計，莫若復修先王之舊業，舒其兵革，各安境土，使人民得以耕田鑿井之樂，豈不偉哉！令公其諒之，幸無介意。今書。

二將看罷，大怒曰：「富郡小兒，口尚乳臭，敢以文辭戲弄聖上哉[74]！乃不拜禀於王，遂作復書，以貶鄭氏。於三月初十日，差隊長朝石遞過石渡北邊，付巡軍領遞就富郡開看。其復書曰：

南邊節制諸營虎威大將軍順郡公復書於鄭帥府會曉：竊聞天道有陰有陽，陰陽和而天道順；人理有剛有柔，剛柔制而人理正。思昔明康太王，報前恩以分茅，定土謹義，先王推敎信則納款獻誠，南北交親，晉、秦結好，民皆措袵席，境不動風塵。往因屢起戰爭，前事不說，於戊子年偏聽陰官邪言，忽啓侵凌異釁，應義兵一舉，載揚破竹之威；提虎旅長驅，決奏膚功之捷。至今經六載，未曾往復一言，苟有得隴望蜀之意，何至於今日耶！今勢力之强弱，智勇之巧拙，其勢已分辨。頗念遷延兵久，財力費勞，憐憫蒼生，顧思前約，乃回兵養銳，保禦封疆。乍見帥府托達信言，洞開誠意，審知涇渭，喜悦不勝。但任隨帥府主意，動靜剛柔，得以一一應隨。五行以土為主，五常以信為先，真語遂傳，願其鑒玩。今書。

北朝富郡看見書中之意，其言頗傲，倍加忿怒。再令進士俊德，取鎮守都督廣郡之名，復作曉詞，於二十七日昏時，繫於火箭尾竿，放入驅獨壘。巡軍取得，遞與[75]督戰昭看。曉：

北邊將都督廣郡公再復詞於

烏壘諸渠知舉：夫禮莫大於分，分莫大於名，故貴乎正名分，然後定褒貶。昨見渠等達言，變亂是非，烏鶯混擬，於我鄭則過抑，於阮氏則過褒，毋乃識議失當乎！今以我鄭主與阮氏之事，對舉而言之。昔莊宗裕皇帝，奮起於漆馬江之初，明康太王擔當國事，旋轉乾坤，時之昭勳靜[76]公，首唱義兵協扶皇帝室。然陰萌纂奪，夭鳩自盡，故雖天道先太王克酌犂牛之義，弘推春育之恩，外翼謹義公奏知先皇帝，搽鎮烏洲，使得自全。曁恭和哲王，掃除殘莫，收復京城，謹義公詣闕輸忠，共保富貴。然反唱亂階，擅回舊鎮。且謹義公雖勳業之子孫，實為髋髀之臣，先哲王以肺腑之親，不忍加斧斤[77]之憲。我鄭主滄海其量，豈不知天地其心，做十分[78]翊贊黎王，無一毫閒奸天位。彼阮氏靖公，前不戒黃裳，後誑加王爵。謹義公既不稟王命，又反覆百端，以事跡而較量之、義理而斷制之，孰為得乎？孰為失乎？渠等不知顛末，不識端倪，一則謂乖履倒冠，上滋下虐；一則謂逆心報國，皇天假手，是何妄雌黃之口，萌背叛之心哉！歷至聖主，蕩平兇醜，滿地之干戈，光鷸王業；中天之宇宙，航海梯山，臣妾恐後。柰其阮瑞父子，反生禍釁，交臂相戕，以致文石構禍於中，通於上訴，仍差登部漕郡奉宣聖旨，喻以相安，使一境賴以保全。不識謀使外交為何等事，而反謂設蚌鷸之謀，望漁人[79]之利，豈謂以小人之心，度君子之腹者乎！況又專兵財而缺稅貢之儀，拒詔命而昧藩臣之禮，綱常掃地，罪惡滔天。孔子曰：「賊賢害民者，則伐之；負固弗服者，則除之。」以此，先聖王欽差奉皇上命，巡遊責貢庸何貪，興兵問罪庸[80]何過，飾己無非。明日月之統紀，拯水火之生民，而反謂因貪暴而兵出無名，與舉非例之行，為啓釁之弊，又何羅織拋誣，而不恥其言之過歟？今明主承肯堂肯構之基，全止孝止忠之道，天討逆則罪難掃平，天戈指則四方寧晏，小者懷而大者畏，近者悅而遠者來。蠢爾阮孫，局於小智，居畫棟之室，撫有衆之民，忘先王委顧深恩，踵父子不臣故態。奪攻茂将，騷擾邊民。入人土而復侵人墻，殆田禽之有加；謂扶黎而反叛黎君，會蹠犬之不若。加之以烏人細弱之衆，增點為兵；脅南河老少之民，築立墻壘。徒知禍而不知避，竟取敗而自取亡。渠等不覺幺麼，率從彊倔，又以妄推排世運而揚己，是不識否六三包羞之時也。又以空往返戍番而議人，是不明師六四左次之義也。若言勝奇華而驅七縣，何異敗香瀑而走大柰？若言為民築壘而止盜，何異跛人却行而求前？誇激多詞，不必重贅，爭高反是，往復無窮。不有史氏，孰辨其非？惟史氏書於「丁卯年，瑞郡據化州，不來朝貢，帝命鄭甲駐於布政、日麗以討之。丙申年，阮孫侵南河，擾掠村民，帝復命鄭等戰於香瀑、大柰，破之。」非惟正名分於當時，抑亦公褒貶於異日。千載之下，公議凜然，奸夫大盜，不敢僭竊者，其由此也。夫縱渠等千飾詞，安可逭史書之惡；萬巧文，不能逃叛逆之罪。阮氏已矣，又為渠等勉。立身莫大乎綱常，處己不外乎忠孝。故忠以事其君，孝以事其父。渠等祖父，乃黎朝之臣，食黎君之祿，胡不承祖父之正道以延世祿、向明以表名爵？彼野人猶念至尊，嫠女猶憂王室，匹夫匹婦且爾，況丈夫乎！必本乎祖，渠等祖父，乃甲郡之人，為湯沐之士，胡忍甘遠洲之流，衣錦而夜行，勞心而日絀，彼「胡馬嘶北風，越鳥巢南枝」，物尚耳，況人乎？渠等與廣共二方一天之比，乃九洲四方之人，於情何有？茲廣奉差屯鎮北河，仗天威而任驅虎豹，旋待神機而後狷爪牙，不必多言，惟決一戰，以平黑子之邊方，以復先王之舊境，庶不負聖上之所委任，國家之責成。其私義且為渠義等惠之以言，渠等不知乎？如此則崑山之玉，不至連崑山之火矣。茲復曉。

督戰昭武看見復曉文詞，勃揚大怒，罵匹夫富賊，誰敎文字言語[81]，以致高聲大語如此！遂親詣節制順義帳中，會合諸將，同看曉詞之意。時扶揚、大勝、雲龍、雄威諸將等大怒，皆躍起挽衣袖，遙指北界大罵曰：「鄭徒草寇，欺上殘民，敢發大言。弟等乞節制下令率兵破之，捉富郡碎屍萬段，以消其恨。」督戰昭武曰：「不然。彼等既以文詞答我，我則以書札答他，免於北人謂我南朝乏於文章字理，但恃勇攻擊而已。」節制順義曰：「然。」遂公同寫該奇雄威之名，以復曉詞。於四月初八日，纏在火箭尾竿，放過同昏壘內。北軍取得，呈與富郡接取開看。復曉詞曰：

南邊大將軍掌奇雄威侯復曉詞於廣公等名，俾其知悉：

蓋聞：名正則言順，名不正則言不順。竊聞北河鄭廣等達言：「普天之下，莫非王土；率土之濱，莫非王臣。」等言，是皆名不正、言不順也，姑倣略陳以答之。思昔黎朝太祖高皇帝應半天[82]啓運，平凶恢復乾坤；赫一怒安民，創業永垂苗裔。得國家甚正，惟功德最隆。列聖相繼相承，比周盛業；社稷常安常治，越漢基圖。柰因國步遭屯，致使莫徒妄僭，元臣舊將，率皆稽首斂容。蒙先聖靖王率心報國，仗義尊黎，忿莽徒僭竊奸萌，效汾陽克復功蓋，一呼而豪傑響應，再唱而英雄影隨。因此鄭氏仗之以成名，賴之以振業。雖有滅莫之小功，再有簒弑之大罪。上欺罔帝室，下苦虐生民。禮樂征伐，非天子出；生殺予奪，由權臣專。上下乖倫，履冠遂倒，何異董、操，相類季氂。王名假稱黎王，權實在鄭。不知王土王臣者，黎王耶？鄭王耶？如其言加封烏鎮，是皇天不負勳臣；使惡封，正如楚項封沛公於巴、蜀地，得以養威用武，恢復皇家之大業。非太王加封之恩，是皇天假手之事。又言負能缺貢，奉皇上命巡遊來呂溪，非有貪心，此乃言行不相顧。曩於庚申年，潛圖惡意，陰使文郡、石郡構禍蕭墻為裏應，又差登郡、漕郡侵擾邊疆為外交，設蚌鷸之謀，望漁人之策。再於丁卯年，求公子至親以入質，索雄象海導為貢儀，舉非例之行，為啓釁之術。因貪暴舉，兵出無名，脅聖駕以驅征，假虎威而助勢。豺狼暴[83]縱，蜂蠆毒流，鹵掠生民，殘暴[84]百姓，其黷武窮兵之甚，豈有巡遊之禮哉！反累年繼行惡事，並貪心無厭者乎？如言我南主稱兵犯順，荼毒一方，由鄭主一務貪心，多年生隙，敗兵損將，匿笑藏羞，糊塗彼己，不知輾轉。守攻無策，國中之將，閫外委閫，萌陰奪之心[85]，買喪邦之禍。況天意循環，眷仁厭惡，為此，我南主明公，推詳世運，時至何疑？揚伐崇殛紂之威[86]，出仗義扶黎之力，一戰除鄭檮、取奇華，而東郡鼠竄逃難[87]；五戰驅鄭杖、據七縣，而當郡[88]鹿奔回京。股慄似曹瞞，望赤壁江上；心寒如呂政，想博浪沙中。渡江往返幾番，夾擊亡奔幾陣，未知誰力？謀不足而强行，勢弗敵而與抗，此耶此耶？於丁卯年五月，因乘閒暇，蘭蕙遠幸歡遊。遙聽訃音，親義念深感悟，不忍乘危因弱，反轍休兵，篤勤禦侮，恤民築壘制盜，此壘乃恤民制盜之壘也。豈如此得國有哀，勿[89]忘孝道，逞威襲擊，斬將喪兵，增築城以守身，急移營而避勢。時非上古，何異穴居？彼城乃守身避害之城也。偉哉我南主，承聖先先祖垂訓，乘時報國遺言，茲惟嘉運慶逢，戎衣聿振，奮忠憤之師，勦奸僭之寇，中興指日，一統車書。彼廣等衆人，均蒙天姓，共作黎臣，不思報本之心，反圖助桀為虐，況又孜孜受制於衆[90]人之役使，倘胸中有韜略之奇才，振英雄之氣概，寧不愧於心乎？茲復曉。

富郡看見曉詞大怒，遂取廣郡之名，再作復曉，放過南河邊驅獨壘。軍人獲之，呈督戰昭武開看。其曉曰：

北邊將都督廣郡公為復曉詞於烏壘諸渠等照知：廣聞：「普天之下，莫非王土；率土之濱，莫非王臣。」況阮氏先祖謹義公，乃黎朝之世臣，是太王之肺腑，委鎮烏州，歲常貢賦。粵自國家恢復，公始詣闕朝貢，頊擅自由，先哲王洪量川藏，疑心冰釋。迨太保瑞公[91]父子，謹能處巽廸坤，顧名思義，曉又負固偏方，歲貢不入，作無作有。先聖王親奉扈從巡遊，問貢，及差左右鎮統樂邊方，是時乃欽奉皇上命，出於不得已，奚有貪心起釁，如渠等所言哉？柰自阮孫，復蹈前愆，稱兵犯順，孤人之子，寡人之妻，荼毒一方，生民之罪。渠等謾言仗義興師，以仁為本，而所為若是，義乎？不義乎？仁乎？不仁乎？曩又窺覦中國，挺身投出河南，躅躑既迷於羊態；侵界犯疆，徘徊更覺於狐立，退巢伏莽。加以渠等，唱千分而謂奉天，寫達套而無皇號，妄萌子陽蛙井之尊，不知命而角智力，據七縣而築壘城，自取元濟鵜池之敗。不此之思，反以自得，殊不知力不足而强行，勢弗敵而與抗，則是蹙彼之亡，而為鳥入池、魚臨木之患也。雖雲寸何損日明？而榻邊豈容鼾睡？今聖主上篤忠貞，內弭墻釁，一孝立而萬善從，初政臨而百揆舉，修德教以服遠人，張弧矢以威天下。欽奉皇上命，將差廣等管號令，屯鎮北河，合謀而大舉，分道以進攻，不臣之黨，其將安歸？有指之疆，可坐而復。渠等所言，雌雄之決，後日得知，正謂此夫。今復曉。

節制順、督戰昭看曉中之意，愈增忿怒，遂寫該奇雄威名字，作答曉詞，以激怒獲罪鄭氏，於十九日，放過邊江，入同昏壘內。北軍取得，呈與富郡。其答曉曰：

南邊大將軍掌奇雄威侯答曉於於愚廣等，各請知悉：雄聞國朝太祖高皇帝之天下也，柰因偽莫敢肆於天，此間文臣武士，或獻符不敢言非，或望風不敢抗敵。惟有我聖主先祖昭勳靖王，起兵西土，仗義扶黎，一唱，四方豪傑，歸附響應。第以鄭祖太王，亦從麾下收用。然以臣子而叛其上，以女婿而奪其權，威脅必自己專，政令皆非上出，奚有王土、王民之謂哉？且太王委我聖主曾祖謹義王，鎮守順、廣二處，陽雖委鎮雄藩，陰實置諸惡地。所幸天道無私，軫及勳舊92，正義北鎮有用武之地，後得畜銳復讐，正如楚項封漢王之事，豈有親親委鎮之義哉？歷至聖祖阮公，與先哲王有韓、侯之親，常有往來寵愛。以至前清王不順舊義，自起貪心，妄先啓釁，於乙卯年，唆與文、石等，構亂於中；又命登、漕等，起兵於外，非有貪心起釁，而致然歟？因與我聖祖阮公以懷不服，道絕往來。至丁卯、癸酉等年，名扶聖駕巡遊，實則脅驅往伐，而妄言欽奉皇上命，雖鄙夫愚婦，猶且識得，況濟世安民之才，而敢詐言若是乎！天生我聖主，本黎朝舊臣之裔，有忠君愛國之心。家訓遵承，大勾踐復讐之志；德謀布兆，有少康撥亂之圖，德體好生，心不嗜殺，常以勦除寇亂、恢復黎朝為念。柰彼北主，恃其國大民衆，累年北討南征，鋒刃橫罹，兵塡道路，加以賦繁役重，兵困民窮，前雖有滅莫之功，後安贖弑君之罪？胡乃妄言：「孤寡人之妻子，荼毒生民。」其言幾於誣乎！昨因築壘沿河，以為保民之計，小國之事，猶可有言乎！大國兵多將廣，不思設計進攻，而徒區區築壘固守，而反譏以「據七縣而築城壘」之論，其論不幾失當乎？愚廣等人，均蒙天姓，共作黎臣，不思報本之心，反圖助桀為虐，況又孜孜受制於衆人之謀，使尚有胸中韜略之奇才，英雄之氣概，不愧於心乎？茲論廣等曉復等言，皆是外飭之辭，中無實意，不過僥傲之言而已。

我等親奉王命，節制水步雄兵，指期直進北方，削平外寇，譬如摧枯拉朽，一統之期，正在今日。茲復曉。

北將富郡看罷，且羞且怒，遂請各進士會集議論，再取廣郡之名作答曉詞。其五月初七日，繫於箭尾，放過驅獨壘。雄威軍拾得，乃呈上節制順義、督戰昭武。其答曉曰：

北邊將都督廣郡公復曉於烏洲壘諸渠者等，各請知覺：衆人所以異於禽獸者，以其有禮義相敬，事云乎哉，故有君有臣，禮以相處，義以相合，乃天地之常經，古今之通義也。今堂堂中國，名分揚昭，是上操軌大綱，明主務勤庶政，南陲之事，挐付統領官便宜處置。廣以介胄之士，惟知聽承號令征伐而已，若言詞往復，固非戰事，然曩見渠等言來，暫草復詞，旣明以大分，示以大義，又曉以言詞，指以生路。擬欲苗頑來格，爵皆列藩，自獻唐地。不圖惡鳥更是危巢，野狐反營舊窟，當置之度外，勿論。第以君臣分義至正，而阮氏抱無君之罪，懷不臣之心，其所從來遠矣，不可不辨。如靖公阮某，陰謀纂弑，已具在莊宗勅諭。謹義公滑反為亂，已詳史氏所書。庚子年追夫瑞郡阮福源，蹈轍93不回，皇上親征問罪。甚至阮福瀾，綱常掃地，天機已促短亡，縱使阮福瀕洗心滌慮，改過遷善，猶不足以宥彼祖父之惡，贖彼祖父之罪。況又侵凌王土，掠擾邊民，專以欺詐為事。用兵則朝出暮回，軍士疲於奔命；勞身，則夫戰婦守，方軍民無不怨心。其餘弊端，不可勝計。阮氏之祖若孫，罪積不可容，惡積不可解如此。渠等寧不知愧，而反以一介阮孽，妄擬與王家累世之大忠大德；以蕞爾烏洲，而反抗中國之至廣至大，何異以拳石而比泰山，以一蠡而測大海，其不能量力也，悲夫！且爾諸渠，以徒人而妄謾我爵，以陳人而妄謂我愚，何以異於孱工弄斧班門，螢火爭光皎日94，其不知命也甚矣。廣職預藩垣，何暇與言，渠等無君小號，真愚夫矣95。諸渠盼而不明，迷而不悟，甘心以事叛逆，鼓舌而議君親，反是為非，反邪為正，不識堂陛尊卑，分義界限，是冠裳禽犢，殊非人類。仍略曉片言，及另抄諭詞二道，使知而愧。二人私復，決不可復不與言。茲復曉。

是時南將節制順義、督戰昭武諸將等，看見曉言，已知富郡之心，勉强而答。二人性情已顯。再寫雄威答言復曉，以絕彼等之誇言，以示井蛙之鼓舌。其十四日，再放往同昏壘內。北軍獲之，遂呈與富郡同各進士爭看。其復曉曰：

南邊大將軍掌奇雄威侯復詞於愚廣等輩，各宜皆知：

竊聞：言正可以為法，行正可以為則，若欠此者，不可以準。觀愚廣等，皆飭詞救過，鋪美隱瑕，是虛言勿論，姑陳數語以應之。始言：「做十分翊贊黎皇，無一毫闇奸天位。」此言者，惟太王有力匡扶，然中道殞殂，未見克終。逮96哲王功未贖過，清王臣道失儀，難逃史筆書「殺（弑）胥罔」公論。比97昔曹瞞露知襟裾，怒誅伏后而已，不敢犯獻帝之躬，然有睥睨欺凌之罪。況正治、弘定二君升遐之事，原為何人毒手？使天下雖深山窮谷之人，皆勃然怒之。以正理褒貶，惡過伍員鞭平王之屍，凶甚董卓迫少帝之罪。聖人言：「君不正，臣不可以不忠；父不慈，子不可以不孝。」其道何在？漢、唐、趙宋，至丁、黎、李、陳，聞有太上今皇之號，未聞有太上王、今上王之稱，弑胥欺罔如此，是做十分忠乎？非闇奸天位乎？不知誰罪惡滔天，綱常掃地！如言：「人本乎祖，衣錦夜行。」古言：「邦無道，富且貴，恥也。」又曰：「危邦不入，亂邦不居。」昔齊國須無，惡崔杼賊臣，輕富貴如弊履，掛冠遜役；漢家枚福，恨王莽奸僭，愛名節如珍珠，蹈海藏遊。

方今北鄭，一則君臣未正，一則父子未嚴，權柄下移，肆行威福，狐媚欺孤，閨門慚德，酖溺愁心，聚麀混亂。加以樂下非誠信，處家非有恭，人臣逝世，拷家人而收家財；兄弟終亡，脅侍女而充公府。況又紀綱紊亂，敎化不行，豪傑懼於猜疑，黎庶苦於賦役。四方蜂起，盜賊蝟興，國祚如懸絲，邦勢如累卵。不知人本乎祖，安乎？危乎？榮乎？辱乎？彼愚廣等，木偶草人，懵識是非之理；池魚幕鳥，不識危亡之機，後世莫逃同惡相濟之論，以致鄭氏氣禀於倡兒種胄，為鄭胄，父死未葬，不撰祭器而撰父妾，崇為宮室而充宮人，居喪無哀，不動戚容而動兵戈，取敗亡而匿恥笑。鴉哺之恩未報，聚麀之態忽生。居天地仰俯之間，非忠孝何由而立？上欺王室，遵祖父弒脅之奸謀；下虐蒼生，陷土宇溺焚於水火。天神共怒，罪惡貫盈。又加以鄭根，祖妾蒸淫，名為異富，由父孽作。己之不正，恐人知其過，而猜忌豪傑英雄；勢之已衰，恐人乘其時，而委任孩童豎子。兵者關係甚重，權者付托甚輕。前亡秦者胡，今亡鄭者富，其勢然爾。茲惟南主乘時翊運，唱義勤王，掃妖孽之僭徒，復黎家之洪業，揚名拓土，衣錦回鄉，此正己也。茲復曉。

於是北將富郡看見曉言駭然，甚其羞愧勉彊，遂會集諸將[98]及各進士爭看，皆搖頭嘖舌曰：「安知南朝有文章冠世之才，博古通今之士，幸其功，畫其罪，講其過，飭其非，皆有理也。奇哉！奇哉！明矣！明矣！」富郡謂進士曰：「再作復詞以答，免其南人得志。」是時各進士皆靜坐然無應聲。富郡且慚且怒，乃罷，往來言語曉詞，自是絕其音信。南北二軍，皆有固守之策。督戰昭武許人問北邊曰：「曉詞絕音，如言若何？北邊幾日絕其音信，不見往來，是何理也？」北人皆默然不語。

適於中秋八月上旬，西定王召謀臣議曰：「予聞勇公視昭武為心腹，陳謀獻策，我軍屢[99]於敗軍折將，用何計論得來降，反擊南兵，以絕我之患也。」禮部尚書楊郡公稟曰：「王上之論最善。臣聞昭武為人頗有忠廉，廣談高見，王上可選能言巧語之人，博古通今之士，備將寶物為聘賢之禮，及手記密書，為代王面之情，如玄德三顧茅蘆之事，如此則昭武始動其心，則來降矣。」西定王聽稟，大喜，遂令該隊朝右、進士廉清，領珍珠一封、馬蹄金五塊并密書，潛就驅獨營，遞與昭武，謂曰：「我有薄禮[100]，敬來接遞師賓[101]，特差致意。我孜孜早夕望得相公，譬如龍之得雲，旱之得雨，比如周文逢渭叟，漢武遇嚴陵[102]。我止倚閭而待望，君師勿辭，早來京都，一則同扶王室，以全忠義之名；一則面謁帝庭，以明臣子之道，幸勿遲疑，使珠玉沉於蒼海。」二人領命，直到驅獨營，謂小卒曰：「我等有機密事，特來拜報督戰。」小卒飛報督戰，昭武請入帳中。二人下拜，具進禮物并密書。此時督戰聞密書，心中暗想：「鄭主必許說客人特來誘我。」遂問曰：「卿等是誰人？」二人呈曰：「卑等乃中都該奇朝右、廉清也，奉王命致意與君師，如此如此。」昭武聽罷，乃暗笑，請二公就坐，傳左右推出，遂將書私看。其書曰：

鄭王達書於南朝俊士阮公幕下照知：

蓋聞：鳴於高崗，棲於梧桐，乃羽蟲之長。惟公名高今世，才振華夷，推事理之致審，決圖畫之機謀，公其真為瑞鳳矣。昨見道公為不釣魚之志，其車無輗，必覆於地，僕已簡知，盡在不言之中，皆是有心之理。倘如歸岐山[103]渭叟，來新野臥龍，則王師之禮新迎，不下周文、漢備。到此時節，公可莫辭[104]，來王遊，以展平生之學力；謁帝面，以光祖宗之榮華。如此則披雲霧而覩青天，剪荊棘[105]而尋大道，顧不偉歟？願詳推量。今書。

督戰昭武看罷，勃然大怒，乃暗想潛之，佯喜，笑謂二人曰：「我有此心久矣，但去回無由，茲有片言，喜心益倍，早晚我則乘機。就此萬拜皇帝，寄稟鄭王，乞後月上旬，會王當提兵接我在於江堤，我必來降矣。謹哉！謹哉！勿其泄漏。」遂待差人許回，怒心未息，乃付屬人名秀明，領密書幷信物，回南朝王庭奉納。稟曰：「我事旣主，恩如父子，則主視我如腹心，言聽計從，志在恢復規模，共成中興之功，滅鄭以扶黎，勦奸而拯溺，以彰萬世之表銘，以慶一堂之契會，雖肝腦塗地，粉骨碎身，未足報恩德也。況鄭氏殺君脅父，罪惡滔天，神人之所共怒，黎民欲啗其肉，未消恨也。玆再差人齎香鉗（餌）釣我，請使來降，我將計就計，以捉西定。但恐聖上未明其理爾，早稟申仰聖德明照，勿疑奸心。乞令差兵速來接應，我得乘時舉事，捉鄭氏[106]如反掌耳！」秀明馳到廣平御營，入朝進納密書幷信物，依督戰昭武之言，拜稟如此如此。賢主聞稟，沉吟半晌，謂秀明曰：「汝速早回，說與昭武曰：『我心是昭之心，我志是昭之志，君臣協力，何必有疑？古之忠臣烈女，我知不過如昭矣。』且昭斯[107]時，譬如明珠瓊玖，何人不求買耶？爾急示昭，有謀將就之計，我後發兵接應，我無疑矣！昭不必慮。如信物許昭，以資其用。」秀明望拜領旨，再回呈督戰昭武，聖上旨言如此。督戰聽言大喜，乃準備以待。

再說西定王自差朝右、廉清賫信物、密書來誘督戰昭武歸降，督戰限後月上旬引兵來附，喜不自勝，皆言南兵斯時如鳥折翼，又何憂矣！孜孜遙望，兎走烏飛，已至月終，未聞消息。忽見山西人名渭川，從中都稟告：「記錄胡父子，陰謀招諭四方名將、民兵爲內應，常常通謀往返，遞信書與南朝諸將，約日定期，若過潭江北界，則王上差兵禦敵，中國空虛，彼等皆同興兵作亂，以爲腹背受敵之計。功成之後，分土稱王，如十二使君前代。」西定王聞稟，大怒，遂差參督豪雄，引兵圍捉記錄胡父子全家，付廷尉掠問。記錄胡難於受苦，乃盡招稱，果有此事。再問記錄胡結朋黨多少？是誰？急急稱名報號。記錄胡含糊無語，男子名秀鳳，躍起厲聲言曰：「汝等不必究問，我自明言。衆皆合情，因鄭氏過於狼狽，荼毒生民，弒其君、脅其父，弒其弟、淫其宮，戕賊忠良之臣，親信便孽之輩，天人共怒，鬼神欲誅，四方皆欲食其肉，百姓皆欲啗其肝，何況於吾等乎？吾得不碎鄭氏之屍，分爲萬段，以消吾恨。本是吾心自起，何況結朋黨乎？謀與此事，本吾父子而已，無干他人。恨玆機泄，是天之未滅鄭氏也。汝急謂西定，速殺速殺，以免天下之面目恥笑倍加矣。」言罷，踴躍徒奪從者之劍，來殺豪郡。廷尉遂捉記錄胡父子，縛於兩邊，稟西定王如此。西定王大怒，下令將記錄胡父子對面斬首市曹，分屍梟四衙門示衆，遂誅夷三族，男婦老少不遺。可憐三十餘人，盡皆無頭之鬼，棄屍陋巷，臭不可當。於是七月初五日，記錄胡父子亡矣。

是時中都之民，四鎮之士，嚎啕鼎沸，咸有哀悼涕泣記錄胡父子[108]之情。時人有詩嘆曰：

愁雲怨氣貫晴空，枉使英雄面淚紅。
江北樓前梧葉落，山西臺上月懸空。
奇才未展身先喪，壯氣纔伸命已終。
影跡雖空名不泯，高懸雙照耀無窮。

是月有細作人報節制順義、督戰昭武曰：「山西處記錄胡父子，事泄露被害如此。」二公聞之，拳席嘆息不已，乃長嘆曰：「記錄胡父子皆亡，失此機會，我計難成，何時取得中都？可惜！可惜！」遂設壇望西致[109]祭，以慰靈魂。自是絕其音信，南北亦各按兵。督戰昭武時時愈怒西定王賚金寶諭降之事，遂修書隙罵定王，遞過北界富郡營。富郡見書大怒，乃差調回京進納。西定王接書開看，其書曰：

南方督戰大將軍昭郡公達書於西定王照知：

蓋聞：天地本無私，萬物咸蒙兆育；君臣原共道，四方同合一心。曩者鄭王賚進諭書金愧，但昭某無移義膽忠肝。某常聞古人之言：「忠臣不事二君，烈女不更二夫。」某猶記其心也。來回計將就計，以取中都，如反掌耳。但南主識時運未至，不肯加兵，是鄭家之大幸也。我等志在滅鄭扶黎，除奸去僭，況又將貨物而諭我，不覺其心無愧乎？是大丈夫君子，視恩義如珍珠，觀金銀如糞土。彼鄭氏欺罔君上，殺帝虐民，盡罄(罄)南山之竹，難書其惡；決東海之波，難濯其汚，其罪可謂滔天矣。某志願名芳於萬世，姓著於金滕，則忠臣之碑，聯名將之史，豈有隨莽、操奸僭之徒。或彼怒且强心，指日提兵來戰；或彼驚而怯志，倒戈自縛來降，則我主體天地好生之心，免其誅滅。某報片言，彼呈合戒。今書。

西定王看畢大怒，裂書焚之，遂召諸將商議曰：「昭武匹夫，焉敢誇言弄語，欺予太甚。請諸將爲予，急宜(110)定計，發傾國大兵，不分時刻，突過南河，捉順、昭之輩，斷爲肉泥，以消吾恨。」諸將聽令，皆望拜受命。少傅蘭郡稟曰：「臣乞領一軍，直過潭江南界，破順、昭兵，取兩將之頭，獻納王廷，許天下拐揭。若如不克，誓不回軍。免小寇恃强，觀中都爲無物。」西定王大喜，遂命蘭郡爲元帥都督，雄郡爲先鋒，點雄兵五萬，擇日發行。吏部尚書少保拔郡諫曰：「不可！不可！蘭郡雖有(111)勇略，而衆軍皆無戰心。況北軍累敗，南軍全勝，皆同樂戰之志。或其我兵再敗，反被南兵之恥笑，莫如恬然置之，以長彼兵自誇勇悍，謂其我兵怯弱也，必自誇而無準備。臣有一計，雖我軍無戰鬪，南兵自走，使彼片甲不回，是謂揚弱破强之計。」西定問曰：「計將安出？」拔郡稟曰：「南兵屯在義安七八州縣，已經五載之間，多行新令，定選場，收正身之稅；立見耕，量田粟之租。擾攘百姓，殘害生靈，驗知已失人心。民心已(112)失，則大事難舉。臣乞差人密縱(謠)言片詞，使義安兵民，驗知利害。古云：『十室之邑，必有忠信。』思信者必生讐，思忠者必興怨，若民心起惑，則兵自反矣。若民兵⑬同心造反，內外交攻，則兩將之頭，可致於麾下，彼等之兵，自皆分散而逃回矣，是謂『〔內〕鬩於墻，外闉（禦）其郭（侮）』之計也。何必發兵動衆哉！」西定王聞其稟，大喜曰：「此計大妙，甚稱予心，卿速依此而行。」拔郡望拜受命。西定王遂罷差兵之事。自是南北兩軍，罷於戰鬪，各各分兵固守，以爲長久之計。

再說督戰昭武，自恨鄭王來誘，答書毀罵，常慮北兵奪戰，驚動軍心，日常訓練，夜則觀書。忽於九月十四日夜時，勞心體倦，苦慮身疲，倚於几上看書，忽然睡去。夢見自出於驅獨壘外，坐上石磻，手⑭執竹竿，抛釣於江內。忽有魚食其鉗（餌），搖動竿頭，兩番曳上，至於水面。見得大魚，突齊上水，存尾爲下水，勃見雄魚再隨上水，嚙斷其尾。其心念之，但於無方可捉。乃擡頭顧見一老翁，眉垂髮白，鬚皜髯長，直到於臍下。身著綠道袍，頭戴文官帽，飄然如四皓太公之狀，立於背後。乃讀詩一律，其詩曰：

功名止有時，坐釣石盤溪。
有頭而無尾，竹帛半名垂。

讀罷，拂袖望南卽去，不顧其後。昭武意欲急趕上問之，柰老翁去已遠矣。乃盡力追之，太急，忽墮於石坑之下，遂奮力跳上，立於平地，汗出如湧泉，忽然醒來，方知是夢。遂令照燈對坐，前思後想，直至天明。乃辨夢中斷曰：「我奉南朝王命，伐罪吊民，揚天威，長驅北寇，仗王令，以壯南朝，直到義安處，據大河南界。玆因夢見出城釣魚如此，又老翁讀詩如此，則我雖深爲國盡力，必有勞而無功，名則半垂於竹帛矣。但恐兄弟不睦，朋友不和，費我之思。」斷罷，又曰：「蜀之諸葛，六出祈（祁）山，猶不足於天道哉！」說罷，遂昂然曰：「夢者，寐也。夢由心作，但我心多疑，以致夢中如此，何必介意。但丈夫之志，包括乾坤，平定四海，扶阮主之再造，滅鄭氏之頑凶，是謂南朝之豪傑，何足慮哉！」

却說北朝少保拔郡公，自奉西定王之命，回到營中，選心腹之人，潛過潭江南界，布說謠詞，與義安兵民等衆。義安人拾得，各自暗看。其曉曰：

天有日月，地有山川，人有君臣、父子、夫婦、兄弟，三綱五常之至重。汝等皆生北地，恩育坎方，無思報本之由，反被他人之諭。雖有人為君居此處，父母猶在中都；雖有丁為民在義安，兄弟留居京國。或為軍伍者，苦其戰爭；或作民夫者，困於租稅。況南將昭武恃才而自矜，順義倚勇而無智，雲、扶之輩，雄大之徒，皆碌碌凡才，非是英雄豪傑。汝等若從之，久後必無益矣。我聞南主信任昭武如腹心，視諸將如朽木矣。昭武得志，自誇智術過人，是有驕傲之心，視南將譬如兒戲。汝等是丈夫君子，若推詳思義，慕威愛親，早密計滑謀，公同議論，乘其機釁，共集兵民，捉等將解納王庭，是謂英雄之志，則我加之重爵，寵之厚祿，皆得忠孝兩全，是不美歟！今曉。

於是義安兵民等衆，聞其曉言，或三三五五，皆交頭接耳，密語低言。或有人看見，想曰：「其中有理，我等一時未遇，再被南軍所驅，早晚必興反心矣。」或有人看見，厲聲言曰：「此狂夫之言。但南主黎皇，功臣之苗裔，豁達類漢高，英雄[115]同宋祖，求賢待士，愛衆恤民，眞南天之明主也。我等從之，是謂擇得賢君而輔。況鄭氏上欺天子，下脅公卿，殘百姓，害黎民，遠忠良，親唱妓，不多時敗亡矣。我等願不從之。」各自紛紛不定，常有聚於深茂而私言，常有會於江濱而細語。

忽十一月中旬，有備士護軍祚隆伯，在京都私回義安，就督戰昭武營中參拜，報曰：「於茲年七月，卑在中都，有上卿耕穫、都護拔擢，并各貢士，會於寂寞之處，問卑曰：『南方按兵，據大河南邊，法令政化若何？』卑述謂：『南主有令於義安處各州縣，設文武牧民，收稅見耕田簿，以資兵糧，勢必謀爲長久之計矣。』各朝士聽卑語，乃沉吟論曰：『夫用兵之法，弔民伐罪，開拓境土，只宜兵貴神速，席卷長驅。或到某處，必有因糧於敵而已，何必猶豫而興屯田之兵哉？況舉大兵平定，已經五載，三分天下，未得其一，何時得上尊扶帝室，下得拯救生靈，除奸去僭，翊運匡扶王，以賴四方英雄豪傑之力，則大事成矣。』又流涕長嘆曰：『可惜君（軍）師記錄胡父子，謀思不密，以致家敗身亡。況又南將等員，多於疑惑，不思長驅直進，我等必不見南主之龍顏也。功名可惜！機會可惜！事已如此，當復柰何？』言罷，各自引去。」督戰昭武聽報此言，遂重待祚隆，使回說與朝士諸官，願以盡心竭力，早晚大兵，亦至中都，合記前言，勿其怠志。祚隆拜謝辭回。督戰昭武乃詣節制順義營中，請諸公同會議，遂陳說祚隆來報如此。節制順義聽言，乃問曰：「祚隆何在？不見來呈。」督戰昭武曰：「彼已返回京都去了。」節制順義默然不語，心中有恨。於是參將雲龍，先鋒扶揚，大勝等，皆曰：「夫大兵征伐，法令在元帥所當，彼等何不來呈與元帥，而私呈與督戰昭，是何理也？況於前日聞言，西定王有遞信物并其密書，就督戰營，說其利害，此事虛實若何？況茲祚隆不呈與元帥，其意未詳。古云：『莫信直中直，須防人不仁。』倘或北朝誘敵之謀，誑引我兵過於北界，但壘北地勢，平原曠野，無有高山險峻之處，難分猗角，難說正奇，若列陣戰爭，彼衆我寡，一則少難以拒多，一則水不能接步。莫如按兵以待時，節制差細作人探知山川形勢，可攻、可守，可伏、可揚。又結此處民心，民心順則大事成矣，方可發兵，長驅恢復，是謂以秦攻秦之策也。」節制順義曰：「諸公之言最善，且置此事，宜緩圖之。」督戰昭武勃然起曰：「小弟與貴兄同諸將，奉命興師，志欲一舉成功，名傳後世，爲忠臣義士之碑，又何心哉！且其曩日西定王有齎書寶物，來誘小弟歸降，小弟已差人拜稟王上得知，欲其將計就計，前使後兵，以擒鄭氏，諸公何必再疑？」節制順義曰：「我等受君厚寵，須報重恩，若有異志[116]，鬼神共戮，有何疑焉？況諸公之言，其中[117]有理，宜待時節可爲，一鼓而收功也，玆勿其太急。督戰聽諸公之言，是謂協和一心也。」說罷，諸公皆曰：「節制是高論，依如此而行。」皆有怨恨昭武之心，各自別回本寨，訓練士卒，整飭兵戈，以待乘時進發。過於後年，但見處處歡歌迎歲首，家家明燭樂春天。

評論曰：

夫天生聖主，必有賢臣為輔，各為其主，以成致治之功。但中都宰相諸人，皆碌碌凡才，乏其忠肝義膽，以致定王妄起私心，將財貨來誘督戰昭武，反被督戰昭之恥辱，是其所慚愧哉！況記錄胡為北朝宰，而萌心反叛之人，食朝廷之祿，而無憂君愛國之心乎？貴主求榮之遇，以致家破身亡，宗夷族滅，是天道之昭昭也。古云：「福遺於忠孝，禍及於奸萌。」是腐儒鄙人也，與禽獸無異，何足道哉！是皆北朝貪饕之小人。至如南朝英雄名將，理當協力同心，和好順愛，匡王室、滅鄭兇，扶帝殿、除奸僭，是謂良臣之道也。何故反生懷恨之情、疑惑之心[118]，而無和睦哉？以致失其機會，費用國財，損煩軍力，難免後世笑罵。使上下同心，僚官一志，則一舉可見萬全之功也。

時西定王想來前年茂隆逃降南主，屬節制順義許爲先鋒，攻破北軍累陣，心中大怒，欲謀殺之。差人尋茂隆妻范氏，鞫問情由。乃代作茂隆妻密書，又假作茂隆家人，從暗路潛至茂隆營中，幷黃金三塊，說其利害。茂隆聽知，點頭而已，將書遺至密處拆看。其書曰：

蓋聞：天地之德，惟四時為先；君臣之道，惟三綱為首。況其將軍，振振君子，凜凜丈夫，曩於前年，被南兵所迫，勉强棲身，譬如鳳凰之遇颶風也，豈將軍有異心哉！但茲將軍手下，已有雄兵，量力必能制也，何不想君臣之恩，夫婦[119]之義，兄弟之情，不謀報其內乎！倘將軍能推詳今古孝順之人、忠勤之士，則乘時舉事，詐發兵如馬岱、魏延故事，居中乘釁，取順義之頭，早回北界。如此則全君臣之大義，事父母之深恩，榮光桑梓，是不美歟！執迷不悟，難免後世貽笑，為背君之隨奸者，何異臣曹事卓，難逃青史汚名。

不必多言，前呈合記。今書。

茂隆看罷，思想移時，潛(潸)然下淚。獨坐帳中，夜終不寐，議謀逃回北界，無計可施。忽起忿怒之心，鞭撻士卒，拳席擦掌，短息長呼(吁)。於是軍人不敢仰視，皆自嗟嘆：「茂隆何為今日兇暴如此？」忽有手下人名潛祿，隱於暗處，窺茂隆臥坐，常暗見片紙，日夜忿怒，思想如此，心中疑惑。遂潛入房中，窺視情意。忽見几上有書一封，潛祿盜取，看見書中之意，大驚。遂將書藏入衣中，急就節制前呈：「茂隆自受誘書，日夜常思反意，望節制早圖之，免中他人之計。」節制順義看書，大怒，問潛祿曰：「此事非果若何？」潛祿曰：「事已果然，望明公早定，免中奸謀，誤其大事。」節制順義遂將潛祿留在密處，召茂隆入於帳中議事。節制順義問曰：「我奉王命，平定北方，已經五載，出險入危，許多戰陣，未分勝負，將軍用何計破之？願聞其說。」茂隆呈曰：「夫舉兵動衆，平定遠方，惟其急戰而已。望[120]節制下令發兵，突過北邊，長驅直進，臣願盡駑駘之力，隨節制公，以破鄭徒，豈不成大功哉？」節制順義笑曰：「將軍之言，眞耶？假耶？」茂隆曰：「夫為人臣之道，當思報國深恩[121]，雖粉骨碎屍[122]，肝腦塗地，不能報聖恩之萬一也，又何詐哉？」節制順義曰：「將軍有看三國誌，知魏延、馬岱之事乎？」茂隆聞言，忽然變色曰：「此是孔明之遺計也。」節制順義曰：「爾欲看詳細否？」遂將密書與茂隆看。茂隆看過密書，心驚，魂不附體，遂勉强言曰：「此是何書？臣不識也。望節制明量，以免寃情。」節制順義乃召潛祿對質。茂隆見潛祿面，知其泄漏，不能開口。潛祿曰：「小人非忌師弟而求富貴。但國王水土，皆是王臣，而小人本管不忠其王室，欲害明公，爲此呈訴，庶免小人之罪。」節制順義問茂隆曰：「此事非果，爾有何言？」茂隆俯首涕泣曰：「是西定王縱反間計，非臣有是心也！」節制順義大怒，差人拿下略問。茂隆一一招稱，果有萌心，欲回北界，并族屬心腹二十餘人，盡皆招認。節制順義令監下。差人啟稟王庭，降將茂隆有萌反心如此。賢王看見大怒，下令傳將茂隆及同謀等衆處斬，梟首示衆，以絕奸徒。節制順義得令，於庚子年正月中旬，遂傳劊子，引茂隆二十餘人，就雲葛法場斬訖。於是歸降諸將，皆爭茂隆之屍，割肝斷骨，剝肉削皮爲肉泥。忽細作報過北河，西定王聞之大喜，再惜云：「吾設此計，可惜不得順義。而茂隆被誅，是天道之不容奸也。」後人有詩吟曰：

昭昭天道本無私，莫謂陰陽數慘舒。
禍及頑兇夷勦盡，福垂忠孝慶留餘。
蔡忠奸計身先喪，趙預謀萌[123]命早祛。
謾說榮枯多少事，分明報應不偏歟。

盛德八年正月下旬，上道人兵，有人呈報節制順義曰：「新降將兵，皆有萌心反意，會集密處異圖。」未知虛實如何？且聽下回分解。

【校勘記】

❶「盛世」甲、乙本作「聖世」。

❷ 甲、乙本於「廣平」下有「御」字。
❸ 「包」甲、乙本原作「高」；乙本後改為「包」。
❹ 「運」甲本作「會」。
❺ 「上意下達」原作「下意上達」，今據甲、乙本正。
❻ 「機」原作「功」，據甲、乙本改。
❼ 「似」甲、乙本作「自」。
❽ 「指戈」原作「指天戈」，「天」字旁加，據甲、乙本正。
❾ 「內」原作「中」，據甲、乙本改。
❿ 「頹壞」甲、乙本作「頹破」。
⓫ 「疊起」甲本作「疊應」。
⓬ 「困」甲本作「苦」。
⓭ 「險」甲、乙本作「遠」；乙本後改為「險」。
⓮ 「泄漏」甲、乙本作「漏泄」。
⓯ 甲、乙本無「勞」字，原本旁加。
⓰ 「有」字據甲、乙本補。
⓱ 「勝」甲、乙本作「堪」。
⓲ 「遇」甲本作「逢」。
⓳ 「碎屍」甲、乙本作「碎身」。
⓴ 「與」字據甲、乙本補。

㉑「世」甲、乙本作「志」。

㉒「戰鬪之事」甲本作「戰伐國之大事」。

㉓「聖上」原作「聖人」，據甲、乙本改。

㉔「湯鑊」甲、乙本作「鑊湯」。

㉕「並」甲、乙本作「率」。

㉖「所因」甲本作「因此」。「號哭」甲、乙本作「懐泣」。

㉗「天意」甲、乙本作「天運」。

㉘甲本「或」上有「倘」字。

㉙「大業」甲、乙本作「大事」。

㉚「亦」甲本作「訴」。

㉛「岸」甲、乙本作「畔」。

㉜「勝」甲、乙本作「勢」。

㉝「邊」甲、乙本作「畔」。

㉞「罰」甲、乙本作「責」。

㉟「行」甲、乙本作「至」。

㊱「面」原作「日」，據甲、乙本改。

㊲「黑」甲本作「塵」。

㊳「兎遇獐驅」甲本作「兎遇彪飛」，乙本作「兎過彪驅」。

㊴「将刎」甲本作「将自刎」。

40 「心寒」甲、乙本作「從天」。

41 「舊」甲、乙本作「舊臣」。

42 「戮」甲、乙本作「䄠」。

43 「世」甲、乙作「代」。

44 「辰星」甲、乙本作「星辰」。

45 「走」甲、乙本作「奔」。

46 「望」乙本作「向」。

47 「鼓」甲本作「金」。

48 「什一」甲本作「一計」。

49 「公侯」甲本作「公卿」。

50 「腐」甲、乙本作「朽」。

51 「扶」甲、乙本作「匡」。

52 「崑崙」甲、乙本作「崑崙」。

53 「以行」據甲、乙本補。

54 「職」甲本作「武」。

55 「稅」甲、乙本作「粟」。

56 「任」甲本作「用」。

57 「險夷」甲、乙本作「夷險」。

58 「回」字據甲、乙本補。

59「遂」甲本作「悉」。
60「節度」乙本作「節制」；甲本作「節制順義」。
61「于」甲、乙本作「諸」。
62「亦期登接至尊」甲本作「亦斯登接至尊」，乙本作「亦斯鄭氏登接至尊」。
63「就」字據甲、乙本補。
64「信」原作「疑」，乃隨下文而誤，據甲、乙本改。
65「時」甲本作「特」。
66「群」字據甲、乙本補。
67「偶」甲、乙本作「俱」。
68甲、乙本「外」下有「處」字。
69「人臣」甲、乙本作「人神」。
70甲、乙本「與」下有「起」字。
71「才」甲、乙本作「行」。
72「利裕」甲、乙本作「裕利」。
73「武」甲乙本作「官」。
74「哉」甲、乙本作「耶」。
75「與」字據甲、乙本補。
76「靜」甲、乙本作「靖」。
77「加斧斤」甲、乙本作「加斤斧」。

78 甲、乙本「分」下有「忠」字。
79 「漁人」甲、乙本作「漁功」，下同。
80 「庸」甲、乙本作「夫」。
81 「語」甲、乙本作「詞」。
82 「天」原作「千」，據甲、乙本改。
83 「暴」甲、乙本作「惡」。
84 「暴」甲、乙本作「害」。
85 「心」甲、乙本作「謀」。
86 「威」甲、乙本作「民」。
87 「逃難」甲、乙本作「避難」。
88 「當郡」甲、乙本作「富定」。
89 「勿」甲、乙本作「忽」。
90 「衆」甲、乙本作「庶」，下同。
91 「瑞公」甲、乙本作「端公」。
92 「勳舊」甲、乙本作「舊勳」。
93 「轍」字原本旁加，甲、乙本無。
94 「皎日」甲、乙本作「日皎」。
95 「矣」甲、乙本作「耳」。
96 「逮」甲、乙本作「殆」。

97 「比」字據甲、乙本補。
98 「将」甲、乙本作「俟」。
99 「屢」甲、乙本作「累」。
100 「禮」甲、乙本作「物」。
101 「師賓」甲、乙本作「賓師」。
102 「嚴陵」甲、乙本作「嚴光」。
103 「岐山」甲乙本作「岐州」。
104 「公可莫辭」甲、乙本作「公莫可辭」。
105 「棘」字據乙本補，甲本作「刺」。
106 「鄭氏」甲本作「鄭西定王」。
107 「斯」甲、乙本作「茲」。
108 「記錄胡父子」甲、乙本作「父子記錄胡」。
109 「致」甲、乙本作「置」。
110 「急宜」甲、乙本作「宜急」。
111 「有」字據甲、乙本補。
112 「已」甲、乙本作「旣」。
113 「民兵」甲、乙本作「兵民」。
114 「手」字據甲、乙本補。
115 「英雄」甲、乙本作「英武」。

116 「志」甲、乙本作「心」。
117 「中」甲、乙本作「言」。
118 「心」甲、乙本作「意」。
119 「夫婦」甲、乙本作「夫妻」。
120 「望」字據甲、乙本補。
121 「深恩」甲、乙本作「重恩」。
122 「屍」甲、乙本作「身」。
123 「謀萌」甲、乙本作「萌謀」。

越南開國志傳

卷之六

吏部尚書該簿兼副斷事阮榜中承撰

詩曰：

旗幟飄颻日月高，雄兵萬隊振英豪。
凜如虎豹依山岳，勢似蛟龍起浪濤。
諸葛神機應莫動，伯溫妙算也難搖。
古今多少英雄將，隻馬馳驅泰華頭。

却說盛德庚子八年正月下旬，正道兵隊長沛橋入帳呈節制順義，曰：「臣於軍中暗聽義安兵將及民夫等，或會於山林之上，或集於靜舍之中，或交頭接耳，密語低言，意欲反心，逃回北界。且聽未詳之語，難敢實呈，望節制公須提防謹愼，幸勿疎虞，免墜小人之計。」節制順義聽言，乃謂沛橋曰：「我曾已窺見衆情，語言不合，行止不遵，我已覺知其意，汝不必言。但汝已曉知，付汝探觀詳細。」沛橋受命，出帳探聽軍中兵夫民人衆情虛實。

於三月賢王令監試官定試。正途中格五名，華文中格十八名，王皆擢用。

再說下道水軍參將雲龍自會集諸將返回，時常訓練，或習乘舟水戰，皆往返如飛；或習登岸步征，揚威耀武，志在收復中都，以光前代。閑坐帳中，忽本營有人呈曰：「臣聽得義安之民，新選為兵，補入隊伍，原前年之際，各遵法令，玆聞有北朝曉言，諭其利害，彼等皆有異心，恐生內變。如夜間常有就督戰營中密處，言語之情不覺。但督戰官頗有才略，王上親愛，倘有私行密事，諸明公皆莫聞知，驗是舉行，皆是優賞自專。臣聞得此言，特來呈報，望明審量關防，以免他人之陰謀也。」參將雲龍聞報，默然片時，言曰：「有意有意，我已覺知。」自是有猜疑新降之兵，且心常怏怏，嘗以督戰為恨，時各道諸將等，皆聞報知此語，日夜則提防，咸生怨恨❶，與督戰昭武不睦，而督戰昭武不知。是歲四月中旬，南將督戰昭武苦於思慮，定謀設計，以成萬全之功，日夜憂心，寢不成寐，食不甘味。忽身生瘧疾，寒熱往來，或晝時熱少而寒多，或夜時熱多而寒少，良醫調治，病症稍痊。乃默然嘆曰：「我本欲扶黎室以昇平，佐阮王以恢復，剿除鄭孽蠆毒狼貪，使無殘虐良民殺害百姓，以致太平於萬歲之間，以顯聲名於無窮之史，我平生之願也。況玆身帶少恙，難以馳驅，必應昨宵之夢也。古云：『謀事在人，成事在天。』人願如此，天理未然，但恐同僚不睦，諸將不和，失其機會也。」遂潛然置之。後人有詩詠云：

天氣流行變態中，嗟哉樹瘦葉還濃。
神機先覺南柯夢，晚見當來是臥龍。

時上道兵鎮守大勝、扶揚。水軍節制楊智、參將雲龍及諸將等，皆聞報言軍中義安人咸生怨恨之心，更圖他志，頗有嫌恨督戰昭武之事。且人之心妬賢嫉能，圖於益己害衆，遂不報信與督戰❷昭武知會，同就節制順義營中商議。節制順義出帳迎接，入於帳中，分次坐定，設宴款待。談論之間，鎮守扶揚曰：「小將今有一言，望諸公明聽。以我等是南朝功臣之苗裔，名將之子孫，咸有凌雲之志，匡扶王室，剿滅凶徒，立功名於當時，傳靑史於後來，是桑蓬弧矢之心也。況於施設，誰不智歟？如昭武是白面書生，尋章摘句，惟以快言巧語，弄月嘲風，以致聖上親憐，視朝廷無人。虛作謙讓，而自比爲管仲、樂毅之流，我等甚羞愧焉。茲聞鄭家常有許人往返，叮囑密情，晚必有背南投北之意。致義安新附之兵，多起反心。倘或變生肘腋則難舉動，是謂蕭墻釁起，火發城中，其殃不遠。望節制審量詳推，以免功名半途而廢矣。」諸將聽扶揚之言，皆應聲曰：「卑等竊料扶將軍此言，倘或不中，諒亦不遠❸，願節制思之。」節制順義從容言曰：「列位將軍所言差矣。夫爲人臣之道，必以忠愛爲先，忠者以事君，愛者以事友。如督戰昭武是振振君子、凜凜丈夫，與人同其休戚。凡有成功者，讓於他人；凡有定謀者，留於他議，未曾邀功矜己，奪利爭名，今日豈有爲此心哉？諸公勿可以小人之心，度君子之腹。胥相疑惑，致傷和氣，必誤朝廷之委任也。」言罷大笑，又曰：「如義安降將及兵民等輩有起萌心，思其不免反叛，我亦先有覺了。古云：『坐久令人厭。』但行兵之法，惟兵貴神速，如雷霆之不及掩耳。況聖上遲疑未決，逡巡已經五載。夫撥亂之中，人心莫不嗟怨，若人心嗟怨，則反情自然起矣。」遂附耳細語曰：「列位諸公，宜準備回軍，關防彼等，免中他計。勿可泄漏，謹哉愼哉。」說罷，諸將皆拱手遵命，各辭回本寨，預備聽令而行。時節制順義外雖良言，心中益增嫌恨督戰昭武受私賞之事，自此不和，有謀相害之意。

至八月初七日，節制順義密思探覗軍人之情。遂召集諸將分道，約於本月初九日發兵北征，差歸義將，該隊朝椮、廷議領一枝軍，直進過渡津浮石處，破晄郡、耀郡之兵，若得勝，再引兵來接。又差參督明朗，該隊朝蘇、嚴俊、秀隆毅、朝威、布橋都等將領大軍❹，進至苗芽、五軍❺浮墟處，攻敗北軍太保蘭郡之兵。如獲大勝，引兵直至，以取中都，以❻爲首功也。又密傳水軍該奇延祚領戰船並長舵船，駐在展律社。期初九日酉時，調就三制社，列於江邊，以渡我軍，至四更突戰，諸將宜遵令而行。分撥已定，諸將聽令，準備起兵，初無報與督戰知道。忽至初九日，各道並於二更造飯，四更各自引兵進發，直至太保蘭郡營前。蘭郡聽得南兵突至，急率兵列陣相攻❼。於是南北兩軍鏖戰，自寅至辰，未分勝負。時南邊義安新降之兵，陣前交攻，原無鬪志，或持銃者空發藥聲，或持劍者有揮而無斬殺，尋路逃遁，十存七八。節制順義知軍情有變，料難取勝，遂撤兵返回南界，以圖固守之計。北邊蘭郡乃分兵防禦江邊，自引一軍固守同昏壘。

再說督戰昭武時寒病正甚，臥於驅獨營中，勉彊扶几觀書，解其憂悶。忽聞銃聲大發，時已四更，遂急差人探聽❽。回報曰：「節制已統大兵越過北界，督攻蘭郡，兩軍相鬪，勝負未分。」督戰聽報大驚曰：「兵者❾國家大事，今而動兵攻剿，不曾相與謀議，是何意哉？」乃差心腹人馳至節制順義軍前，呈曰：「督戰致拜公等，但督戰今宵身增寒甚，服藥臥在房中，忽聽銃聲大震，未曉何由，特差探馬報來，始知大兵攻敵，而無令傳分遣，難辨何理？特命臣來待令❿。」節制順義大怒，厲聲曰：「吾差大兵越江破賊，自四更至斯時，諸將各道領兵直進，人人勞征苦戰，體倦身疲，是國家之事，有何私哉？而督戰內道兵默然不見一面，如督戰少恙且恕，其差該屬奇該隊等員，閑遊靜坐，兵制不遵，當受軍憲，有何言哉？汝早回傳與督戰及諸將，宜速引軍破同昏壘，以接應大兵，不得遲誤。」差人奉命，急回呈督戰昭武如此。督戰昭武遂催兵進發，未出營外，忽見哨馬飛報曰：「節制公大兵北征，未獲其利，已撤還南界屯守。」督戰昭武乃下令回兵。

差人探知北將太保蘭郡已引兵守同昏壘，遂降請將祫郡並部將會議，謂曰：「我節制同諸將提兵攻蘭郡於茴芽、五庫不捷，已回兵去了。蘭郡懼我，自引兵來守同昏壘，公等當用何計破之，以擒蘭郡？」祫郡呈曰：「小將頗知蘭郡是怯弱無謀之輩，據在同昏，譬如魚遊釜內，何足慮哉？小將乞領一軍，攻破同昏，以擒蘭郡，如涸池捕鱉，有何難哉？」督戰昭武曰：「不然。蘭郡雖無謀，而晃郡⑪頗有膽略，若我發兵急攻，彼衆我寡。況大江水面頗低，難於揚威耀武，彼居平地，我在波中，是兵不利。不如且待天時，若得天時，則地利具矣。況玆白露之節，必有風雨，待乘急雨之時，水溢江心，盈於同昏壘內，北軍無備，我發兵乘水勢攻之，豈不獲全勝哉？」督戰昭武曰：
袷郡皆拜服稱羨不已。談論之間，忽聽西北角雷電大發，雨下如注，頃刻之際，水溢潭江，流沒同昏壘面。督戰昭武大喜，乃差袷郡爲先鋒，該隊雲朝⑫爲左右備陣，自引大軍接應。約明日寅時，依令而行，引軍直破同昏壘。若違令者，軍法難容。諸將等聽令，各自回寨，準備進發。又差人就節制順義帳中，呈說如此。早至十一日寅時，各自率兵望北邊喊殺而來。但見：

戰船洋綠水，劍影耀青天。北壘產蛙沉竈，南軍擦掌摩拳。一奮威揚北地，四征名震南方。

此時南軍突入同昏壘，勢如一道流星而至。蘭郡大驚，兵不及甲，馬不及鞍，同輝郡、晃郡望北而走。南將雲朝乘勝趕來，追至城下急攻。蘭郡坐於土山之上，喘息不已，望見南兵稀少，大怒曰：「彼等乘勢，欺我太甚。」遂差晃郡引兵遶於山後，突出急攻之。雲朝大敗，走回同昏壘。督戰昭武望見，急差袷郡並親子隊長豪良提兵急戰。晃郡分兵拒敵。忽見東南角上旌旗森碧浪，鉦鼓震蒼天。步軍有滿山塞野，戰船有溢海洋江，如急風疾雨而來，視之乃武將節制順義之兵也。弩力急戰，北將蘭郡、晃郡等駭然，不顧衆軍，棄同昏壘，望永營走脫，就富郡帳中請罪。於是南兵屯在潭江北界，分營列寨，以禦北軍。如督戰昭武兵屯自同昏壘至朗溪社。橫港之埠，分爲犄角之勢，以怯鄭兵之心。遂差軍造作浮橋，自同昏壘回至南邊江岸⑬，通其陸路，便其來往，自是兵威益振。

再說北將富郡屯守永營，探知消息，大驚曰：「倘南兵乘以銳氣，直進長驅，我兵何以制禦？不如棄義安，引兵回據清華，固其根本，再圖後計，收復江山，以報前讐，以泄吾恥。」參督顯郡阻曰：「不可。元帥勿憂，玆南兵越過大江，列於北界，沿江立寨。但此處前無城郭，後有大江，是謂置之死地。用兵之法，眞大忌也。況昭武實智謀之將，廣聰兵法，不肯久屯，早晚必撤兵回於南岸矣。」富郡曰：「然。」遂按兵不動。

是月南將節制順義、督戰昭武差人馳回王庭拜奏：「聖上御曉：今奉征諸將等已引兵直過潭江北邊屯札(紮)，乞聖上急差大兵隨後接應，以取中都，正可爲之時也。」賢王聽稟，默思良久，遂差將臣吏文景速就潭江，傳與督戰昭武、節制順義及各道諸將等曰：「夫舉兵征伐，平定四方，先察於天時，次觀其地勢，後度於人心。且玆隆冬之際，又甚風雨，三軍寒濕，是一不利也。況北邊江廣濶之地，前無城郭，後阻大河，兵有象馬，難於往返，此二不利也。又兵行千里，經五載餘，父母妻子在家，倚門遙望。如舉兵大戰，彼衆我寡，前有銳鋒，後有背水，則軍心散亂。經曰：『大衆一散，難可復合。』此三不利也。諸將可共詳之，不如早解浮橋，兵回舊界，守其城壘，地勢聯絡，以安衆心。待至來年，乘時再圖後舉，未爲晚也。」諸將等聽令，望拜奉命。文景再歷看山川路途形勢，畫成圖本，調回王庭進納。於是節制順義下令各道諸將等撤兵還潭江南邊，解毀浮橋，各屯舊壘固守，以圖後進。三軍得令返回，甚是喜慰。時人有詩詠南主曰：

堂堂表出聖君明，先覺深知冠衆情。
千里星光昭大象，萬方日照爍群生。
春風既已相休息，冬雪胡為返鬬爭。
莫說陰陽多變態，後來天運有虛盈。

却說北將少保富郡兵屯永營，日夜常恨南將督戰昭武攻破蘭郡之事，決志報讐。乃令署衞朝石乘夜暗作浮橋，自同昏壘，過南邊江畔。差都督耀郡領步兵一萬，從暗地突過驅獨營，衝擊橫壘檢石處。又差參督恒郡領戰船十五隻，從朗溪社橫港小澗，直至驅獨營襲擊⑭後背。水步相接，共期夾攻，以分昭武之勢，彼等何以禦之？若獲昭武，長驅直進，以擒順輩，解納王朝，此功最大，勿得遲懈。我自引大軍隨後接應。」二將聽令，領兵出寨，望南兵而至。忽有細作人飛報督戰昭武知之，笑曰：「耀輩⑮愚蠢，不想前日之敗，敢引兵來襲我，我必擒之，使北軍⑯不敢正視我軍也。」乃令該隊雲朝領一支軍，就檢石橫壘兩邊深林處埋伏。如見彼軍初到，莫先出戰，待其過半，彼軍以爲無人，必不預備，見其懈怠，急發兵突出攻之，截爲兩段，亂其隊伍。彼軍必走矣，勿可追趕，速引兵回，破彼水軍後陣，必獲全勝。再差該隊朝蘇、屬人秀明等，領一支軍，屯在橫港畔高埠處，望見彼水軍將近，急射連聲，以禦北軍襲我後背。待雲朝之兵進至，兩將夾攻耀郡，恒郡自然走矣。我已定計擒之，二將勿其乖令。於是雲朝、朝蘇二將奉命，引兵去了。督戰昭武遂差飛報節制順義曉知如此。

先說北將耀郡是夜四更引兵望檢石壘而進。忽近橫壘，兩傍皆是深林，心中疑惑，料有伏兵。差人巡探，回報謂此處探已詳悉，絕無兵馬。耀郡乃放心突至。行過半路，忽聽林中銃聲大發，驚動天地，北兵死者無數。耀郡駭然視之，方知南將雲朝之兵，伏於此處中段，乃推兵拒戰，首尾不能相顧。忽東方日已平明，料難取勝，急引兵望櫳摟壘馳進。是時守壘南將該奇雄威知出其不意，慌急列軍拒戰，不敵，乃棄櫳摟壘，退回下道。耀郡奪取其壘。時北將參督恒郡署衞顯揚引水軍進至朗溪社平田橫港處，顯揚率水軍前進，忽遇南將朝蘇催兵急射，顯揚船被破三隻，北軍大敗，棄船逃走，返回福川港屯札(紮)。差人飛報，富郡聽知，大怒，乃下令按兵論謀攻擊。遂差人回稟西定王，乞發兵接應，以圖收復。

再說十月中旬，南將節制順義自見雄威兵敗，憂悶倍加，常令人暗探各道軍中消息。密報曰：「義安新降將士及兵民等輩，咸垂頭細語，約爲內應，欲反逃回北界⑰。乘其攻擊，取事於中，如趙俊、陳橋之事。」節制順義聽報，乃默然思曰：「軍心板蕩，民情離叛，難於料事⑱。」遂聽各道將，會集帳中商議。節制順義曰：「我等受聖上厚恩，奉命領兵伐北，志在恢復中都，剿除鄭孽，再造江山，垂名青史，是平生之願也。但茲時勢如此，軍人如此，列位審論若何？」鎮守大勝曰：「夫舉兵動衆，破人之國，利在兵貴神速，出其不意，攻其無備，使得萬全。若其猶豫，事必不成。願節制急究問軍中，果有背叛之人，收來斬之，梟首示衆，衆心懼怯，則法令聽從。若法令從，一舉而成功也，有何懼哉？」水軍先鋒雲龍應聲曰：「大勝貴兄之言甚是，宜依此而行，水步並進，一鼓而可定也，以顯南越之英雄，使鄭黨不敢睥睨我也。」時在坐督戰昭武聽雲龍所言，乃避席曰：「二大將軍之言，是行兵之大法也。夫用兵之要，先審於天時。但天時不如地利，地利不如人和，若人心和，則大事成矣，戰無不克，攻無不取。凡爲將者須明五事：仁者不貪不殺，義者順理施行，禮者處己以公，智者見機而作，信者令若四時。全此五者，則天時地利人和，自可見矣。古者湯、武行兵不殺，而三軍自向；桀、紂行兵好殺，而衆人自叛。今倘究果料，亦殺之無益，不如分兵固守。以恩而結人心，以信而招遐邇，施財賑極，給粟濟饑。不日之間，則衆人向服，衆人向服，則竭力同心，一舉而大事成也。何患軍心有板蕩乎？」鎮守大勝聽昭武之言，心中甚恨，厲聲言曰：「何謂『殺之無益』？凡爲將者，是殺伐之權，經曰：『兵不斬不齊，將不誅不勇。』殺者是威也，無威難以治衆。如何言『殺之無益』哉？」參謀貢頭曰：「小生今有一言，望列位明聽。夫自古聖王興兵吊伐，務以仁義爲先，猶恐衆人之不服。奈何今既侵人之國，不思結以仁恩，欲其誅殺是尙？譬若爲叢驅雀，爲淵驅魚，何以取勝於天下？況我兵帶甲十萬，千里饋糧，既不以急攻爲上策，而爲遲緩之勢，使兵疲意沮。謀計既不復生，而懷土思鄉，人心又無協一，此卑之所深恐也。且兵法有云：『利而誘之，彊而避之，逸而勞之，親而離之。』是謂兵者詭道也。目今軍心已變，賊勢已堅，戰之必難，守之亦在不易。莫若撤兵返回本國，再圖後計。如孔明六出祈(祁)山故事，料亦無虞，請諸公詳審之。」節制順義聽諸公爭論，乃揚聲大言曰：「大將軍、雲將軍之言，甚合吾意。彼鄭家小輩，蠹國害民，上酖殺黎君，下殘虐百姓，我誓擒之，剝肉斷骨，足快吾心。如督戰參謀之言，依兵法而論，甚其有理。但一進一退，千里疲勞，機會何時再得？不如勇決一陣，以顯英雄，諸公宜盡心努力，以決雌雄，勿其猶豫。」諸將各聽令辭回本寨，準備以待。時節制順義聞督戰昭武談論之間，愈加嫌恨。外雖說急戰之言，內實慮欲回之意。潛而不語，進退思想，夜終不寐。後人有詩贊嘆曰：

威揚赫赫奮雄兵，鐵馬金戈望北征。
談話撥開迷霧塞，蘊藏滾作怨雲生。
且言世態多顛倒，謾說人間奪利名。
縱使天人心志協，乾坤管取一昇平。

且說北朝少保富郡以南將督戰昭武常欺設謀計，攻破耀郡，恒郡敗陣之事。於十一月，乃召集諸將議論，分兵南征，以報前讐。乃令都督豪郡爲先鋒，參督演郡爲左右衞陣，諸將皆隨軍調遣，領兵一萬，自引大兵二萬爲後隊，水步相接。十九日子時，各自引兵望南邊櫳愈正道營直進。忽細作飛報南將，節制順義急分兵拒敵。兩軍相接，大戰自寅至未，約二百餘合，未分勝負。忽東北方狂風大作⑲，飛沙走石，直指南軍西旋而至⑳。於是南軍人人耳不聞號令，目不視㉑旌旗，各自避南隱北。節制順義禁止不住，驗知天意，無可奈何，難以取勝，遂棄櫳愈壘，撤兵回樾營屯札(紮)，以圖後計。時北邊少保富郡獲櫳愈壘，入營坐定，諸將各獻功，富郡大喜，遂厚賞諸將，慰勞三軍。乃令都督演郡留守此壘，自引兵回永營，以圖別陣。

再說南將節制順義自失櫳愈壘，憂怒倍加，寢食俱廢。坐於帳中，尋思破敵之計。聽得心腹人累報曰：「新降將士兵民等衆，或逃去回北邊，或潛謀內應，人心不一，衆意多端，難於鬪戰㉒。望節制公早謀禦之，以免後患。」節制順義聞知大驚，遂密思回兵之意，但恐他人透漏，誤其大事。至二十七日，乃佯令傳各道諸將提兵，再越大河北界，推兵急戰，以取中都，報復前恨。又差人回南朝稟中聖上，速發大兵接應。乃會集諸將，令上道鎮守純德㉓接鎮守大勝領兵直進櫳愈，急攻演郡後背。如其得勝，趕就河邊，同水師㉔越過大河急戰，勿許彼軍回顧。再傳水軍節制楊智、先鋒雲龍領戰船列在營門，若聞銃聲，速飛報江畔，接大勝、純德二營之兵，突過北邊，同登陸路破賊。又傳督戰昭武，接該奇雄威，引本部兵，同三道合兵爲一。約二十八日三更初刻，人各啣枚，馬皆藏鈴，象則捲鐘，努力急破櫳摟壘，突過永營，以擒富郡。引得勝之兵，直至中都，捉西定解回進納。諸將等遵令而行，勿其懈怠。又附耳細言曰：「諸將各道，皆準備束裝，今夜初更，各撤兵退回布政南界，至橫山壘相合爲期，勿可泄漏，反被他人之算己㉕。」獨不傳與督戰昭武回兵之事。各道諸將等接聽密言，皆自結束。忽細作哨報㉖永營，富郡聞之，大怒曰：「順輩不記前日之敗，玆敢興兵侮弄我耶？如其再來，誓必擒矣。」遂令列陣以待。

是月二十八日酉時，南軍各道皆棄空寨，懸羊擊鼓，如畢再遇之棄寨故事，以疑軍令。各暗引水步兵，望布政南界回㉗去。忽見群蜂飛到，障天蔽地，不計其數，咬刺南人。人皆抱頭遮目而走，不敢反顧。於是義安新降之兵，識知此意，皆逃竄隱避。或取器械逃回本家，或納刀劍而歸本貫，去其太半，禁止不住。軍中㉘捉斬，屍首塞路，號哭之聲不絕。但見：

卷旗息鼓，咸無戰鬪之心；曳戟偃戈，皆有思歸之志。忽忽群蜂翔逐，黑頭黃尾飛來；衆毒隨驅，長翼細腰驟至。或刺者譬如力士鐵錐，或咬者恰似猛彪金爪。人人共負戰袍而遮障，個個同俯頭面以驅馳。驗知天意所行，莫謂人力可制。機乎時乎，旬也運也。

時北將富郡分兵列陣以待，直至三更，不見南軍動靜。急差人上馬探報南將撤屯何處？「報曰㉙」：「各留空營，惟督戰昭武住兵在驅獨營，不知何意？」富郡曰：「是南兵誘敵之計，今夜我且按兵，免中他計。」明日，遂傳令諸將等引兵渡河，徐徐而進，勿其太急，違令者斬。諸將聽令，引兵渡潭江南界，各自緩緩而行。將近營前住脚，遙望不敢突入，疑有伏兵餌敵之計，差人探聽虛實。

再說南將督戰昭武聽節制順義號令回營，整點兵馬船隻，待至夜初更造飯，三更聽砲號進發。披甲坐待帳中，忽更已點三，絕無動靜，心中疑惑，乃差哨馬探報。來呈：「節制及各道諸將水步等於往日酉時，已撤兵退回去了。北兵突過河邊南岸，旌旗蔽日，放火燒營，分兵圍駐各屯甚密。況彼衆我寡，何以制之？」督制（戰）昭武聽報，步出庭外，擡頭一望，見火焰明同白日，煙氣騰空，乃仰天嘆曰：「臣事阮主，惟以忠義和愛爲先，與諸將協力同心，富貴相與，患難相扶。何故反生不睦，謀爲相害之心？倘欲回兵者，實約明言，使皆一段上路，何故獨留臣昭於虎穴。茲臣上賴皇天庇佑，下蒙先主扶持，保護萬全，再見阮主寶殿。」說罷，望空下拜，乃謂衆軍曰：「吾與汝等，受朝廷重恩，蒙主公洪福，同心恢復，收得義安七八州縣，已六年餘。志篤卷席長驅，復取中都，庶榮桑梓，共享太平之福。誰知諸將有妬我之心，棄我先回，可惜已成機會，何期再得如斯時乎？我同汝等皆盡心竭力，譬如父母兄弟，誓同死生，相助相扶，共決雌雄一陣，以報聖上寵愛重恩。倘力寡無支，我寧死於戰場，享其血食，誓不回矣。」諸將聞言，皆涕泣曰：「明公珍珠美玉，猶舍命以報國恩，何況臣等，皆爲塵土草芥，有何惜哉？願同決戰，何憂賊黨乎？」於是各自咬牙切齒，不顧其身，皆決死戰。督戰昭武大喜，令分兵奮威攻擊，以破賊徒。於是心腹雲朝、秀明俯伏呈曰：「卑等愚蠢，敢陳鄙語。頗卑耳嘗聞兵法曰：『全國爲上，破國次之；全軍爲上，破軍次之。』但聖上重用明公，信如心腹，恃爲棟樑，旦夕無忘，千載緣諧，萬年契會。協力剿除凶黨，以創南天；同心拯救生民，以清北僞。留芳名於萬代，著美姓於金縢。是謂君聖臣忠也。今明公決分兵死戰，是無益於國家。如此則上負聖王之恩，下忘祖宗之德。非英雄豪傑之志㉚，但是武夫小卒之心。況古者名將，皆用韜略才智戡撥之才而佐主，非以毀兵壞己亡命而事君。仰明公詳審，早撤兵回，與諸將相會，以免後人之褒貶。」督戰昭武聽罷，密思其言有理，遂令唱妓鼓笛彈歌，營中爲樂，密傳令回兵。時北軍富郡分兵圍困營外，但聞營中鼓彈響亮，疑督戰昭武有謀，不敢驅兵近營。於是督戰昭武急率兵棄驅獨營，望橫山而回。富郡探知，急推兵追趕，而北兵心驚，不敢努力，皆徐徐而進。南兵馳過拔擢社田至鵞溪社，途中降將該隊禮全、顯忠奪取器械，率家屬逃回本貫。督戰昭武令裨將雲朝將兵捕捉解回。及護迎㉛我兵疲弱並老幼及婦女，原上道兵所棄，盡帶隨回。至二十九日，兵到橫山壘，與諸將相會。節制順義見昭武全軍而回，自料前日誤聽諸部將之言，一時去回，不有馳報，甚失節制之體統，面帶慚色，彊問曰：「諸將停待多㉜時，督戰何爲晚也？」督戰昭武默然，同諸將各敍出危入險之情，分兵據壘歇息。

再說北邊少保富郡率大兵日夜倍道兼行，直至橫山壘面。兩軍相持，大戰一陣，自未至酉，銃聲不絕，矢石交馳。北軍耗損將兵，不能取勝，富郡乃下令退二十餘里下寨，再圖後舉。頗見南兵奮勇攻擊，不敢迫近，各自揚兵為聲勢。是夜三更，南兵節制順義見賊兵甚衆，乃密傳各道等退兵歸南界日麗壘屯札(紮)，以安軍心。留督戰昭武、該奇雄威領兵截後，據橫山壘固守，以禦北軍所(追)襲。督戰昭武乃令該奇雄威領一軍，列在芙蕾平林㉝，為疑兵之勢。待其飛報，如望見淪海火起，早撤兵還庯渡守麗第山，以禦北軍侵界。又令隊長才明及屬人秀明領兵至淪海門，放火焚營，並屯庫為號，再斷毀淪橋，返兵回清河社以待。該隊雄威等受令而去。督戰昭武自引兵屯在大丹社，但我兵少，懼北兵衆，難於拒敵。遂生詭計，差兵斬伐木樹，全其枝葉，每人手曳二枝，於林中往返，塵氣衝天，蔽絕山崗之頂。又懸旗葉於樹上，乘風招飄，可比曹師百萬。或東出而西沒，或南往而北馳，若見兵來，速皆馳驟，是謂神機莫測也。忽細作飛報北將富郡曰：「南兵存據大丹社。」富郡問曰：「名將是誰？兵馬多寡？」呈曰：「兵寡無多，不知是何名將？」富郡令顯郡領五千兵，直至大丹社，捉南將調回，勿許一人走脫，功成之後，必當重賞。顯郡受命，引兵直至大丹，推兵疾戰，志在拿捉南將，以顯英雄。忽哨馬報來：「據大丹社是南將督戰昭武也。」北軍聞之，無不駭然。顯郡擡頭遙望，見林中塵土衝天，如雲屯霧蓋，布滿四方，疑有伏兵，不知幾數。忽望見淪海門火起，煙焰障天蔽地，大驚失措，急率兵走回，北軍各自逃竄。時督戰昭武看見，撫掌大笑曰：「我暫施小計，以誑賊乎？顯郡一時不定，未曾攻擊，但驚心先走，自將踐踏，死者無數，是天助我而殺賊兵也。」時望淪海門發火，乃令該奇雄威撤兵回。遂令傳衆軍發射，以禦賊軍追襲。自提本營兵回至布政南河喜悅社屯兵。

時各道諸將等相會，查點兵馬，差人入朝拜奏還兵之事。賢王乃差將臣吏秀林齎銀子錢帛，就各道頒許諸將，以答殊勞。及犒勞三軍畢，傳金言曰：「聖主致意與諸公等，謂君臣會合，上下同心，欲其一舉成功。但時之未至，宜養兵畜銳，訓練精熟。玆事已如此，待後再圖，早晚衣錦回鄉，以光前代。諸公等合記在心，勿其懈怠。」節制順義並諸將望拜謝恩受命，各歸本鎮，招集兵馬，再備軍需，以圖後舉。時人有詩吟曰：

英雄天降生，睿智又聰明。
德厚安南土，才多怯北溟。
言陳知世運，恩撫慰輿情。
重覩雲開日，千秋享太平。

又後人有詩詠督戰昭武云：

不與當時碌碌同，自研韜略最精通。
事君擬創千年業，役己徒勞百戰功。
君子可堪誅順義，小人烏足罵雲龍。
六年戰鬪功夫在，空作南柯一夢中。

却說盛德辛丑九年正月下旬，南主賢王差將臣吏兼略齎勅命封督戰昭武為掌奇，鎮守布政，屯營在東高社土坻村。督戰昭武望拜受命，管鎮本營，修整城池壕塹，以禦賊徒。時布政兵民，皆安居樂業，仍其徭役，簡其租稅，人人各自歡歌喜躍，稱謂獲仁慈恩德之將也。

於三月，北人歸降，文官參政監護軍斷顯伯自應義為臣，頗通術法。王見北朝之人，悖道歸降，心中疑忌，無有寵任。斷顯知其意，遂同襄良密謀，乘暗夜逃回北界。王知之，曰：「此輩得之無益，失之無憂，何足惜哉？」乃潛然置之，無有鞫問。

至八月，王差將臣吏文景令傳督戰昭武移回福祿社屯札(紮)。原此處前有深河，通至海口，上有高山，彎連洞回大壘，眞為固守之地也。督戰昭武奉命，遂令傳[34]移兵回福祿社，列營屯札(紮)。差軍築壘，下自安鳥海門，上至蓩欑山頂，依安鳥江以爲課隔，造臺置銃，培路往來，以爲攻則克，守則固之勢。

忽至十一月下旬，北朝西定王恨南兵前年擾境之事，遂差少保富郡爲正元帥，都督當郡爲副元帥，豪蠻爲先鋒，左侍郎權忠爲參謀，領兵三萬，擇日征南。令許破城擒將，以報往歲之讐。富郡等卽拜受命，選點兵馬，擇十二月初十日發兵。先鋒將豪蠻早至大靈江，置浮橋於渡庯處。時富郡屯兵布政北河扶路殿，富(當)郡率各道兵直過大靈江，分道望布政營並進。忽哨馬飛報督戰昭武曰：「北兵過界如此。」督戰昭武聽知，急差人入朝拜稟，及飛報留屯、廣平等營，分兵接應。南主賢王聽稟北寇富郡、當郡引兵侵界，及會集諸將議論。乃令第二公子掌營協德侯爲元帥，文職貢覺爲參謀，領兵拒敵。且公子協德癸未十九歲，爲人忠孝兩全，文武足備，聰明雄勇，智略過人㉟；有龍行虎步之姿，鶴子仙顏之狀；疎財遠色，愛士親賢，眞當世之英雄也。於是公子協德奉命出朝，領兵望廣平進發。但見：

軍威整肅，劍戟森嚴；鉦鼓動青天，旌旗羅綠地。人人揚威奮武，個個努力爭雄，驗是
南方强壯，無不一當百哉。

不日兵至廣平安宅府立寨屯札(紮)，遂請諸將等公同商議，分兵破敵。

先說北將副元帥當郡是月十九日兵至近安鳥壘面，於福寺村列寨，以圖攻擊。是時鎭守督戰昭武心無懼怯，在營中高坐，彈歌爲樂。乃令該隊雲澤、雲朝、才雄等提兵據壘固守，以觀動靜。北將當郡令參謀權忠引兵擡卓(桌)子，假設勅旨於上，並張曲傘遮蓋，至於壘面，是該隊雲澤屯兵之所。北軍大叫我軍謂曰：「有黎天子勅旨，傳旨汝等速報守將聽令候傳。」該隊雲澤差人飛報督戰昭武。督戰昭武密傳如此。該隊雲澤乃率兵上壘問曰：「汝等今擡卓(桌)子，及率兵突入壘面，欲何

爲？」北軍參謀權忠謂曰：「有天子勅命，汝何無報知守將，出門迎接？又何問爲？是上慢皇帝，下欺朝廷，以中都爲無物乎？」該隊雲澤大笑謂曰：「於庚子年兵回至橫山壘，無有天子之勅，汝等猶驅兵追戰。何況斯時，欲戰則戰，欲回則回，安敢冒以天子之勅來嚇我耶？汝爲速說與當郡，提兵早來與我兵決勝負，我無懼矣。」說罷，乃催兵急射，一時礮出如雨。此時北將參謀權忠退之不及，被射死於道傍。北軍棄卓(桌)子急回走，報與當郡。當郡大怒，令豪巒驅兵急戰。督戰昭武分兵相拒。兩軍大戰，自寅至申。於是南兵人人各自抖擻威風，十分雄勇，當郡料敵不住，難於取勝，乃鳴金收兵，回福寺村屯札(紮)。分兵築壘，以爲相持相守之勢。南將元帥公子協德分兵接應，差人拜禀。賢王聽知，乃差舍欣馳到布政營，傳督戰昭武速速引兵退入大壘，同各道諸將相助，勿(豈)可以寡兵獨據孤城，而拒彼大敵耶？是謂驕兵，非經法也。督戰昭武受命，謂舍欣曰：「某居義安五六年餘，與彼等已知肺腑，某何懼焉？玆彼等引兵擾境，某且屯兵一二日，與戰數陣，以示彼知南越之英雄也。某始回兵入壘，彼等不敢正視我兵。」舍欣回朝拜禀明白。聖上曉知，遂差該隊朝才、屬人秀明先調布政民男女老幼入內正壘居住。至二十三日酉時，遂虛張旗幟燈燭在營，爲疑兵之計。傳令本營諸將，緩緩撤兵，退入洞回壘，分兵固守。至明日，當郡探聽，始知南兵已退回內壘，遂率兵入營屯札(紮)。差人探視形勢出入，以防攻擊。不覺寒暑推遷[36]，歲聿云暮，南北兩軍各自按兵罷戰。

却說盛德壬寅十年正月中旬，元帥公子協德遂移屯兵在武舍社，同諸將謀圖攻擊。至下旬，王令傳將臣吏明進就傳王旨與各道諸將：「玆而後係軍民人夫，勿許越出壘外，泄漏兵機；與勿可動兵輕與彼戰。且我兵堅守，北兵遠來，數萬之衆，利在速戰。況千里餽糧，軍士未免饑色。留之數月，彼兵一則絕糧而思返，一則無戰而懈心。乘其疲倦回兵，我急突出破之，必獲大勝，是謂以逸待勞之計。諸將合遵王旨，若違者有軍法在。」諸將等望拜受命，各自分兵謹守，不許一人出壘。至二月初十日，北將當郡率大兵列自蔡舍至鎭寧，豪鑾列兵自富舍至正始，分營立寨，築壘開壕，爲相持之計。日常差軍挑戰，而南兵不動。北兵發射一番，示其威勇，反撤兵回本寨。玆烏飛兔走，已一月餘，當郡謂豪鑾曰㊲：「前年南兵侵境，疾於戰鬪，日夜相攻，無有怯弱。何故按兵不動，是何理耶㊳？倘有良謀，我難遙度，況我兵南征已久，困倦疲勞，各有歸心似箭，難於禁住，何計破之？」豪鑾曰：「南兵所恃者昭武是也，弟有一計，使南兵知之，自然驚怖，不敢抗拒，我軍益增强壯也。」當郡曰：「先鋒有何高見？」豪鑾曰：「弟述作隙詞一片，放於壘內，南兵見之，皆有驚怖，不戰而獲也。」當郡曰：「先鋒宜速行之。」豪鑾遂作隙詞，繫於箭頭之上，射入壘內，被該奇雄威屯兵之所。雄威拾得，差人遞就元帥協德營中進納。協德開看，其隙詞曰：

豪某達於昭武炤知：我係皆臣道，各為其主，彼有豪傑，我莫非英雄，如是夾力鬪爭，皆稱手也。況曩日於義安五六年餘，曾已勞征苦戰，其優劣强弱，豈不曉哉？我已知督戰總管布政兵馬，列在洞回壘內㊴，兵數三千，我則倍兵一萬，足破昭也。拿其昭，滅其衆，掃其穴，覆其巢，噍類使無遺矣。則南兵亦必膽落，何勞攻擊哉？倘或昭識時達理，束手率兵㊵來降，富貴共之，免於誅戮。合詳鑒此。不記。

元帥協德看罷，勃然大怒。遂差人馳就洞回壘，請督戰昭武詣武舍營中，入帳坐定。元帥協德乃取豪鑾隙詞，交與督戰昭武。昭武看見隙言，咬牙大怒，踴躍離坐，手指北邊大罵曰：「豪奴小輩，敢出此言，昭於豪賊，誓不兩立，早晚必碎汝屍爲萬段矣。螻蟻之徒，敢欺我耶！」元帥協德謂曰：「豪賊之言，驕慢太甚，軍師早用計擒之，以消其恨。」督戰昭武呈曰：「豪鑾是是匹夫之輩，有勇無謀。前年臣破進韓，差兵驅逐，豪輩十死亡身，直走至欉梲，棄馬步逃。至玆再誇言領兵入境，一則山川地形未曉，一則水土河海未諳。乃縱亂言，以誑彼軍之心，免於畏怯。臣覩此輩，猶如畫雞土犬也。但玆聖上令旨禁住，不許突出壘外，臣之無計可施。欲發兵拿捉，以泄其恨，再恐王上譴責。若置之則寢食不安，望元帥剛斷明量。」協德聽言，謂曰：「夫行兵之法，閫外權制，惟在將令而已。況豪賊匹夫小輩，輕謾如此，驕傲如此，軍師須定計除之。倘或王上譴責，我自當之，不必多憂。」督戰昭武聽罷大喜，呈曰：「臣乞夜間領兵出壘襲擊賊徒，爲出其不意之計。元帥明公早傳令各道諸將，若聞外壘銃聲，急差兵吶喊虛射，助威接應，以怯賊徒，生擒豪輩，幸勿有誤。」元帥協德喜曰：「此計甚妙，軍師須急行之，以免賊黨譁言弄語。」督戰昭武受命回營。時元帥協德令傳各道諸將等：「至夜時或聞壘外銃聲，各據土分，急發虛射，並擂鼓吶喊揚威，爲接應之勢。待至平明，各率兵出壘長驅，以擒富、當之輩。」諸將聽令皆沉吟思曰：「聖上旨禁軍勿許出壘，玆元帥之令，差兵出壘破賊，是何理哉[41]？但兵法有曰：『閫以內寡人制之，閫以外將軍[42]制之。』況行兵者法令都在元帥，玆元帥令，何敢不從？」各自準備以待。

再說督戰昭武回至寨中，乃令裨將該隊雲龍、雲朝、越才明等，各領一軍，以黑衣服蔽紅戰衣，並黑巾遮蓋黃笠，依如北兵模樣。約至二更，引兵回洞回小溪潛出，人各啣枚，旗皆卷葉，詐稱彼軍巡哨。直至當郡、豪蠻二營，脫衣棄巾，擂鼓大喊，直入營中，發銃爲號。則我軍[43]各道應接，以捉賊徒，莫許走脫。如生擒得者，以爲首功；若違令者，按以軍憲。各將受計而行。

於三月初五日酉時，忽有重霧布滿四方，對面不見。督戰昭武大喜，遂令諸將依計而行。雲朝等引兵潛出洞回小溪，直過密聒山至正始溪，遇豪蠻巡遊，北軍問曰：「是何兵也？」南兵答曰：「我是元帥當郡巡軍返回。」北軍看見同其衣帽，心中無疑。但於密霧之中，不識兵數多少。相雜而行，方近營門，南將雲朝鳴金爲令，衆軍皆衣巾顯出南兵體樣㊹，揮劍立斬百餘人。北軍駭然，急走入壘，南兵乘勢突入大戰，銃聲急發，如雷震㊺轟轟。於是壘內各道聞之，傳令急發兵虛射發喊，銃聲震動天地，喊聲驚震四方。時當郡、豪蠻等久無戰鬭，將兵懈怠，無有預備攻擊之事。甜睡營中，彷彿耳聞銃聲大震，又聽營中喧鬧鼎沸。醒來擡頭見營外火起，始知南軍突破營中，不知多少兵馬。大驚失措，身無片甲，兵不成隊，火光恰似㊻白日，於是奪路望北奔走。時東方日漸平明，南各道率兵出壘大戰。富郡等回頭顧望，看見旌旗蔽地，金鼓喧天，步兵有漫山塞野而來，水軍有溢海洋江而逐。富、當各各心寒膽裂，拋棄象馬器械船銃而走，越過大靈江望橫山走脫。方至平林住脚，喘息不定，查點兵馬，折其太半，戰將四十三人，皆被南軍所殺。於是富郡、當郡、豪蠻等甚於慚愧，皆抱頭鼠竄而回中都伏罪，不題。

再說南兵督戰昭武，並各道驅兵急趕，北兵走已遠，追之不及。取得器械象馬船隻，不可勝計，乃撤兵回，同就元帥營中進納。元帥協德先已出郭，立在江隄以待。諸將皆至，相見畢，協德携督戰昭武之手，及請諸將各員於帳中，分次坐定，設宴厚待。協德撫督戰昭武背喜曰：「軍師之謀，有鬼神不測之機，風雲變態之狀，與吾同心，一舉而成大功。但諸將等，皆有疑惑之情，吾聞之，但勉强而行，誰知有今日之大勝也！」諸將聞言，皆起拜拱手稱曰：「臣等故遵聖上令旨，分兵守禦，以爲固守之計，不敢出兵。賴元帥明公將令，强心剛斷，而成大功。經云：『成於果決，敗於猶豫。』元帥眞爲唐宗、宋祖復生也。」協德謙躬曰：「吾上賴皇天嘉祐，聖上洪福；中豪督戰良謀，諸公英勇；下恃三軍雄壯，將士協和。故成今日大戰萬全之功，吾有何能哉？」說罷，盡歡飲。遂差人回朝奏捷。賢王聞稟大喜，謂諸將曰：「協德雄心大膽，識量過人，但予前日令禁，不許軍出壘㊼，是予窺衆情也。倘辨其雄略，察其決機，是謂疾風知勁草，逆水識輕舟。玆協德、昭武同心，一舉而破大敵，是眞將才也。」諸將咸拜下稱讚連聲不已。賢王遂差將臣吏延派領金銀錢帛，齎就各道，頒賞諸賞將。及犒勞三軍，銀子三百笏，定賞有差。再令傳元帥公子協德回兵。時四月下旬，公子協德遂率兵回朝。但見：

　　鸞聲鏘鏘，前遮後擁森嚴；駿馬騑騑，左矩右繩整肅。一奮威揚清海宇，三軍共唱凱歌還㊽。

是日元帥協德下令三軍凱還。不日兵回至富春正殿，入朝拜謁。賢王大喜，慰曰：「唐之公子，玆復見矣。但能勇決遠算，應天順人。經曰㊾：『內則孝子，外則忠臣。』是國家之大寶也。惟卿忠孝兩全，可謂當世之豪傑也。況玆一戰，而富大敗逃回，鄭家今向後，皆寒心落膽，莫敢睥睨我軍也。」遂令取黃金一百兩、銀子一千兩，加賞以答奇功。公子協德拜謝，稟曰：「臣上賴聖父天威；中蒙昭武妙計，諸將協力同心，英雄勇悍；下恃三軍强壯，士卒精銳，致成大功。臣有何能，敢受厚賞？」王笑曰：「自古謂有德不居，有功不伐，是君子之道也。但有功者當受上賞，何必辭哉？」公子協德乃拜受出朝，諸將文武亦來拜賀。

是歲節制順義鎭守扶揚，督戰昭武同看每耐橋並鎭寧社地勢，差人啓稟，乞築鎭寧壘以衞海門，對同葛壘爲犄角之勢，以備保守。王覽表畢，下令許之。於是三道諸將奉命，於九月中旬，公同築壘，數月功全㊿，王不勝之喜。遂頒銀錢，重賞三道諸將及三軍。自是南北不動兵甲，天下太平。是歲十二月，北朝帝崩。西定王及群臣議立皇長子黎維平卽位，改元景治，大赦天下，陞賞群臣等，封諸皇帝廟號。

景治癸卯元年，南朝賢王以其國內無事，廣施德政，撫治天下，輕徭(51)薄賦，役簡刑寬，修文講武，爲保守長久之計。於五月，賢王視朝，每恨往歲北朝登郡率兵擾境，水師屯於日麗海門之外，王差水軍征之，但射藝未精，不能取勝。欲效先王訓練水兵之法，王遂下令差軍就弘福社地分，再培築舊土堆一座，高三十餘尺，面濶一百三十餘尺，立碑於堆面前。六月，王令內水軍排戰船，素練瀊槳，習射精熟，係軍人某名善射中碑心者，重賞銀錢有差。倘或某名射落失碑子者，命隨跡尋之，若無獲碑子者定罰，再飭隨斤兩償之。自是兵法整齊，賞罰明信，三軍喜悅，其射藝既精。王不勝之喜，志欲收復京都，以光前代，以顯鄉閭，足快平生之志也。

九月十六日，有月食，食盡月體，其色半黑半紅，二時始復圓。十二月，天地清平，忽西南方浮出烏雲一朶，隨卽勃起一陣狂風，倒屋折樹，走石飛沙，傾墻解瓦，破筏沉船，人物枉死甚衆。一時風止天清，道路往來壅塞，未知吉凶何兆也？

景治甲辰二年六月，留屯鎭守虎威大將軍節制順義年老衰邁，身中少恙，差人稟啓，乞回鄉養病。王遂召文武群臣商議，王問諸將曰：「順義啓申乞回養病，擇將替任，以鎭邊陲，諸將合論某員稱委重任，以保邊疆？」掌營燕武稟曰：「知臣莫若君，知子莫若父。今聖上視諸群臣，如有才智者，有勇略者，在義安五六年餘，陳謀定策，分撥調遣，三軍皆樂其志，百姓咸慕其德，可委任者擢之。況留屯是其重鎭之地，權爲元帥，臣料非昭武不可任也。臣之愚言，望聖德明量。」諸將皆應聲[52]曰：「燕武之言甚當。」王大喜，遂差將臣吏才智就留屯道，傳令特賜節制順義回鎭舊營。再差將臣吏文景齎勅，加封督戰昭武陞爲掌營職。節制權回鎭留屯道，再許正營該奇雄威陞爲掌奇，鎭守布政營。於是二將各奉命就鎭，修整城池，訓練士卒，素習兵機，以圖恢復。自後兵無徭役，民樂安居，各自康衢擊壤。

是時王閒暇，御正府視朝，看見小江於唱亭之側，水逆左邊，欲築塞之，冤於冲犯。至九月，王下令香茶、富榮、廣田三縣，築坝堰萸城在葦野社，塞斷小江於唱亭之角，便其往來，以免江曲冲射。月餘，坝堰功完，人人往來，甚稱其便。

景治乙巳三年三月，王欲興用武備，以壯軍威。乃下令傳天下文武諸將，修整馬器戰具物，尖利鮮明，限於四月上旬，正營、舊營、廣南營諸將文武三司等，及香茶、廣田、富榮、武昌、海陵等縣鄉郡官等，齊就府沟浮墟處應候點驗。如廣平、留屯、布政等營諸將，及明靈、康祿、麗水、布政等縣州鄉郡官，同修整馬器足備完好，候正營差官點驗。自是人人遵令整備，不敢有違。至期，王御龍駿馬看驗畢，好者重賞金銀錢帛有差，常者定罰隨品。人各欽服，無有他議。再有暗稱謂其賢明之主也。王再出令，文臣及三司騎馬射弓之法，如某人射中碑者，賞銀一兩，以表其名。或射落箭後馬者，罰錢一貫。時人皆奮志上馬持弓，揚威耀武，縱馬馳驟，無不精熟。內有射中碑者，衆人皆鳴金喝采，嘖嘖稱奇，王皆重賞。自是本國人皆精通騎射之法，箭無虛發。

六月下旬，有大起疾風甚雨，水溢萸城，坝堰崩頽一角。王令再培築，面濶並二尺，甚其堅固。

一日，王又閒遊，看見天姥寺。原舊跡大唐㊸高駢遺蔂，於弘定元年庚子，仙王再回立都之日，有修造那天姥寺，經今頹弊。王令重修佛寺，功完，過至後年，修設大會。

十月初八日巳時，天地清平，日氣炎熱，忽見陰雲㊹布滿天中，雷電迸於四遠，震動天地，匝風大發，有崩山走石之聲；驟雨傾盆，有破房壞墻之勢。自申至卯，洪水滔天，人物乘浪流漂，家屋隨波破裂。至初十日辰時，方見坝堰被洪水一時蕩盡，港口水深五尺，驗知宇宙安排，山川開鑿，造化之前定也，初非人力所能致也。王知天意，遂罷坝堰之事。自是以後，災異減少，年常豐稔，人民富庶，有太平之景象也。後人有詩吟曰：

混沌初開正泰旬，群生草木共爭春。
星辰森拱千班列，山海群鋪六合均。
萬古安排原鞏固，一時開鑿見清新。
江河泰岳原洪造，人力安能勝鬼神。

景治丙午四年二月，賢王開暇，鑾駕玩遊思客海門，湀看山奇海晏，人民俗美風淳，心中甚快。忽見於長沙海渚，古跡突起一山，形如龜臥。擡頭看之，見頭向東南，尾拖西北，名曰龜頸山。山上樹木鬱茂，多有異卉奇花。王見景甚愛，乃登于山頭，見山頂上有舊跡靈塔一座，甚是威靈，此處人民，時常奉祀。王忽起慈悲之心，欲興造佛寺，以渡迷津，懲人改惡從善，比若近靈山寶塔。遂命守簿東朝子爲會主，興功移塔，修造梵宇佛臺。守簿東朝奉命，擇日就於塔，具陳告移非禮，差軍移塔，得便培基建寺。軍人聽令，同就塔內，推[55]石解磚。忽然人人各自搖頭眩目，倒於塔側，手足不能舉動，臥於兩旁。守簿東朝看見，覺知其意，遂自易僧人衣帽，頸帶菩提串，手執金剛杖，向於塔前，跪下祝曰：「弟子伏如來勅命，奉國主令行，竊念山川河海是王家之境土，尊神豈能妄占？倘或塔上有靈應者，須宜覺悟。玆國主發慈悲之心，興醒覺之道，求菩提結菓，起造佛臺，靈塔合移他所。先者得近朝佛殿，聽法聞經；後者而相見如來，超凡就聖。願俯[56]弟子懇辭，合賜陰陽，以副誠心所望。」祝罷，手持俯仰錢二文，稽首擲之，就地拜望。大諾一聲，謂靈神已應，賜得陰陽之兆，指天地爲憑曰：「願依如陰陽。」乃自趨入塔中，先移祀器，後解壁磚。衆人軍見之，同入塔內，推解壁磚，移于後頂，再修作奉祀。於是軍人起事興功，築土培基，移牆竪寺，樓殿森嚴，臺閣巍峩，鐘鼓鏗鏘，金珠燦爛。扁曰：「榮和寺」。於是佛法崇興，菩提種樹，一載之間，完成佛寺[57]，眞西方極樂之地也。後人有詩吟曰：

蕩蕩尊臨占九垓，乘風般若掃塵埃。
菩提無樹原求樹，明鏡非臺只覓臺。
梁帝談[58]僧那得越，唐宗立老豈能栽。
驗知德重鬼神伏，晚見[59]空門再出來。

三月十七日申時，舊營處內自芳榔市外至胡舍館地震，人家財物傾倒，人民行於平地，坐於家屋，譬如舟行波濤之上，片時乃止。至四月初十日，在甘露處有崩山一角，深餘三（三餘）尺，長十餘丈。石桿泉江雨血，水有臭氣，三日始清。

至七月上旬，鎮守舊營節制順義病篤，服藥不痊，祈神罔驗。至八月初九日，順義自知病篤，不能久延於世，乃召屬將及衆子入於臥榻，謂曰：「我感聖上重恩，寵遇已厚，位極人臣，親如手足，視如心腹，富貴已過於人矣。但恨未除鄭氏，匡輔阮主，以成一統之基，方遂人臣之願也。爾等當入朝拜稟聖上曉知，免我九泉受負聖王之罪也。」言罷長嘆數聲而卒，壽六十五歲。時舊營諸部將差人啓稟王庭，賢王聞之，泫然下淚，嘆曰：「順之爲臣，事君盡其忠節，在義安五六年餘，臥戈枕戟，沐雨冒寒，勞身焦思。但約與我恢復中都，規模一統，以成致治之功，享太平之福，榮於桑梓，顯於宗親。不期半途而逝矣，是天不欲使我成大功也。」說罷又哭。諸將聽言，感嘆不已，咸垂淚涕泣，共交頭語曰：「聖上恩德如此，可比漢光、唐大者也。愛寵人臣，視如父子，我等雖粉骨碎身，亦不惜也。」時賢王差人齎勅，贈封爲「協謀佐理功臣中軍都督府掌府事大都督順郡公」，及賜銀錢錦帛等項，以供喪事。許以公禮葬之，以表功臣之道。其衆子召回正營朝覲，以答殊勞。遂令參將雲龍鎮守舊營，該奇才禮爲參將（鎮守）廣平水營。二將奉命，皆領兵就鎮，安撫兵民。

景治丁未五年二月，賢王令監試提調官設科會試。正途中格五人，華文中格下四人，王皆擢用。至四月，會主守溥東朝子奉令重修榮和寺功完，王下令御駕就寺，開超度場，迎諸佛。至六月初一日，有日食，食盡七分，自巳至未。十六日，再有月食，食盡十二分，其色半黃半赤，自子至寅始復圓。十月，有蝗蟲，食盡人民禾穀，百姓憂思。王命文官設壇禳之，惡蟲消盡，禾穀再豐登，黎民歡樂如故。

景治戊申六年四月，王依洪德皇帝仗神劍開水蓮港例，俾得往來通行，水路免於懸隔。因遂差包度伊港地形低淺之處，至十月上旬，御駕率三軍及三縣民，掘開原港，水深得二三尺。至後年，在河岐處流沙斷塞，船筏難行。自此年常撥民開掘成例。是歲天旱，禾穀焦枯，人民饑饉，倉庫乏其租粟。王召文武商議，祈禱天地靈神。旬日之間，沛然遂[60]降霖雨，禾穀少成。於是記錄春臺稟曰：「臣聞民富則府庫充，府庫充則兵强。今各處村民濫耕漏田，而無納稅，乞聖旨差人包度見耕爲公田，得便徵收官稅，以資國用，以定兵糧，是謂用民力以衞兵之法也。」王聽稟，曰：「然」。

景治己酉七年四月，王令差文班官等就順化、廣南等處各縣社，民見耕田畔，定爲一二等田及和田、枯土各項，徵收租粟有差。如公田還本社均分耕種，收獲徵稅。如有某人出力斬伐林麓荒閑之所，耕稼成田，還爲本幅私田，別納租粟，本社不得分爭。自此百姓免相爭奪，各守本分以耕鋤。

景治庚戌八年二月上旬，忽見雙星相對甚大，光芒同度，並肩而行，月餘始分遠度。四月，天鹹水香茶、廣田二縣源，五六日江水始淡。於六月中旬，香戰山忽崩一角，長六七丈，濶七尺餘，王差人齋禮禱之。是月十七日，有月食，食盡月體，月影黑碧二色，自戌至子始復圓。

七月下旬，畿內失火，連燒七百餘家，六畜財物多是損傷。王覺知天意，遂斂躬修德解之。至九月十六日庚申酉時，忽見西南方有異氣在本國夾界分野，長如絹疋，濶倣三四尺，兩頭皆尖，其色半黃半赤，輝輝煌煌。常在酉時看見，日出乃潛結於一處，無有移轉。至十二月上旬消滅，不復見矣。時南朝名士解語紛紜[61]，未決吉凶何兆。或有高見者細語曰：「起於申月，結在申方，而兩頭皆尖，忌在王上足脚部，是其元法也。」潛之不敢明言。後人有詩吟曰：

天道昭昭豈偶然，運行消長妙無邊。
堯時十日原前咎，梁世群彪是往愆。
推古貫通推及後，驗今便覺驗於先。
要知變態陰陽法，八字從來匪偽傳。

景治辛亥九年四月，北朝差人就大靈江北界，叫巡軍謂曰：「有皇帝勅命，傳與南主：因累年缺天朝貢禮，奪取南處，此上欺皇帝，下慢朝廷，是何理歟？」巡軍曰：「我等皆小卒，安知大事？不受令。」遂飛報鎮守朝信此事。鎮守朝信差人入朝拜稟。賢王聽知，召群臣商議。或論差人拜受迎接帝勅，或論潛之不受，紛紜未定。王勃然曰：「是西定王詐言，非皇帝勅命。迎，我不迎；受，我不受。」乃差人傳與鎮守朝信如此如此。朝信奉命，擇舌辨之人，就大靈江與北使對語。問北使所入何為？北使曰：「皇帝差我等入問南主何故占取廣南、順化二處兵民租稅，累年缺朝貢上國之禮？速速差將貢物就帝庭奉納，必免重責。若拒命者，大兵所至，悔之何及？」我差人答曰：「是國家朝廷大事，我等是軍人，豈知國家之事？若有天子勅命，汝等宜親詣南朝王庭，一任稟說，何故以皇帝勅命，輕報小卒？吾料汝等的是狂人，非使人也。況此勅定非聖上之命，必在汝等邊將之詐言，是皆[62]呆漢之輩，非朝廷使命也。況金銀貢禮，上國之所不貴也，如何來索我主金銀貢禮？且我主視金銀如糞土，惟貴用賢才，寵任智略。或軍需之物，則天威大雄象龍驤，布滿天下，汝鄭王及朝臣等意若欲之，我主必將待之，爭爾等之望也。」北使聽言大怒曰：「汝等君臣欺慢天子太甚。」遂與巡軍交相詬罵，咆哮之聲，片時乃止。

北使遂返回北界，稟與西定王。西定王聞言[63]大怒，遂召朝臣議論，發兵南征，以消此恨。於是廷臣當郡、恒郡、顯郡、壯郡及諸將等皆拜稟曰：「臣等願大兵南征，破城擒將，獻納王庭，以免南人誇唇鼓舌，欺慢朝廷，視如無物。如有不獲，誓不回軍。」西定王聞言大喜，遂議發傾國之兵，擇有才之將，率衆南征。於是吏部尚書左都督通郡諫曰：「望王上息雷霆之怒，仔細詳推。夫舉兵動衆，先知天運，後察地形。明理數，辨陰陽，審人心，量輕重，識彼我之强弱，觀時勢之可爲，乃發兵也。兵法云：『知己知彼，百戰百勝。』知己不知彼，百戰必百敗。況玆南鎮兵精糧足，高壘深溝，雄象有塞野滿山，戰船有盈江溢海，君臣同心協力，將士上睦下和。我軍雖多，似乎烏合之衆，久無訓練，號令不明。況四鎮群凶，蜂屯蟻聚，未能掃滅。若王上奮一時之怒，興傾國之兵，遠圖南伐，則四方乘虛突起，刼奪中都，是謂『內鬩於墻，外禦其侮。』古云：『未獲彼衆，先喪我師。』悔之何及？如王上意欲舉兵[64]南伐，莫如先撫慰四鎮，以安其心；後結買鄰邦，以樂其助。差舌辨之人，齎金銀往烏蘭、花郎、日本諸國，說以和親頤愛。請烏蘭教以火碑善射之法，日本教以飛鎗舞劍之才，花郎教以水攻急戰之制，如此則國內將士英雄，水步三軍精銳，屯糧積草，選將練兵，方可發兵動衆，平伐南方。是愚臣之所淺論也，望王上明鑒擇之。」西定王聽通郡諫言，從之，乃罷南征之事。遂令人詣[65]四鎮，頒許寶物，安慰衆心。再擇朝內舌辨之人，能言快語之士，諳曉諸國聲音，領齎金銀寶物，往烏蘭、花郎、日本諸國進納，請以和親，乞差人教練兵法。再傳天下，搬運糧草，開港培路，以圖進發。

話分兩頭，再說是年七月，南主賢王忽生痛足，脚脛不平，良醫調治莫痊。自此行步艱難，罷乘象馬，心甚念之。令傳諸將練習軍機，再圖恢復。自是朝臣諸士，始覺前年異氣之事，已應於玆，是天機之玄妙也。至八月期，處處牧童相會成群，分為兩界，各自鬪[66]爭。斵木為劍戟之形，粘紙作旌旗之狀；以土丸為礮，口作[67]發銃聲，取蕉梍為舟，乘為水戰。常常自旦至夕，對敵喧譁。這牧童遊戲，料亦天心之所使也。時人有詩吟曰：

否泰循環豈偶然，算來如此亦由天。
國家將士猶安枕，田野兒童已鬪鞭。
謾說趙疆雲捲白，休言燕境雪鋪玄。
總知匡輔才攄贊，保守邦圖億萬年。

【校勘記】

❶「恨」原作「望」，據乙本改。
❷「與胥戰」三字原無，據甲、乙本補。
❸原作「諒亦不□遠」，據甲、乙本改。
❹「軍」上本有「將」字，據甲本改。
❺「五軍」同卷或作「五庫」。
❻「以」，甲本作「必」。
❼「相攻」，乙本作「相交」。
❽「探聽」，甲、乙本作「哨探」。

❾「兵者」原作「今者」，據甲本改。
❿「待令」原作「待令」，據甲、乙本改。
⓫「冕郡」原作「冕郡」，據本卷、甲、乙本改。下仿此。
⓬「朝雲」，甲、乙本作「雲朝」，本卷他處亦有作「雲朝」者，據改。下皆仿此。
⓭「岸」，甲、乙本作「畔」。
⓮「擊」，乙本作「攻」。
⓯「輩」原作「郡」，據甲、乙本改。
⓰「軍」，甲、乙本作「人」。
⓱「北界」，甲、乙本作「北地」。
⓲「事」，甲、乙本作「制」。
⓳「作」，甲、乙本作「發」。
⓴「至」上原有「去」字，據甲、乙本刪。
㉑「視」，甲、乙本作「覩」。
㉒「鬪戰」，甲、乙本二字乙倒。
㉓「純德」，甲、乙本作「統德」。
㉔「水師」，甲本作「水軍」。
㉕「己」，甲、乙本作「也」。
㉖「報」下甲、乙本有「到」字。
㉗「回」字原無，據甲、乙本補。

㉘「中」原作「人」，據甲、乙本改。
㉙「報曰」二字諸本無，據文意補。
㉚「志」原作「心」，據甲、乙本改。
㉛「迎」原作「遞」，據甲、乙本改。
㉜「多」字原無，據甲本補。
㉝「平林」二字原無，據甲、乙本補。
㉞「令傳」甲本作「傳令」。
㉟「聰明雄勇，智略過人」原作「聰明勇略，智勇過人」，據甲、乙本改。
㊱「推遷」，甲、乙本作「哀遷」。
㊲「曰」字原無，據甲、乙本補。
㊳「耶」，甲、乙本作「歟」。
㊴「壘內」，甲、乙本作「壘上」。
㊵「兵」，甲本作「衆」。
㊶「是何理哉」，甲、乙本作「是何也哉」。
㊷「将軍」二字原誤為「寡人」，據甲、乙本改。
㊸「軍」，甲、乙本作「率」。
㊹「樣」，甲、乙本作「狀」。
㊺「雷震」，甲本作「雷霆」。
㊻「似」原作「依」，據甲、乙本改。

47 「出壘」原作「壘出」，據甲本乙正。

48 「凱歌還」甲、乙本作「凱還歌」。

49 「經曰」，甲、乙本作「經云」。

50 「全」，甲、乙本作「完」。

51 「輕徭」原作「輕役」，以下句作「役簡刑寬」，因據甲、乙本改。

52 「聲」下甲、乙本有「稟」字。

53 「大唐」，甲、乙本作「大明」。

54 「陰雲」原作「雲陰」，據甲、乙本乙正。

55 「推」原作「椎」，據甲、乙本改。

56 「俯」，甲本作「依」。

57 「佛寺」，甲本作「梵宇」，乙本作「寺宇」。

58 「談」字原誤為「該」，據甲、乙本改。

59 「見」原作「知」，以平仄不調及上句作「驗知德重鬼神伏」，因據甲、乙本改。

60 「遂」，甲本作「大」。

61 「紛紜」，甲、乙本作「紛紛」。

62 「皆」字原無，據甲、乙本補。

63 「言」，甲、乙本作「知」。

64 「舉兵」原作「兵舉」，據甲本乙正。

65 「人詣」原作「旨」，據甲本改。

⑯「鬪」上原有「戰」字，據甲本刪。
⑰「作」，甲、乙本作「詐」。

越南開國志傳

卷之七

吏部尚書該簿兼副斷事阮榜中承撰

却說景治壬子十年二月，賢王開暇，令召賀郎社男女，就卷蓬閣前，作黨遊局爲樂，鬪人棋、距毬子、戲鞦韆，可謂勝會。於是，官僚、百姓、男女、老幼、携子抱姪，同來玩看，無可勝計。賢王罷蕩遊之藝，令傳內步外水，分爲左右；內步立在右邊，內水立在左邊，每邊一船，執於繩頭，聞鼓聲三響，兩邊展力曳繩，若某船勝者，賞錢五貫。自是各皆奮力而曳，不分勝負；忽起爭鬪，皆棄繩相抱交跌二十餘人。王見之，深樂大笑，乃傳罷曳繩，許相交跌五六十人。❶是時，內步黃劍船名登劍爲第一，無人敢敵。王遂賞錢十貫，絹稅一疋，以表其名。自是各處牧童，皆合成群曳繩交跌，及跌木馬刀劍，造作旗幟，分群排兵列陣相攻爲戲，驗知是天運也。

至四月初一日，有日蝕，巳時至未時始復圓。又十六日有月蝕，食盡月體，其色半紅半黑，自戌至丑始光明。

至五月十二日，布政營鎭守朝信前有差細作人探聽北界消息，返回呈報鎭守朝信曰：「小卒承差往中都，聽知西定王恨前年我軍罵使之事，大怒，欲發兵南征。文臣通郡獻謀遂差人往烏蘭日本諸國和親，請兵教習戰法。己詣中都，常常練習。於三月己差❷搬運糧草，屯在梂營一處，在布政北河扶路殿一處。又掘開淪港，以通水道。再差軍就金靈上社峋嶗山，❸斬浮木幷沙竹，堆積如山，在安排、土堄二社防作浮橋，以渡彼軍過大靈江。令點兵十八萬，皇帝親征，西定王爲元帥步軍，少保富郡爲元帥水軍，傾國之兵，指侵南界。」鎭守朝信聽報，遂傳本營將士，修整軍需象馬，以防拒敵，飛報各營覺知。再差人入朝拜稟北朝，准備如此。賢王聞稟，乃拂袖笑曰：「西定匹夫，不想前年之敗，玆敢觸使天子，誇言興兵，再擾境哉！」說罷，令傳文武朝臣商議。王曰：「今西定小輩，將挾天子，興兵侵界，諸將等合同公論，擇何將爲元帥之權？統兵拒敵，以擒鄭氏，殄彼中都鼠輩。」於是掌營燕武及諸將等稟曰：「夫征伐是國家大事，如元帥之權，須擇有全才之人，恩威並著，一則諸將傾心，一則三軍愛慕，非親人莫可委任❹也。臣觀次公子協德，雖是少年，但才德兼全，有經天緯地之才，濟世安邦之略，人人欽敬，個個愛親，必當委以重職，可破北軍。」王聞稟大喜，遂令次公子協德爲元帥，衛尉富領，記錄春臺爲參謀，將臣吏明進、文景、文榮、文學、武略彊等隨行，密差調遣。再令駙馬掌奇德兼爲左右先鋒，擇日領兵，發行拒敵，我後提大兵接應。再差將臣吏該合長祿子就來格庫，該合文江子就安宅、長育二庫，搬運押作糧草，照發三軍，如漢蕭何事。於是，公子協德等望拜受命出朝，同諸將擇七月二十二日發兵。但見：

兵威凜凜，銳氣煌煌，劍戟似屯雲集霧，旗幟如凍雪凝霜。象馬有漫山遍野❺。戰船有溢海洋江。人人雄壯，個個威彊。驗是真安南界，勦盡北方。

不日兵至廣平石舍新勝府，分兵列寨屯札。次日，元帥協德升帳，遂請節制昭武，鎭守美勝、純德，參將才禮各道諸將等公同會議，元帥協德乃起身拱手：「小生才疎學淺，寡智少謀，蒙聖上濫委重權，竊恐不堪所任，盡賴諸公同心協力，去暴匡王。玆因鄭氏❻率兵侵界，諸公宜早陳謀定策，勦滅敵衆，俾成平定之功，顯南邦之豪傑，是小生肺腑之言，望諸公勿可有隱。」於是節制昭武同諸將等皆起拜曰：「臣等荷聖德之包容，苟有寸善薄能，當盡犬馬之力，以報聖上之恩，安敢有深隱乎？但卑等竊聞鄭王今日身提傾國之兵而來，賊勢浩大，非前日富、當之輩可比。而元帥既親受聖上廟算，提兵來與某❼等協力，防有禦敵，未知元帥主意攻守如何？卑等難詳料量，願元帥詳審，早發號令指示，庶卑等各有所據，遵令而行，免其有誤。」元帥協德聽罷，再謙言曰：「小生雖是元帥，年屬少齡，未曾歷其戰陣。公等久在兵革，賊情虛實稔知；況年齡又是老成，料敵設奇，必在小生之右，公等可展盡底蘊，小生從中斟酌，庶濟國家大事，幸勿固辭。」諸將曰：「不敢！不敢！乞明公早施號令，卑等承據奉行，以明軍法。」於是元帥遂下令調遣，令節制昭武領兵列在葛壘幷守長沙海岸，廣平鎭守美勝率兵保守正壘，自溪巨下至晦壯社❽；舊營❾鎭守純德領兵守杝綱壘；先鋒將掌奇德兼、進德，該隊弘信、參謀春臺，率兵守鎭寧城；該奇順忠領兵守每耐橋、每禿臺；參將才禮率戰船在桿內列於兩傍，守日麗海門。又差人傳布政營鎭守朝信速差軍衞本洲民男女老幼，調入壘內，勿許遺漏民夫；後率兵入守洞回壘嶢嶦山❿處。各自分兵謹守，聽令而行，勿可懈怠，若違令者，軍法難容。諸將受命出帳，皆暗稱曰：「號令嚴明，法制整肅，眞將才也。」各自提兵，據所差謹守整飭兵需，以防攻擊。

再說北朝西定王自恨南朝凌罵使者之事，修整兵馬。差都督豪巒為先鋒，自爲元帥，皇帝御駕爲接應，又令少保富郡爲水師元帥，各領水步兵十萬，號十八萬，擇六月二十八日發兵，望南界並進。但見：

天子鑾輦，出移玉殿，虎賁卒前呼後擁，拂開虎豹之旗；龍驤軍左翼右扶，盡展龍蛇之幟。鼓角聲傳天地，鉦鼙響徹山河，劍戟凝霜，象馬遍野，滾滾凌波跨海，森森雨集雲屯。正是：皇帝行兵，甚於整肅。

七月中旬，兵至北河布政、列屯下寨。至八月中旬，西定王下令發兵過大靈江南界，先鋒兵列在東高社，正兵屯在清河江畔。於是細作人回報鎮守朝信。朝信聽報，一面急差該隊弘祿領兵就山頭幷海口，尋本洲民男女老幼，護衞調入壘內，免被賊兵擾害。一面再差人入朝拜稟，又呈元帥曉知。時鎮守朝信分兵謹守城池，以防禦敵。至九月初三日，西定王聽皇帝率兵過江，直至布政營壘，兩軍列寨相對。是時，南將⑪鎮守朝信分兵拒敵，大戰一陣。但寡不能敵衆，乃提兵退入正壘洞回山屯兵。北軍乘勢，先鋒將豪蠻直進屯兵正始社，至山頭，差軍築壘開濠列寨。西定王入布政營屯札，自海岸連富舍、鎮寧等社，分兵謹守各要路，縱軍尋捉良民，掠取財物。如捉獲南河人，或男女老幼，皆取太平箕割中心爲孔，置在頸上，許軍旋轉。於是人民之頸，流血滿地，號哭之聲，震動遠近，拷問財物，甚於慘酷⑫。再差各道軍築壘培城，自山至海，以爲長久之策。令傳水軍元帥富郡領長舵船⑬幷戰船八百餘隻，列大靈江，以防進入攻長沙渚；自日麗海門棄船差軍上岸，攻其背後。又差參督勝郡領戰船三十隻，列在日麗海門廟處，以接步兵。又令駙馬香郡築鏡臺在鎮寧、鹹墟處，置大礮射斷每耐橋，以塞南軍往返。於是南朝元帥協德探知此事，遂分兵謹守城池。再差參將才禮領水軍築鏡臺在鎮寧城西內，每耐橋置大礮對射。自是南北軍並爲固守之勢。

且說元帥協德自奉命率兵平伐，已經兩個月餘，於帳中⑭寢房，晝夜用男人侍衞，無有侍女。其本處該隊弼義有一女子，顏色嬌娥，形容美麗。探知此事，乃令人將女子進入帳中，以侍巾櫛。協德看見，勃然大怒曰：「我素欲剷平寇亂，以顯英雄，汝何將女色以鈎我乎？我本此心，理當決剖汝腹以警別人，但憐其饑餒，欲活其身，以致如此。」說罷，許錢十貫，逐出那女子于外，驅之遠去。其女子驚怖慚愧逃回，弼義不勝恐懼。人見之並皆稱羨。

再說是年九月初五日，南朝賢王御于正殿，召集群臣會議北寇之事。布政營差人拜稟，謂：「今北朝皇帝及西定王提兵十八萬侵界，屯在布政營，縱軍擄掠如此。」於是王遂問朝臣文武曰：「今西定擁大兵十八萬，侵入擾邊，玆彼衆我寡，卿等用何計禦之？」內左該奇明禮稟曰：「彼兵雖衆，然烏黨雀群，我兵雖寡，皆精銳雄壯，一人可當十。況於我界深溝高壘，國富糧充，何患彼兵之衆乎？古云：『一人據險，千夫莫當。⑮』況兵法云：『攻城是兵之災』今鄭氏於秋冬節發兵，入于我界，但我溪巨處，是其大毒，如有風雨潦水，內高而外低，毒氣必流於彼衆，或飲食中毒必死，則我無費箭隻彈子之力，而得全勝也，是鄭家不識天時，不知地勢。今我兵宜謹守，勿許與彼交鋒，待數月之後，則彼兵絕糧。若絕糧，彼兵必自走矣，我兵乘勢追之，一鼓而成大功也。」諸將皆應聲曰：「此計最善，望聖上傳下兵場，各道依此而行。」王聽罷沉吟半晌曰：「此計最善，但嫌我軍之心，自知其寡耳。聞彼兵甚衆，則其心未免驚怖。」於是守簿東朝稟曰：「北朝之兵號十八萬，來犯我境，臣料中都之兵，自十萬以下不得過多。況四鎮之兵皆叛，玆西定統兵入寇，倣自九萬以下，七萬以上，其精兵留守中都，不過三萬，與加補鄉兵，亦不過一萬，保守而已，安敢棄國內空虛，而入我境乎？至如謂十八萬，恐其誑說，必無的數矣。臣有一計，以虛破虛之法也。」王聽稟，大喜，問曰：「計將安出？卿早陳之。」守簿東朝稟曰：「我兵數已獲十六萬，臣請再增選鄉兵十萬，共二十六萬，可禦北軍，有何慮哉？」王聽罷，中心⑯疑惑，默然不語。守簿東朝覺知聖意，遂趨于王傍細稟曰：「兩國相爭，必有細作，如十六萬兵，是臣詐語。乞聖德揚言，付臣選增兵十萬，號兵數二十六萬，王上統兵二十萬行征，差六萬守各長沙海門，再傳寫示該奇、該隊、隊長等職，受示領兵，勦除北寇，揚言如此，以誑北軍，則彼等聞之，驚心喪膽，無攻擊而自潰矣。是臣愚言，望聖德明量。」王聽罷大喜，撫席笑曰：

「此計甚妙，可宜速行。」守簿東朝望拜受命，王遂罷。至後日，王早御卷蓬閣，群臣朝賀。王遂令傳守簿東朝差將臣吏就順化、廣南二處各府縣民，增選立雄兵十萬，足數兵二十六萬，及寫示該奇、該隊、隊長率兵拒敵，若怠慢違令，國法難容。守簿東朝望拜受命。遂差將臣吏選兵二處，及白紙五百張，寫一「示」字，再傳內隊長并各船，至初九日，就卷蓬閣應候，受示聽令，率兵拒敵。早至初九日王御卷蓬閣，守簿東朝遂傳各員受示。於是諸將滿庭前受示畢，各自望拜出朝，整飭軍需，以圖征進。王又令傳諸將整點兵馬水步三軍，擇本月二十三日發兵。再差雄兵六萬，守各海門，並長沙渚。諸將等奉命回營，各自修飭⑰器械、象馬、船隻、藥彈，聽候進發。

時北寇細作人聽知此事，潛夜回布政稟報西定王⑱曰：「南主發大兵二十萬來拒我師，存差雄兵六萬，伏在各海門并長沙渚，以防襲我水師登岸，及設官如此如此。」西定王聞知大驚，遂令傳諸將等，玆南兵倍於我師甚衆，宜關防謹愼，勿許疎虞⑲，反中其計。再傳水軍元帥富郡，倘率水兵攻戰⑳長沙海門各處要路，宜預備探看詳細，勿許我軍登岸，被他掩襲。於是富郡奉命屯住水軍在靈江，不敢輕發。時人有詩贊守簿東朝曰：

北兵十萬奮雄威，指日南陬路載馳。
道濟量沙軍勢壯，虞公增灶敵心疑。
彼兵會見垂堂急，我國何憂累卵危。
天為吾朝宗社慮，致令守簿識神機。

却說南主賢王擇本月二十三日祭旗轟發兵，令該奇權信領三水奇、并右柄隊戰船，屯守思客海門。各隊信美率後水隊戰船守堧海門。該隊美才率後水奇戰船屯守從津海門。五縣鄉官率鄉兵列禦長沙海渚、各海門。至二十五日御駕統水步大兵進發。但見：

鑾輿赫赫[21]，龍旗豹幟森嚴；傘蓋煌煌，銀鎧金盔燦爛。劍戟光星斗，舟艦暎山川。水步似雲屯霧集，象馬皆塞野滿山。軍勢甚其雄壯，號令甚是森嚴；一奮貔貅驅北地，萬年鳳趾壯南天。

是日水軍直至海涸沙堆處，忽西南方大風起來，飛沙走石，波浪兼天，戰船皆乘風而進。有漁藝船一隻，先送至先鋒軍[22]中。先鋒兵捉獲，問曰：「爾何處船人？敢有唐突如此。」漁人答曰：「臣是義安人，但家中貧乏，從漁藝生業，不意爲大風吹斷船錠，以至漂船在此，豈敢觸犯，望其恕罪。」軍人來稟於王，王曰：「此北寇鄭氏來納首也。」遂命斬首梟示，以爲大勝之兆，令軍大喊，驅船直進。不日兵至舊營全勝府屯札，分兵列寨，甚是威嚴。王令東宮世子福美侯率中水營并三水隊戰船，列在安越海門謹守。又差該奇太山率五翼奇，該奇順忠率前內步奇，并附水各船，接守鎮寧城。各自整飭兵機，以圖征進。

再說北朝西定王自率兵屯在布政，無有戰陣，差軍掘屈曲之坑，開蛇行[23]之塹，深五六尺。自彼營直至鎮寧壘面，如軍往返，行于坑下。以避矢石之傷，爲長久相持之計。至十月中旬，北朝上道兵參督文祿，常差軍巡探洞回壘，往返密脂山，爲窺覘之勢。是時布政鎮守朝信，坐于壘內，看見北軍出入如此，乃召集本營諸將議曰：「文祿小輩，敢差軍遙望我耶？我決出兵拿捉，斬首示威，以消其恨。」忽裨將本處該隊雲長應曰：「殺鷄焉牛刀？量文祿是一小卒，非大將之敵也。卑願領一枝兵，屯於密脂山上，潛兵藏伏，若文祿兵至，一鼓可擒，不足憂也。若如不守，倘彼占獲那山，且那山近於壘面，如彼居上山，窺望壘內，細末皆詳，則彼知其多寡。倘彼倍兵越入，我何計禦之？卑願盡駑駘之力，以死報恩，何勞主將出征？」該隊弘芳聽言，阻曰：「不可不可！今密脂是孤山之處，四方平坦，無有樹木，非伏兵之地，須依山傍水，隱跡潛踪，使彼不聞其聲，無見其煙火，是謂藏於九地之下，而伸於九天之上，方見獲也。玆雲長欲率兵屯於山上，彼軍望見，識其寡兵，是繫羊而招虎也。但恐其計不成，反滅自己之威風，長他人之志氣。倘欲伏兵之計，莫如屯在壘面深林處，分兵埋伏，以待或彼有兵來，首動則尾應，尾動則首應，可獲前功，何故挈身而居於圈內乎？」雲長聽言，大厲聲曰：「我生平是將種之子孫，曉知兵法，六韜三略，布陣排兵，上則通天文，下亦達地理，如西定大兵所至，我何懼哉！況文祿是匹夫小輩，少智無謀，我必擒之，以表英雄豪傑。豈如汝等爲婦人之態，畏死貪生，何時獲揚名於後世矣？」鎭守朝信聽二將相爭，遂解曰：「且攻戰國家大事，須可審熟，勿其爭競，致失和氣，是非人臣之道也。」遂令該隊雲長領兵去守密牿山。雲長得令，乃率兵就密牿山上屯札，分兵守禦，差人斬伐木樹，立於四方山頂爲壘。日則布旌旗，夜則明煙火，以爲聲勢，制禦賊兵。數日間，該隊弘芳看見，乃呈鎭守朝信曰：「雲長是無學之人，不通兵法，不達地形，恃勇無謀，早晚不免爲他所困，誤其大事。卑願領一軍，出于壘內埋伏，以防救應。」鎭守朝信從之。於是該隊弘芳乃引本部兵潛出壘外埋伏。時北將文祿探知雲長率兵據密牿山爲邀兵之勢，大怒曰：「雲長狂夫，不知兵法，不曉陣圖，率兵獨守孤山，我必擒矣。」遂令署衛斂忠、該隊雲楊領二百兵，今夜二更，人則含枚，旗皆卷葉，從暗地潛至密牿山，絕其煙火，分兵四面圍住。突上山頭，起火急攻，生擒雲長調納，勿許殺戮。若疎虞棄其走脫，當受軍憲。我亦提大兵接應。」斂忠等受計而行。是夜二更，北兵斂忠、雲楊率二百軍，乘黑夜潛至密牿山，依計圍住，鐵桶相似，水泄不通。斂忠出令，諸軍突至山頭，一齊點燭喊殺而入。時南將該隊雲長坐于寨內，看見山頭四方火起，喊殺連天，知北軍圍困，大驚，急驅兵大戰。於是衆軍出其不意，心驚逃竄，拋棄器械，難於禁止，一隊之兵，折其太半。雲長奮力拒戰，斬得十餘人，身體[24]困倦，難於彊鬪。又聞北軍人人皆呼曰：「要生擒雲長解納，獻功受賞，勿可殺犯。」雲長聽之大驚，遂仰面望天嘆曰：「臣事阮主，欲盡臣節，以顯英雄，以彰功名於萬世，豈期天命如此，生何益哉？」遂拔劍欲自刎。心腹人奪劍阻曰：「將軍食君厚祿，當報國恩，今事苟至此，是亦兵家之常，速尋生路逃回，再圖別計，何故爲枉死之事乎？」雲長聽言，遂脫錦袍戰笠，易取軍人衣帽而服，假爲軍人而走，隱入石岩。於是北軍個個各自爭尋不見。

再說是夜南將該隊弘芳伏在壘前深林處，看見密牿山頭火起㉕，及聞人聲喊殺，知北軍已襲破雲長於山上，遂速引兵來救，直至山下，催兵大戰。北軍看見救兵突至，未知多少，披靡下山急走。見雲長坐於石傍，服軍人衣帽，北軍謂是軍人，乃割取鼻頭而走。弘芳驅兵追趕，一望之地，忽見㉖文祿大兵接應。弘芳見彼兵甚衆，乃撤兵救雲長返回壘內，來見鎮守朝信。鎮守朝信大怒，責雲長曰：「汝於軍前，誇唇鼓舌，罵辱官僚，玆折兵受辱如此，有何言哉？」雲長俯首叫曰：「敗兵之將，復敢何言？罪惟有死而已，敢有悔乎？」鎮守朝信曰：「汝首權寄頸上，待稟聖德曉知。」遂差人入朝拜稟雲長敗兵如此。賢王聽稟片時，乃謂朝臣曰：「雲長之罪，法不可容。但雲長往年於義安處先應義爲臣，勞苦征戰㉗五六年餘，累多功績，其人頗有勇略，如議論爭取密牿山，甚是有理，因恃勇而無謀，欲顯英雄，以致如此，合推前功以贖後罪，恕之可也。」王遂令赦雲長，仍該隊職，常年給祿，錢一百貫，以養終年，許回福綏養病。諸將聽之，稱贊不已，謂聖上審察臣下之功，是仁慈之君也。時人有詩吟曰：

巍巍聖德創南天，撫莅群方億萬年；
仁若舜堯施遠近，德同湯武播鄰藩；
推功贖過恩乎下，考古徵今智冠前；

歷代明君皆此道，廷森星共祝嵩喧。

時北將文祿破雲長得勝有功，差人拜稟西定，自誇爲先征大勝之事。西定聞稟，喜不自勝，與朝廷倍加褒譽，乃齎勅封爲都督同知，及放金銀賞賜甚厚。自是南北兩軍，皆固守城壘，未嘗出戰。至十一月二十日，北軍差人就鎭寧城外大叫，請南將出城聽說一言。於是掌奇進德、駙馬德兼聽知叫聲，差人飛報節制昭武，與馳報元帥如此。元帥協德遂差人傳與節制昭武擇一舌辨人，通今博古者出城，與彼對話㉘，免彼謂我無人。於是節制昭武會諸將在葛壘議定，乃令該合秀明、隊長美舍，差都瓊出鎭寧城外，與北使對答。再傳該隊文甲開城門許秀明出，文甲帥兵伏在城內，倘或敵人有不測之意，急率兵出城救援，以免疎虞。秀明等奉令，於二十三日辰時，三人飭整㉙絳帽，緩緩携手步出於壘外。見北使文臣一人，武將二人，先已立於彼壘以待。南北二使相見施禮畢，各坐一處相近。北使問曰：「南使出城何事？」秀明答曰：「有請必來，免其失信。且北邊諸官入南界，五六月餘，我等阻其國事，未得一番出接，因於曩日，聞有報請，特來相接。子等此來，有何公幹？願聞其詳。」北使曰：「原往年皇帝特差使命入問南主國內前程之事，使至清河，南主縱小軍恥辱凌罵皇帝㉚命使，再驅逐使回，是南主上不尊天子，下輕慢朝廷，以致皇帝震天威之怒，遂御駕親征，統十八萬雄師入南界，重責此事。我等報曉，有何言哉！」秀明聽言大笑答曰：「諸子之言差矣！吾有一言願諸子靜聽。於前年北使至清河巡，理當傳有皇帝勅命，就于南主，待我主迎接，始說由情，何故以天子勅命，先說與小卒乎？自古知者使於諸國，言行中節，應對維時，不辱君命，是使者之謹愼如此。上年緣何北使以天子令，報與巡軍小卒，是北使已昧於進退也。致我巡軍，以其狂夫假令，一時奮起匹夫之怒，兩相混罵，不有擇迅卽馳報。及後鎭將聞之，以事啓稟王庭。王令差人接使，使已返回遠㉛矣。以使人奉命，有此率略，倘後有差使，此人奚可再用？況皇帝體天地之量，包含世界，安有聽便變之說，遽忘勳舊子孫之臣？且今皇帝御駕親征，率朝廷天下，入在南界，豈非恕僭以罰忠，捨近而謀遠哉？倘或雄兵百萬，亦可制也，何況十八萬兵乎？我國諒無憂矣。昔漢韓信有戰書云：『賊臨城下，無貴無賤，無賢無愚，並皆斬首。』今兵至此，不知皇帝，不識鄭王，欲戰則戰，欲回則回，任隨其意，不必再言。」北使聞之大怒曰：「前年南兵已恥辱毀罵天子使命，玆再發言，不知天子是誰，不曉黎帝鄭王，是何言也！是子等南主，恃兵彊國富，輕脇帝命，謾侮王言，甚非人臣之道也。」秀明聽言大笑答曰：「子等之言，似乎不責己而責人也。夫脇凌天子，輕侮朝廷者，是鄭家父子也，今反以此等項罪房戾，痛責我王，可無愧乎！玆我阮主及㉜鄭王皆有匡扶黎室之功，滅莫去胡之力，但我阮主昭勳靖王尊扶元和皇帝，一統江山，恭守臣道。自此以來，遵承皇帝正朔，不敢妄自尊大，四海皆聞。如彼鄭氏康、哲王，有滅莫之小功，而殺君之大罪，鴆毒正治、弘定二帝，自立永壽、萬慶數君，再詐稱天朝上位，金印加封鄭氏爲王，其父子皆妄自尊大，僞稱太上主清都王。今上主西定王，天朝勑封於何日？我南主不知。彼鄭氏已挾天子令諸侯，再發謂我主上脇皇帝，下慢朝廷，此言可乎？況古者自漢、唐、趙宋至丁、黎、李、陳，曾聞稱太上皇今上皇帝，有如太上主今上主？但我耳不聞，我目不睹，以阮主鄭主較之，誰忠臣哉？誰奸臣哉？乞子等賜言，以明正理。」於是北使俯面無言回答。㉝秀明又曰：「夫治亂在乎天數，治者民康物阜，亂者天殃人災。玆彼鄭主已統兵至此，決戰則戰，不戰則回，何故牽延，耗費日月？自今約定何時，一番交戰，以決雌雄勝負之力，勿可猶豫。」北使聽之，不能回答，遂曰：「今日已暮，明日便知。」兩使手拱手相辭，各自返回本界。於是秀明入鎭寧城回葛壘拜呈元帥協德，及諸將等，陳說對答如此如此。元帥協德聽之，大笑曰：「汝可謂張儀、蘇秦再生也，不辱君命，必當優賞。」遂取銀二十兩，賞賜秀明。秀明拜謝而退。時節制昭武呈曰：「臣料西定若聞報此語，必推兵大戰，元帥明公令傳諸將各道，宜准備以待。」元帥協德曰：「然。」遂差人令傳水步各道，各自整備兵馬，以待攻擊。再說北人返回，就西定王帳中稟說南人恥辱如此。西定大怒，咬牙罵曰：「量此㉞小輩，欺吾太甚，吾當興兵滅之，誓不兩立。」言罷愈怒，令捉使人引就壘面斬之，謂其私行答語，以致辱於君命。遂令傳各道整點兵馬，直到鎭寧城面急戰，若先入城者，以爲首功，若怯退者，斬首示衆。諸將等奉令准備進兵。

於二十五日辰時，北兵直至鎭寧城下，喊聲大振，金鼓喧天。於是南北兩軍，推兵大戰，銃聲振動，南軍並據城頭大戰，北軍隱伏坑下急攻。兩軍相持，自辰至酉，不分勝負，各自鳴金回軍歇息。時南將元帥協德聞北兵已入鎭寧城，遂統大兵就渠村溝河，分兵屯札，同諸將以圖攻擊。是夜，節制昭武坐在葛壘，望見北將勝郡率戰船三十餘隻，艤列在海岸，對泡瀘近鎭寧城，我水軍難於出入。乃差該隊堅禮、廷議、添榮引兵乘黑夜直至每錐壘沙臺置大礮，望勝郡水軍船橫肋急射。再令參將才禮率戰船於日麗海門射之，以分勝郡之勢，自然走矣。時勝郡兵中無備，大敗，死者甚多，棄船五六隻，餘者越回大靈江去了。至二十六日，西定王遂下令差選雄壯之兵，許飲急怒酒，突至鎭寧城，望壘勢低處躍入，決其死戰。於是北兵乘有酒力，攀城而上，其隱伏坑下者，亦發銃以助威。時南將掌奇進德、德兼二將差兵拒敵，北軍躍入壘面，南兵持鎗刺出，死者甚衆，屍塞地坑㉟。北軍取死屍堆上作梯而上，南兵盡力刺之，屍積如山，其刺者手倦，乃推大礮急射。北軍用麻繩纏取銃口拽出，以土石幷草菅各物，塞滿銃心，不能發射。我軍用長鎗刺出，彼再刺入，混戰無窮。於是北軍再用長竿引火，放入，焚臺筊處，火燄熛天。南將該奇太山、參將才禮率兵運沙拈水救之，其火卽滅。北軍再以破子擲入城內，但破子一母五子，隨火破之，聲聞如雷動，銅鐵㊱之器破出，南軍死者甚衆，多帶重傷，難於藏避。時有北軍之人，立於城外，叫謂南軍曰：「我爾皆是人類，安忍相害？但王者相爭，以致我爾死於非命，如聽我言，係見破子飛入，遠者急走，近者臥下土面，自然無事。」我軍聞之，皆依此隱臥，方得免㊲。幷兩軍相鬪，直至更深，彼我皆疲倦，不能舉措。乃拽燈號收軍，各自罷戰，回寨歇息。時人有詩吟曰：

戰氣凌空映敵樓，水光瀲灩接天浮；
奪龍夜鬪排龍爪，烈虎時爭倒虎鬚；
望外迷回三百輩，談間活起數千夫；
敵中怪得有人叫，驗是天心贊聖謨。

是夜西定王攻城不下，大怒，召諸將議曰：「鎭寧甚其險固，南兵雖寡而雄壯，我兵雖衆而疲勞，玆攻城數日，勝負未分，但我兵折傷甚衆。卿等有何高見，宜早陳之？」都督潁郡稟曰：「成敗在天，豈人所能逆㊳料？況古者有讖言曰：『北壯金湯勢，南堅璧玉城。』以此推之，信不誣也。兵法云：『攻城是兵之災，正行兵之大忌也。』況玆隆冬之際，士卒不服水土，象馬不耐風寒，一則三軍疲弱，既無戰鬪之心，一則千里餽糧，更有饑餓之勢，不如撤兵返回本國㊴，以圖他計。」西定聽言大怒曰：「汝是懦弱之徒，迂儒之論，愛其妻子，懷其家門，圖以寵利樂遊，而無盡心爲國雪恥報仇，特思安身而已，用之何益？」遂罷潁郡之權，貶爲庶人。於是太宰蘭郡稟曰：「潁郡之言有理，雖知天意，而未曉運機。夫興兵征伐，一舉一動，行止最難。玆王上統大兵至此，已經五六月餘，始攻擊數陣，勝負未分。古云：『已至寶山，莫歸空手。』臣觀前日所戰，未有弩力盡心，致賊不下。乞王上令旨傳諸將等同心破入鎭寧城面，掘倒城墻，我軍蟻附而入，彼難制也。欲其虎子，不入虎穴，安能得哉？兵法云：『置之死地而後生。』如此則一舉而成萬全之功也。」西定王聞之甚喜，撫掌大笑曰：「卿之所言，甚稱予意。」乃下令諸將各道等依此準備而行。

至二十七日大旱，北將豪郡列銃在墟鹹臺，射斷每耐橋。南將該奇順忠在每禿臺，推軍對射。忽然南兵大柄礶射中北邊銃，串塞心中，北銃不能反射。於是南軍往返於每耐浮橋，自無憂矣。至辰時，北邊各道整飭戰具，再差三千兵準備鋤鍤掘城之物，忽然砲響，北軍望鎮寧城突至，似旋風卷葉而來。南軍見之，皆分兵拒敵。於是兩軍大戰，銃弩齊發，亂下如雨。時北軍三千人掘城，皆飲急怒之酒，不顧生死，突至鎮寧臺筏壘面，縱火焚盡尖藜荆棘，弩力掘鎮城，其城欲陷。時南將掌奇進德、德兼，參謀記錄春臺分兵救應，見賊兵勢大，料敵不住，大驚，乃思曰：「賊兵猖獗如此，我兵難於制勝，莫如棄鎮寧城，引兵退回每耐據大壘，同各道兵拒戰，方可制也。」諸將等議論紛紜未定，或說亦可，或說不可，遂令人就元帥協德帳中呈說如此。元帥協德聽言大驚，差將臣吏文景就鎮寧城，傳與掌奇進德、德兼及諸將等，如此如此。再差武略就葛壘報節制昭武曰：「鎮寧城被北軍掘城欲倒，掌奇進德、德兼差人飛報，乞棄鎮寧城，回軍據每奈（耐）。元帥公特傳節制官率兵急往救應鎮寧城，以免疎虞。」節制昭武聽言，謂曰：「武略急回拜呈元帥明公，我本分守葛壘[40]，若如不濟，當受重罪。況鎮寧城是他人本分所守，皆食君之祿，當盡心報國[41]之恩，我不往矣。」武略聽言返回。於是節制昭武密議，若武略回呈說如此，則元帥公提兵往鎮寧救應，不如我先往矣，以免元帥勞心。遂令袷郡替守[42]葛壘，自率兵急往救鎮寧城。遂以板作大木牌，豎於路傍，內著「昭武已提兵往救，望元帥替守葛壘」等字，若元帥看見則回兵。

再說時文景就鎮寧城呈掌奇進德、德兼同諸將等曰：「元帥公致意與諸公等，既同享國家厚祿，須報聖上重恩，以盡人臣之道。況用兵者，進之則易，退之則難。玆諸軍欲退兵回每耐壘，或彼兵乘勢追之，此時我兵前有大河，後有追兵，則心慌膽裂㊸，倘有孔明再生，難其制也。諸公且少歇片時，待元帥引兵替守，諸公便回，任隨其意，元帥但無苦留，諸公宜竭力固守待之，勿可造次。」於是掌奇進德、德兼聽傳大驚，謂文景曰：「差官急回，拜呈㊹元帥公曉量，某等一時淺論，謀不及斷，望元帥准恕。況玆賊臨城下，一步難移，安敢退回大壘？某等皆決死戰，以守孤城池，望元帥公勿自親往。」文景辭回，拜元帥公具述掌奇進德、德兼所言如此。元帥協德大喜，心中猶存疑慮。忽見武略報節制昭武不肯率兵救應，元帥協德大驚，遂傳令自統大兵往救鎭寧城。兵行方至半路，先鋒兵見路傍有大木牌，內書如此，差人回報元帥。於是元帥協德乃擇差心腹人率彊壯兵就衞鎭寧城，惟留千里馬一匹，金鎗一株，置于坐側以待。將臣文崇見此，呈曰：「賊臨城下，勝負未分，而明公盡差護衞之兵遠去，或出倉卒，誰爲保駕？」元帥協德笑曰：「我衞得此，勝我十倍。倘如大勝成功者，是爲臣盡道報國，若疎虞者，我則駕此一馬，仗此一鎗，與彼決其死戰，盡力可獲數十人。若臨事者，我則爲此處靈神，以享血食萬古，我何懼哉？」說罷，睜目大怒。衆人聞知，皆畏服感嘆不已。時人有詩贊曰：

氣吐虹霓冠彼蒼，忠貞懷抱奮威揚；
金戈已誓除凶醜，鐵馬深期踏擾攘；
料敵設奇人罕及，臨機應變計尤長；
英雄奮發一時語，萬古聲名振遠方。

且說節制昭武引兵，黃昏直至鎭寧城臺筱處。見城將倒，潛思半晌，生得一計。乃急令人尋取柴草，結爲庭燎，置于壘內兩傍，以火燃之，火光照耀，明同白日。時城中將士看見駭然，問曰：「賊兵逼城如此，其城將倒，節制公放火燃光，是何理也？」昭武笑曰：「彼無入城，我功最大，汝等勿憂。」人人聽罷，皆戰慄驚惶，莫知其意。於是北軍看見城中燃火，再聽得昭武接兵，疑有詭計埋伏，不敢近壘，退出遠遠之外。城內諸軍，見之大喜。節制昭武急差軍尋取各河泊民長舵船，并小鈎船，削取其板，列竪於倒處兩傍，取白沙塡塞。這竪板心中，及取粟簍貯沙培築，其壘完備如故，賊兵不能移轉。北兵看見，皆大驚曰：「乃天之助也，非人力所致，雖古郗昭守城，不過此矣。」遂差善射之人，揉上壘面，傾倒沙簍，潛坐于內，取銃射穿壘心。我軍不知所向，被害甚衆。時本處該隊播揚引至領兵三百餘人，巡哨壘內。或某處有不利者，同助力急攻。忽至臺筱新培壘處，忽聽銃聲一發，中死者五六人。播揚手持大刀躍上壘面。賊人看見急走，被播揚兩手砍下，賊人帶頭連肩，分爲兩段。播揚乃持其首示諸壘外，大叫曰：「汝等鄭氏，我已斬其首矣，速速束手來降，免其無遺噍類。」敵人見之，大驚曰：「是古之雲長、翼德，非今時之將也。」遂縮首隱于壘下，不敢仰視。播揚呼兵急戰。

於是西定王車馬列在福地核㊺擁營，推兵大戰，令人將糊紙鳶乘風放上，直至青天，飛入照于壘內。其糊紙鳶心中帶火藥落下，或臨家屋銃臺，火焰皆焚。於是城內火光遠近。該奇太山率兵滅火，其鳶火或落彼軍人，軍人以水灑之，自然火焚，卽延燒滿身，南軍無可奈何。時賊兵有人在壘外大叫我軍謂曰：「鳶火有獺膏引藥之物，若有落彼身者，以白沙撲之，自然無事，勿以水灑之，火卽乘此焚死。」我軍依此而行，並無虞矣。

時節制昭武見賊兵據在壘下。彼我各自混戰，爭鎗奪戟，搜髮刧刀，非其戰攻㊻之法。乃生一計，差軍砍伐木板三百餘株，各長六尺濶三尺，以鐵尖蔾㊼釘于板下，譬如龍爪虎牙。用大木株長三十尺，竪在壘面，頭傾外，以羈繩纏之，懸於木株之上，如賊兵突入，據在城下混戰，令軍持繩放下，隨卽拽上，株木頭每一放下，鈎得賊兵五六人，釘于板下。於是賊兵被鈎拽上，手足撐掉，號泣一時乃死。時北軍仰面看見，皆驚心閉目，各相謂曰：「南兵用行此法，甚其大毒，寧其速死，不寧㊽受此刺痛。」乃各深隱于坑下，不敢近摩壘面，遠遠攻擊。兩軍相持，至三更，各自罷戰，回寨歇息。時人有詩贊曰：

胸藏韜略素平生，一計能摧百萬兵；
只用尖藜驚倦鳥，不勞大劍斷長鯨；
莫云諸葛今難見，會看劉基古復生；
一奮英雄匡佐策，塵埃掃盡國家亨。

再說是年月二十八日酉時，西定王見累日攻城不下，心中大怒，再差兵突就鎭寧城大戰，用破子急射。南兵軍水船警之，自是火彈皆不能用。南北兩軍，自皆㊾鏖戰，兩邊燈燭，照耀天地，光同白日，大戰直至天明，不分勝負，各自罷戰回寨，分兵固守。時北軍苦於征戰，人人嗟怨，皆密語曰：「前前代扶黎室者惟昭勳、阮王爲首功，而阮主有一隅之地，未稱其功。玆我鄭主獨管四鎭，天下俱在掌握，猶貪得無厭，而率兵爭衡，致使我死於非命，亡其父母，棄其妻兒，是何理也？」說罷，皆厲聲大怒。自此北軍皆生含怨。

且說是日南朝賢王御全勝府，聽銃聲大震，如在耳邊。差人巡探各海門，並無音信，始知大戰於鎭寧城，中心憂慮。遂差將臣吏才智馳就元帥營中，與節制昭武屯所，探問量力攻擊可否如何，早早返回拜稟。才智奉命，直至渠村，呈拜元帥協德，具道王令探知如此。再就鎭寧城昭武帳中相見，入帳坐定，才智呈昭武曰：「王上致意與節制將軍知會，方今北軍勢大如此，征伐如何？量我力攻取勝負如何？節制公早決一言，便卑詳意，回朝拜稟聖德曉知。」昭武聽言，乃拂袖厲聲言曰：「北兵雖多，皆烏黨雀群之衆，螻蟻蚯蚓之徒，從風而合，被雨而散，不足畏也。

往歲於義安七八年餘，某已知鄭氏肺腑，北將膽肝，時我軍深居重地，如入無人之境。何況今日我國壕深壘固，將勇兵彊，樂於戰鬪，勢必無虞。汝宜早回復稟，願聖上高枕安坐，不必憂慮。」才智聽昭武之言，心中猶豫未肯返回。節制昭武覺知其意，遂索紙筆寫立軍令狀曰：「臣願出力固守，決在必勝，勦滅賊徒，以報國恩，是人臣之大任，倘有疎虞，乞誅夷臣之三族，以正軍法。」寫畢，交與才智回朝拜稟。才智領取軍令狀出營，星夜返回全勝府。時節制昭武有男子豪良等四五人，面面相顧，惟有第三子阮成，但凭坐而觀，微微冷笑。於是豪良、忠勝向前呈昭武曰：「以孱子之見，敵勢浩大，我軍疲倦，況池城將陷如此，而嚴父立此軍令，倘有抵敵不住，三族必受其害，何以賴之？」節制昭武聽豪良之言，拍案大叫曰：「吾兒少智，未識軍機。古云：『兵者詭計也，』今彼我正當兩下相持，若我以不敵言之，則三軍膽落解散，不可復用，設有事勢不敵，則南山之南，北山之北，誰能尋我三族而誅夷者乎？汝當將[50]靜聽，勿可亂言。」豪良聽言，皆拜於地，服其高量。父子相同會議，論其謀計，以破北賊。復說才智不日回至全勝府，入朝拜稟，呈上節制軍令狀如此如此。賢王聽知大喜，綽髯謂諸將曰：「昭武自爲將行兵以來，陳謀皆應，定計無差，所攻必勝，所守必固，可比古之名將也。今昭武之言，我料必無憂矣。」君臣一時歡樂，談論彼我戰鬪之事。時人有詩贊昭武曰：

卓爾為時一俊髦，神機妙算白雲高。
情孚將士惟同樂，念重君親不憚勞。
世上麒麟應有自，目前螻蟻豈能逃。
使無令狀當時立，安得三軍膽氣豪。

時南朝賢王與諸將談論兩軍攻擊之事，忽聞元帥協德差將臣吏文學回王庭拜稟，我軍大戰，

與北兵數日，固守如此如此，北軍不敢近壘。王聽稟大喜，挽衣笑曰：「西定之兵，敗在旦夕，

我則統大兵長驅，直至中都，拿擒鄭氏51，以表南越之英雄也。」遂傳文學回說與諸將曰：「我

待諸將如手足，諸將事我如腹心，皆同心協力，以救生靈，功成之後，富貴共之，是謂君臣之道

也。我不必盡言，諸將共詳之。」文學奉命返回鎭寧城，傳旨金言如此。諸將大喜，望拜奉命，

皆有切齒恨鄭氏之心，於是各準備兵馬，以待攻擊。

再說北將太保豪鑾兵屯在正始社，於三十日，遂引兵出壘，至榕把樹處。張青蓋八把，鼓角喧天，兵行甚其整肅，旗幟森嚴，表誇彼兵雄壯，以怯南軍，對南城正壘而立。時南將鎭守美勝屯在正壘，望見豪鑾誇兵如此，大怒，遂差都督麟郡令人推正臺大柄橫枕，望豪鑾急射。礶飛直貫52榕把樹，落彈在豪鑾，大驚，急走回壘內。北軍失措，棄甲抛戈而走。鎭守美勝推軍擂鼓喊吶53揚威急射，大戰一陣，北軍死者五百餘人。於是豪鑾據壘爲固守之計54，不敢正視。

再說北朝元帥水師太宰富國公率戰船屯于大靈江北岸，謀圖出洋，越入日麗海門奮戰。偶被風疾，臥在帳中，頭搖目眩，口禁心亂，飲食俱廢，手足不能轉動，良醫調治不痊，日則倍加沉重。西定王聞之大驚，密遣人衞回中都養病潛匿，不許衆軍知覺，恐動軍心。再差蘭郡管取水軍，以防戒務。

至十二月初二日，西定王見累日攻城不下，心中憂怒，無計可施。忽有清華貢士賢明有上策三條以進，西定看策曰：「夫用兵貴在神速，出其不意，攻其無備，是兵法之所以取勝也。今大兵既臨賊境，當一番大舉，踏平壕壘，一齊鏖戰，使敵兵勢弱，首尾不能相顧，方可取勝。」其中策曰：「變化莫若55世態，貪利莫如56人心，其得厚利者，雖於君父，或有不顧。玆誠能不吝其金帛貨寶，密差謹慎人，賫往順化諸縣，尋其豪長，結以厚恩，賜以金帛，諭以禍福，使彼見

利忘義，離叛阮氏，輸忱與我。再潛就彼之兵場，流言彼此彊弱順逆之理，使彼聞之寒心，係人心一搖，不待戰而自相破矣。」其下策曰：「古者攻之不克，則退而修德。而我兵自遠來下寨之後，常與敵兵交攻，不見取勝。寒暑推遷，經六七月，將無赴敵之心，士有思歸之志，苟使無敵交亦無心於戀戰。況今中都空虛，四鎮或乘時而竊發，關山遙遠，何能速回制禦？不如撤兵回國，守其根本，待天下稍平，人情安帖，徐議之耳。」西定王看策畢，遂召群臣文武議論此策如何。太保豪鑾稟曰：「王上統大兵遠來南界，志在拔城陷陣，剿平僭亂，今而用力已極，攻城不下，是勞而無功者也。況『攻城是兵之災』，兵法云：『急則獲利，緩則受害』，兵屯六七月餘，將士既不服水土，疾病頻作，而戰爭者死亦甚衆，軍心嗟怨。臣料久居在此，大事終亦不成。且臣料四鎮常有反心，而中國又多人睥睨神器，莫如王上依貢賢之策，奏請皇帝車駕返回北河布政扶路殿，安歇以待。臣乞一軍，再與南兵大戰一陣。若勝者，王上率大兵接應，長驅直進；如不利者，則提兵返回北界，護駕再還中都，更圖他計，是萬全之策也。」西定王聽豪鑾之言，點頭曰：「卿言亦頗有理。」言訖，但心存疑慮[57]。忽有中都王弟太保兼郡令心腹人飛報曰：「京都駙馬進郡萌心造反。」西定王聽報大驚，遂密令回兵。於是留豪郡領一萬軍，屯于福地壘，以防斷後。西定王請皇帝御回扶路殿以待。

再說南將節制昭武會諸將議曰：「北兵與我夾攻鎮寧城，連戰四五日，見無移轉，自此以來，彼兵潛然不動，不知彼等再潛謀攻擊何處？諸公當且議之。」文職貢覺曰：「北兵狂徒，攻城則力屈，玆彼謀窮智盡，無計可施，卑料北之將士，已無戰心，不過旬日之間，必自回兵走矣，不敢正視我兵[58]，況再敢攻擊於何處乎？」節制昭武乃令貢覺遁占一卦，賊兵攻守若何？貢覺占之曰：「卦中少有旺相，但遇空亡，決無再戰，主將已先走矣。或留餘兵，中旬少有再動。」節制昭武同諸將聽貢覺斷罷，大笑曰：「果如此言，吾必重賞。」時人有詩贊貢覺曰：

莫言無相59才，宰相出塵埃。機關徵已往，籌算識將來。
掌運陰陽數，心從天地開。玄微人莫測，妙用可安排。

却說北朝西定王自引兵回永交社扶路殿60營，心中但恨南主不臣之意，於初九日，再差就佈政傳與豪蠻及諸將曰：「誰是生於南越，稱爲英雄；持鉦掛鼓，入攻南鎮。逡巡逗留，畏懼南主，無有盡心竭力，以致失此機會，當回京師，同與婦人衣服爲朋，不可服男子衣冠條帽，立於朝廷之上，稱爲宰相者矣。」豪蠻等聽之，大驚，至初十日酉時，會集諸將，差軍就鎮寧城努力大戰。於是北軍隱於壘前坑下而急射。南將聞其銃聲，急列軍於城頭大戰，南北兩軍銃聲不絕，至亥時乃罷，各自收軍。至十一日，南將元帥協德見北兵常來陷壘，再三思之，忽生得一計，遂差該隊勝林調雄象六十餘隻，修整戰具威嚴，列于葛壘之內，分列圖次，出於東北門長沙海渚，緩緩而行，再入西南門，繼踵旋繞，自辰至午，象行未盡。再差水差隊取小船四隻，朝則掉出淪海門外，至暮返回日麗，以探賊情，爲虛虛實實之計。時北兵在溝江，並同爭看，看得癡呆，驚心喪膽，皆相語曰：「南鎮雄象甚多，何止五六千餘，雄彊如此，誰敢當之？況南將妙謀，倘差雄象齊至我處，其象比同天力，長驅一射，則我北兵皆爲無屍之鬼。」再見小船棹遊海外，朝出而暮入，暮在而朝還，未知其象。豪蠻心中甚疑憂慮，遂生一計，詐謂返回，誘南兵追趕之計，以擒61南軍。乃差冕郡、貢郡、秉郡、唐郡領兵埋伏各險處，以防襲擊南軍。又差舌辨人就鎮寧城外，叫南軍問其消息。於是北軍數人就于鎮寧城外，大叫南軍出壘談話。於是該奇朝榜令軍人上壘頭問曰：「爾等叫來談說，曾有的公幹否？將藥彈既盡，叫我乞乎？倘存藥彈，戰之則戰，不戰則回，有何叫爲？」北軍曰：「征戰國家大事，豈我等軍人敢自起釁哉。但南主許雄象出入長沙渚，及許軍棹小船海外，是欲將行何事？我等不知，故特來問訊，以詳意爾。」南軍謂曰：「此象頗從元帥尊公扶駕，少少未滿一分。初旬時常有雨泥滯象器，今日適値天晴，許象閒行一遍，暴以暑氣，俾其彊壯，有何事哉！如小船出於海外，是小民常行生業，釣捕魚蝦，無有何理！汝等欲攻，宜率兵急攻，勿可盤詰。」北軍曰：「我等來問，既曉情由，今辭南鎭兄弟，我等回矣。」說罷辭回。時該奇朝榜呈與節制昭武，北軍報說如此，節制[62]就元帥帳中詳說此事，元帥協德遂請諸將會議。議論之際，或謂差步兵追襲，陸路而破之；或論率戰船扼斷大靈江而捕捉；皆爭論紛紜未定。節制昭武曰：「事宜謹愼[63]，未可太急。兵法云：『實則虛之，虛則實之』，務在遠圖，免中他計。」衞尉富領曰：「節制公誠是高論，況彼軍之言難詳虛實，若聽彼等無稽之言，未免中彼餌敵之計，誑我兵出於險處，縱兵掩襲，彼衆我寡，難與爭衡。又彼水軍屯於靈江我船頗少，洋於海外，而無步軍接應，難其攻擊，是謂驅羊而鬪虎也。莫如按兵，差人探其虛實，發兵襲之，可獲全勝也。」元帥協德聽言，遂傳諸將分兵日夜謹守，防彼乘虛。

再說北兵豪蠻自定謀許人詐說與南軍辭回之事，心中以爲得計，分兵埋伏各險處，以待南兵追襲，便發伏兵擊之。數日間不見南兵消息，知計不成。至十三日，豪蠻傳令三軍等盡將大礮到鎭寧城，急一面亂射破子礶，一面推兵急攻，令許進不許退，若如退一著[64]者，梟首示衆。至申時北軍突入鎭寧城，旗插於坑面上，置大銃於坑下，射大破礶入于壘內。但大破礶每凡一母十子，破聲如巨雷，轉動天地。於是南軍依前日望見破彈飛入，卽臥下於土面，全然無事。兩軍大戰，勝於前日十倍。南軍倚城頭而大戰，北軍據坑下而急攻，彼我相持，未分勝負。北將豪蠻見攻城難克，無計可施，量力不能制也。且本兵並伏在坑下，屢被南兵射之不絕，不敢近來號召。至夜半初更，乃率心腹兵先逃回北河去了。衆軍不知，至四更坑內軍退出，探知主將已先走矣，遂棄旗幟器械銃礮，各自逃走，紛紜詈罵豪蠻不止。自相爭路踐踏[65]，死者無數，號泣之聲，路途不絕。時南軍聽城外絕其銃聲，乃差人間道就探，始知北軍已逃去矣，卽飛報元帥公曉知。元帥協德乃差各道諸將率兵出城追襲。諸將得令，急率兵開城門突出追之，至隸第山，北兵已渡靈江去了。忽見福寺處榕把樹排大字一句云：『五十年爲期』。墨水未乾，不知何意？遂取器械槳礮返回，不可勝數。內有捉獲餘兵鞫問，始知皇上與西定王先回，豪蠻後走之事。時各道諸將，同引兵回就元帥帳中，獻納取獲器械各物，及詳說北兵盡退，我兵大勝之事。元帥協德大喜，拜謝神靈，遂差明進回朝奏捷如此。元帥協德令設宴厚待諸將賀功，酒至數旬，談笑之間，元帥協德起身奉酒杯[66]詣諸將坐前敬賀。因見北大旗竿，多有礮穿透漏，如蜂房之狀，潸然下淚嘆曰：「物猶如此，況於人乎！」宴罷，遂傳令立壇致祭南軍將士臨陣被傷，及北軍陣死之衆，俾妥幽魂。諸將聞之，皆稱爲仁德之將也。遂立一壇于鎭寧城內，以祭南軍；一壇于城外，以祭北軍，共用太牢禮物祭之。其祭南軍文曰：

痛惟陣前故沒將士等：汝士志奮桑弧，威揚健武；常思努力以從戎，每決盡忠而報主。咆哮虎鬫，欲呑噬其賊徒；踴躍鷹揚，柰短窮於天數；臨戰場死則威名，冒鋒鏑功垂不朽。念義情哀戚不勝，設壇祭科儀已具。汝等合隨請招，同其格赴，享酒饌會於哀筵，領金銀歸于冥路，解茲[67]將士千愁，著此恩情萬古。魄之爽當回附於妻兒，魂之靈可尋歸於鄉土；饗祭祀無窮，護子孫永補。嗚呼哀哉！伏惟尚饗！

又祭北軍文曰：

惟[68]爾等志篤奮桑弧，名欲垂竹帛，爲主不避刀鎗，努力親投矢石。緣汝主不審弱彊，使爾衆冒於鋒鏑。或兵卒未有品名，或將士職稱侯伯，須臾火發崑崙，倉卒身歸窀穸。

或冷汀喪沒於沙場，或奔走陷亡於險厄，或被銃礮之傷，或帶刀鎗之迹，或不服水土病危，或遇陷穴坑命隣，或沉身江水飛魂，或餓死山林化魄。嗟爾[69]生未成功，惜爾死而無益。玆奉承大德垂憐，爰具設禮儀法席。祭則享歆，請則感格。自玆萬惱共消除，以後千愁俱解釋。汝等當尋回故國，受玆骨肉之蒸嘗，認此本鄉，勿作關山之旅客。嗚呼哀哉！伏惟尚享！

祭畢，於是元帥協德心中哀悼不已，乃差人尋北軍屍首埋葬，以免暴露。尋卽下令各道兵再修整城池，堅謹如故，遂引兵回石舍府屯札。

再說將臣吏明進奉令回至全勝府，拜稟北兵逃回，我兵大勝始末，賢王聞稟，大喜，謂諸將曰：「我已料知西定走矣，我但恨捉不得西定問鄭氏弒君之罪，以泄黎皇九泉之恨，以光前代之名。」說罷大笑。於是文武諸將拜賀畢，王遂留才智齋金銀財帛，就元帥帳中重賞諸將，及犒勞三軍。再傳元帥協德待過後年二月，凱還朝謁。於是，王遂下令鑾駕還良福府。三軍得令，不勝雀躍，咸唱得勝之歌，奏凱還之樂。不日至良福府駐軍，以賞春節。時才智齋賞物就廣平石舍府，頒賞諸將及三軍。諸將望拜受賞畢，才智乃傳王令與元帥公來年二月率兵回朝拜謁。時各道諸將皆歸本鎮，各修整城池，百姓黎民，皆案堵如故，但見花開吐蕋，陰伏陽生，已至初春矣。

陽德癸丑二年二月上旬，元帥協德奉命率兵回京。正是：

一發蕩清侵界寇，三軍俱唱凱歌還。[70]

不日兵回良福府，入朝拜謁，王大喜，謂曰：「吾兒威揚北陲[71]如此，鄭氏必已寒心，玆向後莫敢正視南朝，眞阮家之才將也。古云：『龍種出龍兒，虎父生虎子。』信不誣矣。」遂取黃金百兩，白銀一千兩，紬羅錦繡五十疋重賞之。公子元帥協德拜稟曰：「臣上蒙皇天庇佑，聖德洪恩，下賴諸將勇彊72，致成今日之功，臣才疏學淺，有何功哉？其賞物望王父留之，遍賞諸將，以激其他。至如臣外是君臣，內則父子，何必賞爲？」王笑曰：「吾兒戰陣之功，人皆耳聞目覩，豈有虛說。夫成功受賞，以表其名，不得謙辭如此。」公子協德推辭73再三，不得已乃受，望拜謝恩出朝，文武諸將官僚，同詣營中拜賀畢。於是王令傳設壇禮謝天地，及諸神靈，以答保國護民之功。

鎮寧陣賦曰：

黎皇衰弱，鄭氏兇彊。將偽黨離於北界，率草徒越過南邦。詭發十八萬之雄兵，詐統一百員之戰將。輝煌劍戟，森排虎帳之前；燦爛旌旗，熠耀山頭之上。黎皇帝駐鑾舉於扶路殿，鄭西定提鼠輩過大靈江。觀其兵至鎮寧，卒臨正始。開羊腸塹路，人人往返而潛藏；掘蛇腕坑程，個個去來而隱避。培基築壘，揚形彊而弱勢已形；命將遣兵，奮示勇而怯情先示。西定屯正道，縱兵擄掠，而百姓驚惶；豪蠻據先鋒，放衆縱橫，而黎民怖畏。忽然南朝奮怒，阮主揚威。率貔象雄兵直進，統鷹揚勇將令施。元帥協公，早至留屯調遣；節制昭武，先來葛壘推師。進德、德兼，據鎮寧城而拒戰；順忠、忠祿，守每耐壘以相持。太山運水兮救臺筏之火；弘芳推石兮爭密䏲之時。俄而僭鄭潛謀，偽蘭定策，放火爲破礮而急攻，令掘壘穿城而弩擊。彼我皆鼓擊旗爭，南北共劍揮鎗刺。昭武妙計，造棘藜鈎剄賊屍；播揚雄彊，提月刀74斷割寇馘。廷議卒志願而突征，朝榜統敢戰而拒敵。朝信、純德，威施而文祿亡魂；美勝、春臺75，力奮而豪蠻喪魄。忽見將誇勇悍，兵奮銳精，銃發似雷轟霹靂，礮飛如雨打雷鳴，各自酣征鬪力，咸其鏖戰爭衡76，劍舞似捲雲飛雪，旗拂如掣電流星，雷動聲聞鼓角，轟轟響震金鉦。乃有貢覺課占，衙純計獻。伏[77]神惑衆之心，施決策運籌之辨。參將才禮，列戰船沖擊捍門；元帥協公，駐葛壘力排城面。勝林率雄象，從沙渚以旋圍[78]；豪美將衝車，出鎮寧而襲戰。正如岳倒峯推，恰似山崩海溉。此時也，北兵心怯，鄭卒力衰，射銃者莫能攘臂，拔劍兮安敢揚揮。喪膽惶惶，縮頸潛藏于底塹；驚心忘急[79]，低頭遁隱於邊池。被箭磾兮軀亡命喪，遇刀鎗兮魄喪魂飛，粉骨碎身而偃仰，焦頭爛額以號悲。嗚呼！遍野橫屍，盈河流血，聞鬼哭而神號，似山崩而地裂。西定走回扶路兮怯被拿擒，南主驅至靈江兮督[80]其勦滅。但欲扶黎室以昇平，削鄭徒之兇孽，創基圖國奠無疆，留竹帛名垂不絕，鼎分兩界山河，名播一時豪傑，治亂興衰，天已剖決。

陽德癸丑二年二月下旬，賢王下令率兵返回富春正府，宴賀平賊，款待群臣。未知後事若何，且聽下回分解。

【校勘記】

❶「五六十人」甲乙本並作「五六餘人」。

❷「差」字下甲本有「軍」字。

❸「岣嶗山」原作「岣嶸山」，據甲本改。

❹「委任」甲本作「委用」。

❺「遍野」甲本作「塞野」。

❻「鄭氏」甲乙本作「鄭孽」。

⑦「某」字甲本作「卑」。
⑧「社」字甲本作「處」。
⑨「舊營」甲本作「前營」。
⑩「山」字甲乙本無。
⑪「南將」甲乙本作「南相」。
⑫「甚於慘酷」原作「甚於慘哭酷」，後點去「哭」字，甲乙本並作「甚於慘哭」。
⑬「長舵船」乙本作「長蛇船」。
⑭「中」字乙本作「內」。
⑮「莫當」甲乙本作「難敵」。
⑯「中心」甲本作「心中」。
⑰「整飭」甲本作「修整」。
⑱「王」字甲本無。
⑲「疏虞」甲本作「疏漏」。
⑳「攻戰」甲本作「攻擊」。
㉑「赫赫」甲乙本作「乾乾」
㉒「軍」字甲本作「兵」。
㉓「蛇行」甲乙本作「蛇穴」，又甲本又改作「蛇行」。
㉔「身體」甲本作「身力」。
㉕「火起」甲本作「火光」。

㉖「忽見」甲本作「忽遇」。
㉗「勞苦征戰」甲本作「勞征苦戰」。
㉘「對話」甲本作「對語」。
㉙「飭整」乙本作「整飭」。
㉚「皇帝」甲本作「皇上」。
㉛甲本無「遠」字。
㉜「及」字甲本作「彼」。
㉝「無言回答」甲本作「無言答明」。
㉞「此」字乙本作「鼠」。
㉟「地坑」甲乙本作「池坑」。
㊱「銅鐵」甲本作「鋼鐵」。
㊲「方得免」甲本作「均方免傷」，其下又無「幷」字。
㊳「逆」字甲本作「定」。
㊴「撤兵返回本國」甲本作「撤回本國」。
㊵「我本分守葛壘」甲本作「我本分壘」。
㊶「報國」甲本作「報君」。
㊷「替守」甲本作「堅守」。
㊸「心慌膽裂」原作「心恾膽烈」，據甲乙本改。
㊹「拜呈」甲本作「呈拜」。

㊺「核」字原作「樣」，據甲乙本改。
㊻「戰攻」甲本作「攻擊」。
㊼甲乙本無「藜」字。
㊽「不寧」甲本作「不當」。
㊾「自皆」甲本作「自然」。
㊿「將」字甲本作「相與」，乙本作「將與」。
51「鄭氏」甲本作「鄭賊」。
52「貫」字甲本作「串」。
53「喊吶」乙本作「吶喊」。
54「計」字甲乙本作「策」。
55「莫若」甲本作「莫如」。
56「莫如」甲本作「莫若」。
57「疑慮」乙本作「猶豫」。
58「兵」原作「心」，據甲、乙本改。
59「相」甲本作「將」。
60「殿」甲本作「駐」。
61「擒」字甲乙本作「擒」。
62「節制」下甲本有「昭武」。
63「謹慎」甲本作「慎重」。

64 「著」字甲本作「步」。

65 「踐踏」乙本作「踐蹈」。

66 「酒杯」甲本作「盃酒」。

67 「茲」字甲本作「斯」。

68 甲本「惟」字上有「痛」。

69 「嗟爾」甲本作「嗟乎」。

70 「唱凱歌還」甲本作「唱凱還歌」。

71 「北陲」甲本作「北陸」。

72 「勇彊」甲本作「勇銳」。

73 「推辭」甲本作「推讓」。

74 「刀」字甲乙本作「鈔」。

75 「春臺」甲乙本作「麟公」。

76 「衡」字原作「横」，據甲乙本改。

77 「伏」字下原有「因」，據甲乙本刪。

78 「旋圍」甲本作「旋圍」。

79 「急」字原作「忘」，據甲本改。

80 「督」字三本原並作「篤」，原底本又改作「督」。

越南開國志傳　卷之八

吏部尚書該簿兼副斷事阮榜中承撰

詩曰：

天生聖主振威揚，赫赫雄師定四方。
一陣清風吹北偽，萬年洪業創南邦。
基圖鞏固龍呈瑞，家國興隆鳳獻祥。
料得吾朝今向後，金湯勢壯衍無疆。

却說：陽德癸丑二年二月下旬，賢王兵回富春正府。群臣朝賀畢，王傳令設壇禮謝天地及宗廟諸王位。再尊封諸位靈神陵❶，福國護民之多惠也。再令設賀平賊宴以待將士。七月，布政營細作人扶祿於壬子年北朝西定王回兵，鎮守朝信，令扮作北軍衣服，雜隨軍中，探其消息，至今始回，入朝拜稟。賢王問曰：「女自去至玆，探知何事？」扶祿稟曰：「於壬子年九月，西定統兵入❷犯南界，有梂營統將當郡男子進郡，爲西定王第二駙馬，西定甚其寵愛，許統兵守國。而進郡家資巨富，常結買人心，或賜某人珍珠、金銀、錢帛，卽寫名入銅板，書爲『同起義板』，有睥睨神器之意，三分天下，已獲其一。見西定王率傾國之兵南擾，國內空虛，遂萌心作亂，以奪其位。天下或有歸心同謀反者，賞賜金珠；或有猶豫者，誣謂有違國法，陰計殺之，何止十餘員。諸將皆莫❸敢語，皆從進郡號令。於是進郡留弟都督勝郡替守中都，自引兵就棣營屯札，以觀時變。或西定王有獲利者，則率兵後襲，與我南國相分天下。或西定敗陣走回者，即截斷橫山，不許進退，貽❹與南兵追之，任其誅戮。進郡謹守橫山，以奪中都，而登王位。不期西定王弟兼郡，揣知其意，差人飛報西定。西定聽報，遂撤兵回至棣營。進郡聞知圖謀於己❺，恐懼，乃詣西定王前拜稟。西定王責曰：『吾令汝領兵守國，何故棄城率兵至此，將欲作亂耶？』進郡跪下稟曰：『臣是臣子之道，惟以忠孝爲先。今王上率兵南伐，久無消息，心懷疑❻慮，故引兵來候接，敢有作亂者乎？』西定看見進郡口雖稟以良言，而面目多是驚懼之色，心中頗疑。遂差軍捉進郡，調回中都究問。回至中都，召集群臣查審，進郡不招，但鳴寃情而已。時太保兼郡在京，素詳此事，乃一一訴陳。駙馬進郡不能抵賴，乃從始末招稱，果有萌心起亂之事。太保兼郡遂馳就進郡家中，入刷密處，取得銅板書諸將同心謀反之名，進納王庭。西定王看過，何止七八十員，乃沉吟半嚮，暗思曰：『若據銅板，剿滅諸將等名，必生❼反亂之心多矣。不如潛之，以安衆下之情。』遂謂曰：『是進賊❽盜著諸將名號，非眞理。且以❾我與諸將，譬如父子兄弟，協力同心，共其富貴，誰肯有此異心？』諸將聞言，皆頓首拜謝曰：『誠如王上之所言也。且臣等預得爵祿於朝，皆賴王上之所眷顧，日夜思以圖報，未得涓埃，敢有萌心，如板簿❿內所著者乎？願王上推天地包含萬物之心，臣等幸賴保全。』於是西定王遂棄書銅板入于鑄錢⓫爐焚毀，不究問姓名。乃下令將進郡并弟勝郡凌遲，分四衛⓬門以警亂臣賊子之爲亂。其公主收還王家⓭，家產並入官。如進郡宗族等名，皆削兵權，貶爲黎庶，終身不得敍用。臣探見如此，但回拜稟。」賢王見稟，大笑曰：「鄭家僭亂⓮，自古有之，若西定不回兵，已被進郡之手也。」遂重賞扶祿，陞爲隊長。

於是王令旨傳准布政洲并康祿外壘民三年租稅，以復安居樂業。如內壘康祿、麗水二縣民，准其嘗新節料稅。黎民百姓，歡喜倍加，感蒙聖上之恩德也。自是兵革頓息，天下太平，田禾豐稔，國內興隆，路不拾遺，外戶不閉，可比唐虞之盛世也。

時公子協德候忽發菩提之心，慕起慈悲之道，乃立小庵一座在客館社，時常燒香禮佛，問道參禪，設法持經，談玄誦咒⑮。自是遠於美色，疎於財貨，樂其善種仁根，可比木公之行。時東宮世子福美侯知之，心中懷恨，謂協德陰懷秘禱，謀圖大事。欲毀淨庵，而未敢擅便，乃抱恨潛然置之。時人吟詩以議之曰：

名利圖爭往及來，焉如破衲⑯別塵埃？
菩提便識菩提樹，明鏡方知明鏡臺。
莫道莊皇無覺悟，堪誇良將早開懷。
分明善惡終須報，天理昭昭豈有差？

却說是歲高綿國匿烏苔欲萌反心，差人造作浮筏鐵鎖，并培築南榮堛壁壘，乃召將佐議曰：「我欲圖反南國，以泄前王羞辱。但恐匿嫩在此，我若動兵，彼必差人飛報泄漏，必難舉動。如我先發兵剿滅匿嫩，則南天王差兵相助，是寡不能敵衆，再被敗亡，難其制也。卿等有何高見？爲我陳之，以圖大事，以報前王之恨，是臣子之道也。」一時有大明人沃衙勒之加居此，呈曰：「大王今欲興兵抗拒南天王，及剿滅匿嫩，此二理最尤難也。況南天王兵强國富，地廣民饒，武將有舉鼎拔山之力⑰，文官⑱有經天緯地之才，象馬舟車，漫山溢海，名聞遐邇，威振四方，我若興兵造反，譬如以卵投石，逐羊鬪虎，難其禦也，不免反蹈前人之跡。今大王如有決志興兵謀反者，可先差心腹舌辨之人，齎信書并貢物往暹羅國陳說利害，先結以締好之心，後請彼提兵接應。暹羅[19]若肯發兵相助，則大事諧矣。先可滅慝嫩，後驅兵直進，如得勝者，以雪前讐；倘有敗者，潛居暹羅國，借以棲身，再圖後計。如其無算，强自起兵，古云：『獨樹非山岳，孤掌鼓難鳴。』不免纒腰繫頸而已，大王宜審思之，免其後悔也。」慝烏苔聽勸之加議言，撫掌大喜[20]曰：「卿之良謀，最妙最妙，甚稱我心。」遂差人齎貢物及信書往暹羅國陳說如此。暹羅王聽知，謂高綿使人曰：「我與汝主恩情已厚，但我國自古以來，國內太平之風，琴歌鼓誦，說法講經，樂於善道，未嘗興兵攻擊，爲撥亂之俗，我國悶觀此事。今汝主來請援兵，如其不允，失其信義，待我緩緩圖之，汝主勿其太急，早晚我兵至矣。」高綿使人聽說望拜[21]，返回本國，呈報慝烏苔暹羅王應言如此。慝烏苔聽罷，大喜，遂許人縱言，謂暹羅王發步兵二萬，水師五千，象馬兵一千，越過高綿，捉慝嫩問拒命之罪。於是高綿國內聞知，皆驚惶恐怖，逃遁隱藏。早有人飛報慝嫩此事。慝嫩聽知，大驚，遂將妻子眷屬潛出城外[22]，遁入林中逃避，星夜走至泰康營，屯于山上，差人就鎭守營中拜告慝烏苔起僞，再請暹羅國兵應接之事，謀反天王。泰康營鎭守朝德聽知此事，遂修表差人馳詣王庭拜稟，再調糧草給許慝嫩家小，暫留居此，以候王旨。慝嫩聽其將令，喜不自勝。

德元甲寅元年二月，王令欽差文武官選閱順化、廣南二處，如前年。有康泰營守將差人啓稟高綿慝烏苔萌心起僞，再請暹羅兵接應，及慝嫩逃至本營之事。賢王聽之，大怒，遂召諸將商議。令差芽莊營該奇楊林侯爲統兵，正營將臣吏司首合延派子爲參謀，文崇男爲視戰，領兵殄滅凶徒，剿除孽黨，踏破城池，無遺噍類。該奇楊林等受命率兵直至高綿地界，統兵與參謀延派子論謀定計，楊聲差軍造作戰船，攻破悪艚在屿嶗[23]海外。烏苔探知大怒，無有準備提防。至四月，統兵楊林、參謀延派子分兵兩路，從暗夜突至高綿，破堰壁壘，斬斷浮筏鐵鎖，擢至南榮，分兵圍城，譬如疾㉔雷不及掩耳。僫烏苔聽知大驚，不顧家屬，遂棄城望林中逃走，沒在林深㉕絕跡。時僫秋出城投降，納朝貢禮如例，高綿遂平。統兵楊林差人探聽，方知暹羅無有發兵接應，皆是烏苔詐說之謀也。時參將㉖延派子、視戰文崇男，皆不服水土，忽病篤臥在營中。統兵楊林時常省看，請良醫調治，其病日增沉重，於是參謀延派請楊林入于臥床，執其手，下淚言曰：「小弟蒙聖上寵任，其恩甚厚。今與統兵官率兵平定高綿小寇，欲顯功名，以彰後世，戎狄殄安，不期天數如此。乞統兵官回朝拜稟，弟等雖吏部之流，但有經濟之志，欲匡扶王室，以取中都，獲副㉗平生之願。況今平蠻小輩，未快本心，反被水土不調，病危難治，料必休矣，惟恨不能回朝復命，得覩天顏，以盡人臣之道，倘入九泉，亦瞑目矣。不期半途短命，望統兵且記在心，勿忘弟語。」楊林聽言，抱取流淚痛哭㉘曰：「參謀最宜保養愼重，不必多憂，勿出不祥之語。」延派聽言，點頭下淚，不數日，延派尋卒。於是統兵楊林差人殮葬於高綿地界。至後年，差人移延派返回本國置葬㉙。自首合延派卒於高綿，數月之後，甚其靈應，現顯眼前。高綿國官民聽知駭然，或有祈禱，應如所願。於是高綿國遂立廟於美秋海門，四時奉祀。至六月中旬，統兵該奇楊林收朝貢禮，并高綿使，率兵凱還，入朝拜謁，稟知平定高綿大勝，烏苔亡命，僫秋投降，納貢禮之事。王大喜，重賞楊林，楊林望拜謝恩。至後年，定功陞爲泰康營鎭守。時楊林再稟說參謀首合延派病篤，至臨危囑言如此。王聞稟，甚惜之，乃勅封延派爲勾稽，文崇爲首合，以表有功。於是王差將臣吏書堂齎勅封僫秋爲正國王，管統高綿本國，封僫嫩爲次國王，同理國政，駐居柴棍處。僫秋、僫嫩望南下拜受命。自是高綿遂平，永遠稱臣，年常朝貢。

至七月二十日酉時，忽天雨石塊，起自東南而至，聲震似雷轟，折樹壞屋，人皆藏避，莫敢仰觀，過半戌時乃止。人人拾得大塊同柑菓，小塊似鷄卵㉚，留入石瓶之內，一夜未消。若消出，其水甚冷。是歲，人民多有疹痘之病，良醫取而噴治之，身體稍得安涼。至九月十三日未時，忽西南未方宮㉛天開一竅，直串中天，四圍祥雲繚繞，如龍蟠鳳翔之狀，人人皆望空遙看。忽見竅中突出一物，光如火燭，從空而下，甚其異事，時人名士同議曰：「此瑞祥也，久後必有眞主降生，早晚必遇中興之運也。」自是田禾豐稔，人物阜康，山無惡獸之災，海絕波濤之厄，四民樂業，可見太平之運也。有詩論祥瑞爲證，詩曰：

多多㉜佳氣裊空中，照耀輝煌兜率宮；
五彩昊邊朝翔㉝鳳，三光漢外翼蟠龍；
驗知挺出真英主，定是天生有聖聰；
管取乾坤盤石真，綿綿永保國家隆。

德元乙卯二年二月中旬，有太白星經天，兩個月始沒。至四月，設科取士，正途，華文中格三十餘名，王皆擢用。是歲，第三公子弘恩侯於五月十八日未時，誕生王孫，時祥光靉靆，瑞氣氤氳，滿堂照耀豪光㉞，盈宮天香馥郁。王孫生的堯眉、舜目、禹背、湯肩，體狀類唐宗，豐姿同宋祖。及至長成，思威並著，文武兼全，眞天生定國安民之主。時天下才智之士，始驗知應前年之祥瑞也。

復說是月第二公子協德侯朝罷返回，坐在庵中，談經究道，說法了眞。忽寢睡在禪房之內，夢見出遊，立在江津，閒看仁山智水，異卉奇花，種種有鮮姸美麗，心甚愛之。忽望見西北方遠遠有艚一隻無帆無棹，乘風直指東南而去。協德大叫，其艚泊在江畔，看見艚內全是禪僧二十餘人，並無貨物，只是輕艚。協德問曰：「此艚那裡去？」老僧應曰：「我去遊南海菩陀山，先生叫問何故？」協德聽言，乃暗喜曰：「我本心求淨，今遇行菩陀山，是觀音佛寶界，我欲一見，足三生之願也。」遂白曰：「弟子乞從遊，望禪師廣濟。」老禪僧笑曰：「先生欲行，急早登船，我心無礙。」協德聽言大喜，遂登艚上，急離津畔，飄然行在江心，並無風吹浪逐，而艚急似星飛，瞬息之間，約行百有餘里。忽見江岸上有山一頂，甚於峻麗，珍禽奇獸，寶樹琦㉟花。上有佛寺一座，巍峩燦爛，鐘鼓鏗鏘。見一老僧立于三關外，手持竹杖，足踏雲霄。舉竹杖一招，自然艚泊于寺側。於是內艚船僧等皆參禮畢，各自立於兩傍。老禪師問公子協德曰：「爾是何處人？隨艚何事？」公子協德稽首白曰：「弟子是安南王公子，欲去菩陀山求見觀音寶相，望祖師度出迷津。」老師笑曰：「先生欲行，我賜偈言一律，先生分明且記心中。其偈曰：

圓頂㊱開心除荊棘，錠中明鏡原無憶㊲。
財物成灰化作塵，一陣風吹人莫測。

讀罷又笑謂曰：「先生且記此偈在心，莫遺一字，宜早回本國，奉事父母，以全孝道。如後日欲行，我當引路。」協德望拜再三，懇切求行，得謁觀音一面。忽然一陣狂風大起，飛沙走石，折樹崩山，老禪僧并艚不知去何處㊳。大驚醒來，方知是夢，聞營中更已點三，遂起坐房中，取紙筆前思後想，寫出夢中始末，并偈言如此。寫完坐視直至天明，召手下心腹之人，入于庵內，圓解夢中之語。各皆爭論四句偈言，內三句解得詳曉㊴，存一句「錠中明鏡原無憶」，甚其玄妙難詳，置之以待後驗。於是公子協德常記心中，不離這個，半憂半喜，憂其孝道補報未完，喜得梵門開懷傳授，旦夕無忘，晨昏想望㊵。至六月上旬，天運流行，忽遭疹痘之症，五臟煩燥，四肢痛熱，如坐爐火之中，坐臥不安，飲食俱廢，良醫調治，日增沉重，覺知天數無可奈何，但嘆息嗟吁而已。是時賢主聽知公子協德病篤，心甚駭然，食不甜㊶味，寢不成寐，日夜流淚涕泣，禱祈佛寺，天地靈神，至於諸先王祠宇。時常坐于協德臥床之側，探問省看。至十五日，公子協德自知其病日增，勢必不免，乃令人扶起，勉彊跪于床上，俯首流涕，禀曰：「臣賴王父聖母生成，同天地之大德也，豈臣不欲盡忠報國，盡孝事親，半途而廢哉！但恨未滅鄭徒，匡扶黎室，以報王父王母之恩，以全止忠止孝之道？玆天數如此，量應偈言，臣甘受不孝之罪，望王父恕之。」說罷又哭，遂長嘆一聲而卒，壽三十三歲。賢王抱取，倒于床上，放聲大哭曰：「痛惜吾兒，才德俱備，忠孝兩全，英雄蓋世，天何忍奪吾兒之速哉！」言罷又哭。諸將聽知，咸其涕泣嘆惜不已。王遂贈封爲明義宣力功臣開府國事，掌府事少尉協郡公阮福淳，以答有功，設壇致祭，用公禮葬于廣田賢士山源，立祠宇于雲梯社，時常祭祀。於是黎民百姓，男女老幼聽知，皆掩面相抱，痛哭嘆惜，仁厚之公，何其少壽哉！方卒時，公子協德沒後，人始覺詳解偈「錠中明鏡原無憶」之句，「錠中」是半五也，半五是其半年六月也。「明鏡」，十五日也，體圓明是明鏡也。「原無憶」是正語也，於今年六月十五日，公子協郡公壽終。自此乃詳玄妙偈詞，應無差矣。時有北朝細作人聽知，潛回北邊，說西定王聞知，大喜曰：「南朝第二公子協德已卒，絕一虞也。往年幾陣，彼皆奮志努力，設計陳謀，以致我軍累敗，是謂虎父生虎子，吾兒何可㊷及哉？從玆向後，已無憂矣。」遂傳令發大鼓慶賀，滿朝皆鼓掌歡樂。時人有詩嘆惜曰：

落花流水疾如梭，堪嘆人生有幾何。
淡泊雲邊疑鐵馬，飄揚風外憶金戈。
驗知富貴隨花落，却謂功名轉眼過。
一粒菩提歸去後，閒㊸看世事笑呵呵。

永治丙辰元年三月初一日，有日食，食九分，二時復圓。至十六日，再有月食，其色半赤半㊹黑。至八月，有彗星現於東北，三個月乃滅。是歲旱疫，人多饑饉。

永治丁巳二年，天下昇平，黎民安泰，禾穀豐稔，草木敷榮，米斗㊺三文，民樂其業也。永治己未四年二月，王令欽差文武官閱選廣南、順化等處，依如典例，如饒學選場，許正途士子應試，如華文士子，不許應試。於是該簿錦嶺，守簿東朝稟曰：「夫儒吏者，皆有補於國，豈獨儒乎？今令不許華文士子應試饒學，無乃失於舊例乎？望聖上㊻寬容，以體先王之政，慰天下之人心。」王不聽。自是華文學士，聞之嘆恨不已，皆廢學業，以致華文之學，日以懈怠，咸思奔走，以圖生業也。不題。

却說是歲有大明國人，管伊國龍門城蕩寇將軍楊彥廸，於往歲仲多節，自統本城水步兵四萬，與康熙拒敵，力寡難支，大敗，棄城逃走，欲向南京，其陸路賊兵圍住，水之不泄，難其走透，遂駕戰船二百餘隻，望東海越出，近我國海面隱避，令人表奏帝庭，乞差人救援。其船浮泊于海，月餘不見救兵，心中憂慮。忽正月下旬，是日陰雲四起，大發颶風，白浪滔天，波濤漲海，彥廸戰船難於停住，各自飄南蕩北，漂東落西，沉破逐流，兵卒死者甚衆。至其天㊼風清息，浪靜雲收，楊彥廸始招集戰船，于海內查點，折其太半，存船五十餘隻，軍數有三千餘人，溺死者不勝計。彥廸放聲大哭曰：「天何不佑明朝，以致楊兵困厄㊽如此！」哭罷，舉目遙觀四方水面，波濤滾滾，白浪滔滔，並不知爲何地面，但放船隨風而去，生死無可奈何。其糧草盡絕，軍人剝鞋皮而食，以求生命；汁雪露而飲，以圖活命。如船內兵夫男女老幼，或有某人被病，即拽脚抛下水中，棄屍水底，甚其悽慘。旬日始望見山頭沙渚，不知漂致何邦地界？彥廸問船中手下人曰：「汝等誰識是處何國山川，巍峩險峻如此？」船內有一人郭三奇，原往年曾到本國販賣，識得，謂「此處山川，是安南國。」楊彥廸問曰：「此國將㊿兵城郭强弱何如？我且突入借居。奪取其兵，以圖後計。」郭三奇曰：「安南國民殷國富，兵壯將雄，城郭甚於堅緊如水戰、步戰，素練最精，諸邦莫敢侵近。且於往年有烏蘭賊黨恃其善於水戰，彼等駕艚十餘隻來，風泊在南邦地界，圖以刼掠，被安南兵大戰破之，殺戮屍盈水面，自此以後，烏蘭莫敢近界，何況我兵乎？」楊彥廸聽說大驚，汗出霑背，乃下令各戰船，依圖次遠隔沙渚，緩緩而行，日則鳴鑼爲號，夜則掛燈爲令。或有差國人探問[51]，我當領其投降棲身，以安性命，勿許唐突太急，觸[52]動國中，反被爭戰，死傷士卒。於是龍門戰船等，皆投錠泊于海岸，自瀕海門至沱瀼海門。是月十八日，我各海門巡軍看見異艚，分列于海外，不知幾數，駭然，遂拜稟王庭。王聽知，急差各水軍率戰船伏各海門，以圖攻擊剿滅。於是思客[53]海門巡官智勝侯遂乘小船一隻，駕海直到龍門船邊，厲聲問曰：「此艚何國？敢泊于本國地界，欲謀何意？早早說來。」楊彥廸看見我船突至，遂急令竪白旗乞降之事。時龍門艚[54]邊郭三奇應聲答曰：「某等是龍門城蕩寇將軍楊彥廸之兵，因拒敵與康熙戰之不利，棄城乘船逃難[55]，以待天朝差兵救援。忽被颶風，以致漂就貴國地面[56]，乞其投降棲身，以安衆軍性命，旦夕爲臣，是其眞心也，無有何意。乞憐被難之人，稟奏國君，以明肺腑，是萬幸也。」智勝聽言，謂曰：「爾等果有眞心，早早身[57]詣王庭，拜訴陳奏[58]情由，隨王令處定。」楊彥廸聽言大喜，遂修降表，差黃進及郭三奇隨智勝就王庭具禮拜降之事，稟訴敗陣被難始末，悃愊之情。王見降表，及聽稟言，心甚憫焉。乃下旨許降，再頒許錢、米、布、帛、酒、肉，以解驚心。遂差人齎勅旨調楊彥廸等許住[59]居高綿國地界，得便棲身，以遵臣道。黃進等望拜謝恩出朝，返回報說與楊彥廸如此。彥廸大喜，遙望王庭，頓首下拜。同差人乘順風望高綿國直往。不日船至高綿國，泊于靈秋海門[60]。高綿國蠻人等看見大驚，未嘗見何國戰船溢海而至，相率逃竄。時差人始遞勅旨。就高綿國王傳示天王令許龍門將楊彥廸及衆兵寓居此處，以避其難，以懷柔遠之人。高綿王奉旨，特[61]差沃衞壳識那地分，許龍門兵駐居于美秋小海門地界。楊彥廸大喜，令軍結營寨，始獲安居。與高綿國王結爲兄弟，親愛往來，年常具禮，拜進王庭，以遵臣妾。

至四月二十日，隘雲處有山崩長二十餘丈，深四尺，王差人禮禱之。至十月初八日，又有山崩在羅渚處，長十餘丈，深三尺，再差人賷禮以禱。十五日有月食，食十二分，色甚黑，二時[62]復圓。未知吉凶何如[63]？

永治庚申五年三月二十日，於甘露處鐵場坊地界，有雄象壹隻，食在苗芽叢角。時天地清平，無有風吹雲起，忽然地陷於象食處，深過象背三四尺餘，四圍穴闊二十餘尺，其象陷墜在穴內。人民開掘，并斬伐木樹掩下，一日一夜，其象始離得陷處，驚怖不食，但吼鳴，十日而死。至七月天雨鹹水，雨灰於武昌、海陵二縣地分，禾穀耗損焦枯，人民饑餓。至八月二十二日申時，忽東北方颶風大起，咆哮四方，飛瓦傾家，崩山倒石，雷震轟轟電雨，有破屋傾盆，平地水流滔滔溢至山。平地水深丈深，貨財乘波浪而入海，人物隨風逐而登山。時民間甚其耗損，是天殃人災物極之運也。王遂令設壇致禱，自是以後，稍得和平。

永和辛酉六年二月十八日，留屯道節制昭武侯阮有鎰忽遭病篤，藥治難醫。乃差人拜稟王庭，聽知，急差內豎一人并良醫調治，王自致禱天地神靈[64]，但節制昭武病亦不痊。至下旬，節制昭武自知天數將終，臥于床上，擦掌拳席恨曰：「我平生所願滅鄭氏僭徒，剿北寇凶黨，扶阮主以致中興，匡黎皇以安社稷，光功名於前代，顯事業於來時，以遂我之心也。但天數而已，奚可奈何！」遂手記啓文，差人入朝拜稟。王接啓覽之，其啓曰：

臣昭武阮有鎰冒罪百拜上啓：

聖上萬萬歲，臣感聖上寵懷之德，位極人臣，蒙王朝擢任之恩，名榮桑梓，志懷報國，心篤除奸，欲滅鄭氏以佐黎朝，思去北凶以匡阮室，救生靈免其荼毒，拯百姓脫於虎狼。

何期天運循環，陰陽莫測，使神難治，扁鵲無醫，是天數之前定也，豈臣不欲同泰岳之無窮，比黃河之不絕，以全君臣之道，以盡孝忠之心，足其願也。倘或秋枝露葉，冬雪冰消，是其命也，運也，望聖德明恕。今啓。

王看罷，駭然下淚，濕透袞袍，嘆曰：「昭武之心，堅如金石，臨危猶慷慨如此，天必佑之，則無憂矣。」遂差人齎銀錢，再令傳大[65]醫院急調治成功，必當重賞。節制昭武聽知，大哭，令人扶起望拜謝恩，感王上德同天地也。忽至三月初三日，值當清明佳節，本營部將同來應候在昭武帳中。昭武覺知天數到期，難於繾綣，乃召衆子入臥床，謂曰：「我事王上，親同父母，恩比丘山[66]，言聽計從，解衣推食。我欲匡扶以致中興之業[67]，奈何天數，百歲難留，汝等宜從父訓，合記吾言，立身行道，揚名後世，是謂孝矣。且臣子之道，必以忠孝爲先，汝當思之，胥相訓誨。若忘其吾[68]語，別生他心，天人共戮，鬼神必誅[69]，吾在九泉之下，不瞑目矣。」衆拜受命，再扶起坐于床上，請部將入于房中。昭武流涕謂部將曰：「老夫與諸公等皆朝廷股肱心腹，心圖報効[70]，茲天數而已，無可奈何。況我行年近已八十，有何惜哉？惟惜不得朝於天顏，盡陳肺腑，以遂臣事君之道也。望諸公等宜盡心竭力，以扶王室，使吾在九泉之下，庶安心矣。」說罷，下淚，長嘆數聲而卒，壽七十八歲。於是諸部將皆撫膺大慟，甚其痛惜。於是相與同心料理，一面設禮致祭[71]，一面差人星夜回朝拜禀王庭。賢王聽罷，放聲大哭曰：「可惜吾之名將，幾載勞身焦思，出危入險，思成艱難之業，豈期中途故沒，可勝惜哉！昭武於九泉之下，識吾心否？」說罷又哭，遂差人齎金銀，錦帛吊賻，及勅贈封爲贊治靖難功臣，左軍都督府掌府事，左都督昭郡公，以答功績，許以公禮殯葬于廣平安代山。時廣平民男女老幼聽知，皆痛哭悲號，如喪考妣，皆號爲「菩薩公」，如何不留於世久遠矣。於是留屯諸將，公同立廟於石舍社近營，四時奉祀。當時士人有詩嘆惜曰：

可惜胸藏數萬兵，一朝懷抱入清溟；
京都未了長驅恨，鄉國先留遠別情。
不為順公埋大節，只憑史氏表高名；
百年經過洞(72)回處，父老猶傳督(73)戰城。

是年五月，王御掘開忠丹港。開完，王乘舟駕回至福良(74)府暫駐，再率步軍從旱路御回王府。至清偈館(75)、王鑾駕緩緩而行，閑看民居(76)風景。其內侍隊長乘馬隨後，見路途平濶，忽起勝心，皆相約停馬，待王車行遠遠一望之地，相與馳走近後軍乃止，喊笑喧譁，已二三次。王聞之，問近侍曰：「後軍何故喧譁如此？」近侍稟曰：「內侍隊長乘馬護駕隨後各員馳馬樂，以致喧譁。」王聞稟，乃令鑾駕駐于田畔路傍，傳馳馬御看。於是內侍隊長得令，各揷馬於朝西館聽令，皆努力放馬馳驟至萬春射場，乃止。王看見甚樂，謂曰：「是亦演武之一法。況馬本行(77)兵之大要，古者有之，可教練習，以顯兵威。」於是遂令傳築館路廣濶，自萬春射場至清偈館，又築作御馬臺二處，年常馳馬。是時文武諸將，揀築駿馬，擇選鐵騎(78)，自是馬有騏驥、駱駝之力，人有伯樂、董貫之才，鄰國聞名，咸來進貢。

正和壬戌三年六月初八日，甘露源安彥社平地處，人民農務應時，相會耕耨，牧者吹笛，耕者歡歌，四民皆樂其業。是日天地清平，無有暴風甚雨，忽夜間聽大震一聲，聞如亘雷，轉動天地，人民大驚，不知何故。早時出現田畔，始知內田傾陷下一穴，長濶六七丈餘，其深不知幾丈，穴內有黑氣冲天而上，其田傾陷處，天雖無雨，而有碧色如藍，甚其異氣(79)，人皆遠立而望。時忽有强暴之人，雄心大膽，遂蒲伏如蝘蜓之狀，就于穴邊，睁目窺下，見知煙霧之中，無有何物，忽然目暈心驚，全身痳木，汗出霑背，駭然急退而走。自此人常不敢近覗，不知穴下有何異物？至後三四年，其穴土塞未滿。至八月，有雙星犯近月角兩邊，常避月度而行，月餘星伏。

正和癸亥四年，天地平和，國中豐稔。至三月，王欲求賢，設科取士，令差四柱官及文班官爲題調監試。是時正途中格四名，華文中格三十二名，王皆擢用。

至七月，有妖星白色犯[80]于月宮，人間看見，似花朶結於月面。至九月潛消，不復見矣。時人審論，未知主何吉凶？至十一月，再有旗星出現於東南方，頭在庚宮，尾指辛宮，其色半白半赤，長傚三十餘尺，至十二月乃消。是歲，天下多被瘟疫，死者甚衆。王遂自禱于天地靈神，人始得平復如故。

正和甲子五年二月，王令文武官爲欽差，閱選順化、廣南等處各場，如朝典例，及選取廣南處民人身材壯健者，增補兵數，以圖大舉。再令傳[81]係正途士子，不試入試小場饒學，如稍通文者，當會試大料，有才擢任。自是正途士子聞知，咸有嗟嘆。於是各文官皆入朝以事稟乞許小試，以植人才培國脈，依如先王典例，王不聽。至三月，忽有細作人報稟北朝西定王薨，富郡帶疾[82]繼位，但臥朝而執政，天下紛紜[83]不定。王聽知，欲發兵收復。但國內時值田禾不利，府庫未克，乃寢之。

至五月初七日，有太白經天，行隨日度，看之，見星大如盞，其色甚白，至六月下旬乃滅。是歲，天下田上多有蟲鼠，禾穀少利。人人又被疫癘彫耗，盜刼累生，虎豹成群，人民不敢登山斫作材木，甚至饑渴，途有餓餧[84]。

却說東宮世子福美侯，居常施仁修德，造寺賑孤，待士求賢，恤民愛衆，以圖大事。自知尊母朱氏頗有聰明，高談善論，但其心不能修德，縱行荼毒，侍婢多死於非命。於是世子福美侯果諫不從，心中煩悶，淚滿枕衣，飲食少進，旦夕但吁嗟嘆息而已。忽至九月下旬，身遭重病，四肢疼痛，手足軟弱，咳嗽不已，體瘦皮黃，齒乾目暈，水漿不入，良醫調治，日則病增，不見差愈。臥于床上，撫首嘆曰：「可惜既爲王子，不能創立大功於世，是枉作一虛生也。況於尊母德薄，我何賴焉？」一嘆罷又哭。王聽知，旦夕常就臥床省看，相抱泣而謂曰：「吾兒何故如此？頗爾年已長成，我將讓位與爾[85]，理其國政，遂我閑遊山水，以樂天年，豈期汝臨重病如此，吾末如之何矣！汝宜謹重保養身軀，勿可煩惱，使難調治。」世子福美勉强扶起，望拜謝恩，哭曰：「臣爲子道，未報王父王母之恩，今罹此病，倘有難測，未免爲不孝之人，望王父憐恕。」說罷，又哭。王聽之，流淚不已，遂令扶起世子于臥床。世子涕泣，再俯首拜稟曰：「臣手下本有幾人，頗有膽略，望王收用，免伊等饑渴。」稟罷，潛然不能開口，但長嘆[86]數聲而卒，壽四十五歲。王於是放聲大哭，嘆曰：「可惜長兒仁慈大度，愛恤黎民，將托以祖宗大業，管守國基，奈何忍負予心而去哉！」說罷，又汪汪淚下。諸將聞之慟然。王遂贈封爲佐理揚武功臣開府上柱國掌府事少師福郡公阮福演，許以[87]公禮殮葬于香茶竹林山源，立祠堂于世賴社，四時奉祀。

再說王正后朱氏夫人，自入宮中侍王以後，生有二男一女。其女阮氏玉先逝，公子協郡公于乙卯年疹痘終。今東宮世子福郡公又殂，自此心煩惱，日夜涕泣，坐臥不安，飲食俱廢，形容瘦瘵，言語健忘，常以忿怒鞭撻，侍妾侍婢不敢近，俱潛身隱避。王探知駭然，急召良醫調治。王每朝罷，就坐于床角探問，但以甘言美辭解誘。且正后朱氏日增沉重，藥物不能見效，至十一月二十二日，王入省看，正后朱氏自知命已將盡，令人扶起於床上，俯首流涕，稟王曰：「妾蒙王上眷遇之恩，寵愛已極，未曾報答聖上萬分之一也。且妾前有[88]生得男女三人，皆已先故，妾何恃焉？妾今命同秋葉，未知何日隨彫，望王上推以糟糠之道，身死之後，乞賜信香一篆，坐榻一隅，永留後世，以免慚愧。」言訖，丁寧囑之再三，乃執手垂涙痛哭，王大哭謂曰：「賢卿當自保，勿出此言，致予心焦[89]燥。設或天命難留，予決無忘言矣。」正后朱氏自聽王言，俯首拜謝，兩目流涕，須臾而逝，壽六十歲。王抱朱氏，放聲大哭曰：「哀哉賢卿！惜哉賢卿！倘後有內事如何，我將誰恃？」且說且哭。諸將聽知，並謂吾王失一賢助。於是王令贈封爲贊國國太夫人，許以后禮殯葬于香茶金王社山源[90]，再設立祠堂，四時置祭。

自正后國太朱氏夫人登僊之後，王甚痛惜煩惱，涙不曾乾，食則置雙箸，臥則列雙枕，比同生日，其宮中美人，不許朝近。後人有詩吟曰：

江水長流月影斜，人生何異一南柯？
箴規語斷宮闈寂，哀悼心留歲月過。
莫道烏橋孤織女，常將鳳閣照姮娥。
也知天命明如此，設有靈丹可贖麼？

於是文武群臣聽知，同入朝勸解，稟曰：「夫帝治天下，當以天下爲念，躬修玄默，日夜與群臣共談至治[91]之道，不宜閨閣[92]之情，動傷聖體。況聖上爲一國之君長，憂愁若此，百姓將何賴之？」王聞群臣之言，勉强從之，自是常往閑看名山，圍捉虎豹，或時駕舟幸遊海外洋面，網釣魚鱉，一以[93]除害，一以練習兵夫，防有戎務[94]。

正和乙丑六年六月初八日戌時，有流星自東至西墜下，光芒四遠，人皆見之。至七月下旬，第四公子綱領侯護從王駕看馳回營，忽然被頭疼目眩，四肢倦弱，痛不可當，醫藥弗效。王聽之，親就臥所省探[95]。但公子綱領病重不能起。至八月初八日卒。王痛哭惜之，再增煩惱，遂贈封爲純信功臣右軍府掌府事少保綱郡公，以表其名，許以公禮殯葬于世賴社園，再立祠堂，令妻子奉祀。至十月十三日，風雨驟作，洪水漲溢，平地水深四五尺，一日水落。

正和丙寅七年七月十八日未時，有白虹一道，起辰方貫至甲方，其色如白絹，兩邊紅氣，申時乃滅。至八月，有地陷在武昌縣上度社地分，長濶並四丈餘，深約一丈。十一月，王令軍開掘河岐港例，王鑾駕御安心舊府，見那府窄狹，又接江畔，遂議擇廣濶之處構作，以備巡幸。但限來年起工築作，於是駕回正殿。

却說正和丁卯八年二月初一日申時，日蝕盡體，色黑，酉時復圓。至三月上旬，王於宮中夜夢見遊于天庭，遇一老翁，鬚眉盡白，身著黃袍[96]，手持寶簡，謂王曰：「將軍降于塵世，已若千年，享其富貴已極，不思復返乎？」王聞言問曰：「老翁是誰？」老翁曰：「早晚則知，不須相問。」說罷，拂袖而去。王欲追之不及，忽然醒來，方知是夢，心中思慮[97]，未曉其由。明日，乃召衛尉春臺、守簿東朝入宮，謂曰：「今夜我夢如此，有何吉凶？」東朝稟曰：「王夢見此老翁身著紅袍者，臣料是火德星君也。至如來與王上說出此言而去，臣竊恐天命將有期矣。望王上齋戒設壇謝天地，乞增其壽，則永保無虞。」時春臺亦應聲稟曰：「守簿東朝之言是也。」王聽罷默然不答。旬日間，王覺得心神困倦，飲食不進，乃令召太醫調治，與傳道士立壇致禱。但日見加重，卽令召第三公子弘公于御床前謂曰：「我自先王沒後，身承大位，惟以不能保守祖宗爲念，宵衣旰食，孜孜每與舊臣謀慮，宣其政化，輕其徭役，思與黎民同樂。奈鄭氏與我，勢不兩立，常稱兵[98]犯界，使[99]我與諸將累年擾攘於兵革之間，出險入危，備歷辛苦，不知幾陣。幸而皇天眷佑，稍得向平，當思以選賢任能，勵精求治，庶幾民物咸寧，再圖後舉，以伸吾志。豈期命乃在天，難求再續，吾兒有繼之後，當與吾勳舊文武之臣，斟酌損益，同心協力，共濟艱難，攘除奸凶，還于舊都，以光先王之業，勿可妄自引用非義，偏聽非人，塞彼忠諫之路，失彼志士之氣。若失志士之氣，則國大事有時僨矣，安可望致治哉？汝宜記之，愼之，勿其自負。」世子弘公泣拜受命。十九日，王召輔弼心腹元臣等入于臥床，囑以後事曰：「我與卿等皆股肱心腹，魚水緣諧，志欲滅鄭扶黎，削平海內，不期半途相廢。吾兒年在幼弱，政事未諳，願卿等可同心輔佐，統理國政，以安衆心，俾國家案堵如故。卿等莫忘吾言，是吾肺腑也。」群臣等聽王言，俯首大哭，拜于地下，稟曰：「望王上善保龍體，倘或大限臨朝，臣等乞仰奏天庭，減臣等每人數歲，以進王上增壽，以治黎民。」王聞稟，微笑謂曰：「壽夭原于前定，天道無私，人生常數，豈有代減替增之理也哉！卿等有心如此，我亦恩之。但天數無可奈何，卿等不可以繾綣之情，使吾不安心矣。」說罷，沉吟不語，微息片時而薨，壽六十八歲，在位四十年。世子弘公駭然倒于地面，放聲大哭，諸將皆相抱痛哭[100]，乃用金棺殮殯，置于正殿。於是世子弘公及諸將詣于柩前發喪，贈封爲大元帥統國政功[101]高德厚勇哲王，用王禮葬于香茶海葛山源，造靈廟，四時奉祀，令傳國內文武諸將，及軍民等，並皆掛孝。時將士三軍，及黎民百姓，以至深山窮谷，白叟黃童，男女老幼聞知，皆嚎啕痛哭曰：「可惜仁德之君，而早歸天上哉！」

時文武群臣朝於殿前會議，公族達義侯起身言曰：「夫國內一日不可無君[102]，今先王已晏駕，諸公何不早定尊扶世子繼位，管統國政，以安衆心，靜坐而觀乎？」諸將聽言，乃擇本月二十四日巳時，文武臣民等，同就左水營尊扶世子弘恩侯阮福溱爲節制水步諸營兼統內外平章軍國重事太傅弘國公卽位，號弘義王，諸將臣民嵩呼拜賀畢。義王初登寶位，設壇禮謝天地，再尊封諸位靈神，大赦天下，簡其徭役，輕其租稅，宴賀群臣，陞爲廣南營鎭守掌營進德侯，公族達義侯[103]爲鎭撫，留屯道掌奇德勝侯爲掌營，統率舊營鎭守壯良侯，廣平營鎭守愼德侯，公族達義侯、楊川侯、掌奇平祿侯、明義侯皆陞爲掌營，布政營鎭守鎭寧侯、公族芳領[104]侯、該奇信義侯、勝林侯、留延侯皆陞爲掌奇。文官廣南營該簿昭禮侯陞爲參勘，是椒房之親。都知世祿侯爲正詹事，衛尉春臺侯爲參議，該簿副斷事錦領侯爲參政，正斷事守簿東朝伯[105]爲勾稽兼知，其餘文武官員並加封爵品有差。文武各員受封，望拜謝恩畢，王遂下令傳參政錦領侯、知簿東朝伯，準廣南、順化[105]二處各府己酉年見耕始增租粟半分，以蘇民瘼。自是萬民聞知，咸稱仁厚之主也。

七月，王下令傳留先王舊府，以爲祠堂奉祀。擇地移作新府，於原地上流溝舊府五百餘丈，以班山爲朝案，又造築一項右翼奇邊江以鎮長流直水冲射。於是軍民、良工、巧匠奉令興功，造作極其壯麗。

至十一月，高綿國匽秋、匽嫩二王聽知賢王賓天，皆相抱大哭曰：「惜哉賢明仁厚之君，早回天庭耶！」遂差人齎進賻吊禮物，以全臣子之道。

正和戊辰九年三月，有隊長信議，是公族楊川侯男子，性甚燥暴，顏又麄鹵，酷好造作諸班美麗，常行遊蕩，賭博、飲酒、獵獸、網魚、登山、赴海，怠於侍朝。一日觸心，遂乘小舟[107]上香茶源放釣。纔至賢王陵前，忘却敬禮，乃於江中投錠放釣，身著白絹衣，坐于船頭，飲酒、喧譁笑爲樂。忽聽陵內大喝一聲，震如巨雷，不知何故。信議駭然，遂許人上岸尋訪，不見人跡。於是信議心驚，急令人拽錠移船返回。至于半路，忽然心神恍惚，手足抛擲，朦朧之間，見軍人縛捉，口呼喑啞，從行人聽知，不知所言。頃刻，船將到家，信議大叫一聲而死。自是天下軍民百姓，咸知賢王甚其靈應，或有其[108]人行過於陵前，皆傴僂而走，不敢緩行。

再說義王自登光之後，意欲崇尚佛法，乃下令許隊長毅信侯爲會主，督押舊營兵民重修順安寺，甚其美麗。

話分兩頭。是時[109]大明人楊彥廸前年許居高綿地界美秋海門，爲屬將黃進陰謀殺之，奪取其兵，自稱爲奮勇虎威大將軍，管統龍門餘黨。移兵屯在竹溪險處，號瀝枷，立營築壘，造鐵鎖浮槎塞于海口，常擾(110)高綿民物。倘如匿秋有差貢使，及本國稅例，常常刼奪。再許(111)脅傳匿嫩鋸長板鑄艚，或十日一期，或二十日一期，若如欠板，收罰銀三十笏。再差龍門兵尋捉高綿民調回，或五六十人，或七八十人監守，誘高綿二王來贖，每人銀五十兩。若高綿王不贖，卽差軍斬之示威。多行暴虐，以致高綿之民多有嗟怨。匿秋倍增嫌恨，以先哲王賜龍門軍流寓，致有今日之害，遂生反心。乃密召將佐議曰：「自南(112)國先天王治世，但有恩德仁厚，布於我國，我感先天王之恩，待我甚厚，親如父子，故我從之，以全君臣之道。奈於前前年，先天王勅賜龍門楊彥廸居于本國，但能(113)承法令，不敢鹵掠，人民安堵。今逆徒黃進奪之，反生殺害，殘虐吾民。況今南國先王已沒，新王繼位，不加懲警，使賊徒(114)縱橫若此。或容而使之，或不知而戒之，端倪未曉。且我歷代諸王，開基立業，固守本邦，未常與何國稱臣。至我前年，力微德薄，不得已乃臣妾南朝，受其恥辱。我今欲賴將佐之力，先除黃進，後反南邦，復祖宗舊土，保守基圖，免其貢使，卿等其意若何？」沃衙何職貢沙應聲曰：「大王之言，甚是有理，且彼我皆是男兒，南天王一國，我亦一國，大王何必區區頓首，而受屈膝於人乎？某等願盡駑駘之力，以報前王之恩，先除孽黨黃進，次去匿嫩，後反南天王，免其受制。」匿秋聽言大喜，遂興不軌之心。乃差人培築南營堛碧，我包橋南之壘，立鐵鎖浮槎，置于瀝竹(115)之江，造戰船，鑄大礮，修練器械、旗幟、弓弩，以圖拒敵。自是反心決矣，遂緩貢使係(116)南國商賣之人，販賣到高綿國地方，遲(117)留不許返回，免通消息。時次王匿嫩探知匿秋反心，大驚，又恨龍門黃進脅掠之事，於八月下旬，遂寫密表，差心腹人(118)藏於懷中，星夜馳赴王庭，拜奏匿秋、黃進如此。

十月上旬，南國義王坐朝，文武群臣朝賀，忽見高綿匿嫩王差人齎表上奏。王看表大怒，罵曰：「歷秋蠻戎小輩，敢萌反心，抗拒天兵耶？況黃進是敗兵窮寇，蕩飄海外，無地棲身，昔先王憫之，許寓此處，以獲安居，何故不遵王令，反生逆賊之心，戕害良民？難容草寇。」遂召集群臣商議，擇將統兵，平伐高綿逆黨，剿滅叛徒以警。掌營明禮侯禀曰：「臣觀朝內，不乏英雄，今高綿苟有唱亂，是亦城狐社鼠之輩，何足選將擇兵，搖動朝廷之臣乎？古云：『射雀莫忘珠礫，割鷄焉[119]用牛刀？』臣聞鎭邊營芽莊處該[120]奇勝龍侯，但有雄勇智略，頗前前年曾歷遊高綿國[121]，觀其界，已諳水土，可差爲統兵，就處平伐，稱其職也。再頒令旨黃進爲先鋒，領本部兵前進，觀其動靜。或彼眞心奉命，率兵急戰，是助我一臂之力，準其前罪。或彼猶豫，亦催逐率兵，我于中取事，以其前有歷秋阻路，後有我兵直進，殺之甚易，黃進雖有羽翼，難高飛也。乘此率兵，直破高綿，如風吹破[122]葉，瞬息可得，是一舉兩全之計也。」王聞禀大喜，從之，遂下令差鎭邊營該奇勝龍爲統兵，正營將臣吏司首合文渭爲參謀，龍門將黃進爲先鋒，領兵直日進發，功成必賞。於是差人星夜齎勅文就鎭邊營交與勝龍等欽據奉行，勝龍等乃望拜受命[123]。數日間忽有鎭邊營副將萬龍侯外孫隊長添祿，其人性有貪饕，但聞高綿甚多貨物，忽生圖利之心，乃入朝拜禀曰：「臣舅鎭邊營副將萬龍，特差小臣禀拜。臣舅頗蒙聖上洪恩，權鎭邊疆，職爲大將，享朝廷之重祿，須報王上之厚恩。今王令平伐高綿，奠安邊界，而差該奇勝龍統兵，是其裨將而爲大將之任。臣舅萬龍閑坐安衽，譬如婦人帶裙服襴，是非南越[124]之英雄也，甚其慚愧。願乞領兵平伐高綿，以安邊境，以表功名於後世，正其職也。倘王上不准許，後日臣舅何面目見天下之人乎？望聖德明量。」王聞禀謂曰：「吾非不委任爾[125]舅，但見爾舅春秋鼎盛，氣力衰微，倘如興兵收取中都，是其大敵，差之，則稱心也。至如高綿，是蠻夷小輩，焉以玉而投石哉？況又路途遙遠，岩溪岑蔚，水土不和，爲此吾不忍差，特許勝龍代之，是吾之本心也。汝舅宜從之。」隊長添祿再禀曰：

「王上憫及老臣，其恩比同山海，雖粉身碎骨，難於報補。但聞古者趙雲、馬援，年過七旬，尚能披甲躍馬，威振四方，何況臣舅年紀未過六旬，力能倒山拔樹，而王謂其老弱不差，仍許靜坐凭觀，甚其辱矣。望王上許之，以遂平生之願也。」王聞稟笑曰：「是大將之權，汝言正其理也。」遂即換差鎮邊營鎮守副將萬龍(126)為統兵，該奇勝山，該隊新禮為左右衛陣，龍門將黃進為先鋒，率兵平伐。遂差齎勅旨就鎮邊營傳令如此。是時參謀首合文渭子及行征將兵等，望拜受命，擇十月二十五日發行。至十一月下旬，兵至鎮邊，副將萬龍出數里迎接入營，分賓主坐定。參謀文渭子及差人傳王令，差鎮守及諸將各員，領兵平伐高綿如此。副將萬龍及諸將等望拜受命，整點兵馬、器械、旗幟、船隻，擇十二月十七日發兵離鎮邊營，望高綿分道進發。但見：

兵威整肅，旌旗(127)搖曳山頭；將士雄彊，劍戟輝煌岸上。戰艦盈浮水面，艨艟蔽斷江心。航海梯山，超崖越嶺，冒寒沐雨，戴月披星，凭觀兔走烏飛，審識暑來寒往。正是：爆竹振聲祛舊歲，牡丹吐蕊喜新春。

正和己巳十年正月下旬，統兵萬龍侯兵到高綿地界，入美秋小海門，直至瀝岑處，列(128)寨駐兵。差人先就瀝檎處傳王旨，令黃進為先鋒，率本部兵聽令平伐匽秋。後探城壘營寨路途出入，兵數多少如何，以詳虛實，便其發兵。時高綿匽嫩王聽知萬龍兵至，大喜，乃就營中接賀，陳說情由，匽秋、黃進如此，望統兵設計除之。萬龍曰：「匽嫩勿憂，某心已定。」匽嫩聽言，乃辭回本界，修整戰兵，以防進發。未知分兵攻擊，勝負如何？

復說是年二月，南主義王令文武官為欽差，閱定順化、廣南二處，如朝典例。原於賢王朝新令，不許正途華文士子，應試饒學選場，已失斯文之望，自是儒風愈下。今王再降旨，令許正途華文士子，皆就選場應試饒學，培養人才，贊資國脈。時天下諸儒聞令，皆大喜曰：「斯時再覩仁君，崇儒重道，復興文教矣。」自此儒風再振。

【校勘記】

❶「靈神陵」甲本作「靈位能」。
❷「入」字甲本無。
❸「皆莫」甲、乙本作「莫能」。
❹「貽」原作「移」，甲、乙本作「貽」。
❺「於己」甲、乙本作「不已」。
❻「疑」甲、乙本俱作「思」。
❼「生」字據甲、乙本補。
❽「賊」原作「郡」，甲、乙本俱作「賊」。
❾甲本作「以且」。
❿「如」下甲本有「有」字。又「簿」字原作「部」，據甲本改。
⓫「錢」甲本作「銅」。
⓬「衛」原作「衙」，甲、乙本作「衞」。
⓭「室」字原作「家」，據甲、乙本改。
⓮「亂」甲、乙本作「奪」。
⓯「誦咒」原作「咒誦」，甲本作「誦呪」。
⓰「衲」字甲本作「袖」。

⑰「力」原作「勢」，甲、乙本作「力」。

⑱「官」字甲本作「臣」。

⑲「暹羅」下甲、乙本有「王」字。

⑳「喜」字甲本作「笑」。

㉑甲本無「望拜」二字。

㉒「外」字據甲本補。

㉓「岣嶗」甲、乙本作「劬勞」。

㉔「疾」字甲、乙本作「迅」。

㉕「林深」甲本作「深林」。

㉖「将」甲、乙本作「謀」。

㉗「副」字甲、乙本作「在」。

㉘「流涙痛哭」甲、乙本作「涙涕痛泣」。

㉙「葬」字甲本作「喪」。

㉚「鷄卵」甲本作「卵鷄」。

㉛「西南未方宮」甲本作「西南方未宮」。

㉜「匆匆」原作「多多」，據甲本改。

㉝「翔」原作「[illegible]」，據甲本改。

㉞「堂」字甲本作「室」。「豪」字原作「毫」，據甲、乙本改。

㉟「琦」字甲、乙本作「珠」。

㊱「頂」乙本作「項」。
㊲「憶」字原作「億」，據甲本改，下同。
㊳「何處」甲本作「向」。
㊴「詳曉」甲、乙本作「解曉」。
㊵「想望」甲、乙本作「望想」。
㊶「甜」字甲本作「甘」。
㊷「可」字甲、乙本作「其」。
㊸「閒」字甲、乙本作「閑」。
㊹「半」字原作「赤」，據甲、乙本改。
㊺「米斗」甲、乙本作「斗米」。
㊻「上」甲、乙本無。
㊼「天」字甲本作「大」。
㊽「困厄」甲、乙本作「危困」。
㊾「水」字甲、乙本作「海」。
㊿「将」字甲本作「相」。
51「有差國人採問」甲本作「國有差人探問」。
52「觸」字原作「融」，據甲本改。
53「思客」甲、乙本作「葸蓉」。
54「艚」字甲、乙本作「船」。

55 「逃難」甲、乙本作「逃避」。
56 「面」字甲、乙本作「方」。
57 「身」字甲本作「親」。
58 「拜訴陳奏」甲、乙本作「拜奏陳訴」。
59 「住」字甲、乙本作「駐」。
60 「靈秋海」各本並同，底本後旁改作「美秋海」。
61 「特」字原作「時」，據甲本改。
62 「二時」乙本作「二時時」，甲本因諱作「二辰辰」。
63 「何如」甲、乙本作「如何」。
64 「神靈」甲、乙本作「灵神」。
65 「大」字甲、乙本作「太」。
66 「恩比丘山」甲本作「恩若岳山」，乙本作「恩若丘山」。
67 「中興之業」甲、乙本作「中興之運」。
68 「吾」字乙本無。
69 「誅」字甲本作「戮誅」。
70 「効」字原作「效」，據甲本改。
71 甲本無「一面設禮致祭」句。
72 「洞」字甲、乙本作「同」。
73 「督」字甲本作「篤」。

74 「福良」甲、乙本作「良福」。

75 「館」字甲本無。

76 「居」字甲本作「庶」。

77 「馬本行兵之大要」行字原本無，據甲、乙本補。

78 「鐵騎」下甲本有「人才」。

79 「甚其異氣」甲、乙本作「甚其異事」。

80 「犯」字下甲、乙本有「入」字。

81 「令傳」甲本作「傳令」。

82 「疾」字甲本作「病」。

83 「紛紜」甲、乙本作「紛紛」。

84 「餓餒」甲本作「餓莩」。

85 「爾」甲、乙本作「汝」。

86 「長嘆」甲、乙本作「長息」。

87 「許以」乙本作「以許」。

88 「有」甲本作「已」。

89 「焦」字甲本無。

90 「山源」甲本作「源山」。

91 「至治」甲本作「致治」。

92 「閤」字甲、乙本作「闥」。

93「以」字下甲、乙本有「為」。
94「戎務」甲本作「戎備」。
95「省探」乙本作「看探」。
96「黃袍」甲本作「紅袍」。
97「思慮」甲、乙本作「思想」。
98 甲本無「兵」字。
99「使」字甲本無。
100「哭」字甲、乙本作「泣」。
101「功」字原本無，據甲、乙本。
102「一日不可無君」甲本作「不可一日無君」。
103「公族達義侯」甲本無此句。
104「領」字甲、乙本作「嶺」。
105「朝」字乙本作「潮」。
106「廣南、順化」甲、乙本作「順化、廣南」。
107「舟」字甲本作「船」。
108「其人」甲本作「某人」。
109「是時」甲、乙本作「是歲」。
110「擾」字下甲、乙本有「掠」字。
111「許」字下甲、乙本有「人」字。

112 「南」字甲、乙本作「高」。
113 「能」字下甲、乙本有「遵」字。
114 「賊徒」甲、乙本作「逆徒」。
115 「竹」字原作「ケ」，據甲本改。
116 「係」字原作「保」，據甲本改。
117 「遲」字甲、乙本作「持」。
118 甲、乙本無「人」字。
119 「馬」字乙本作「安」。
120 「該」字甲、乙本作「駭」。
121 「國」字甲、乙本作「地」。
122 「破」字甲、乙本作「敗」。
123 「望拜受命」甲本作「受拜奉命」。
124 「南越」甲本作「南粵」。
125 「爾」甲、乙本作「汝」。
126 「萬龍」下甲、乙本有「侯」字。
127 「旌旗」甲本作「旗幟」。
128 「列」字原作「到」，據甲、乙本改。

越南漢文小說叢刊

歷史小說類 第四冊

越南開國志傳

主編者：陳慶浩・王三慶

出版者：法國遠東學院

本書局登記證字號：行政院新聞局局版臺業字第一一〇〇號

發行人：丁文治

發行所：臺灣學生書局

臺北市和平東路一段一九八號
郵政劃撥帳號〇〇〇二四六六～八號
電話：三六三四一五六・三六三一〇九七

香港總經銷：藝文圖書公司

地址：九龍又一村達之路三十號地下後座
電話：三－八〇五八〇七

中華民國七十六年四月初版

8680-4